食の文化フォーラム 37

「国民料理」の形成

西澤治彦 編

ドメス出版

巻頭言

私たちはどんな人なんだろう?

南 直人
Minami Naoto
西洋史学

「どんなものを食べているか言ってみたまえ。君がどんな人であるかを言いあててみせよう」(関根秀雄・戸部松実訳『美味礼讃』岩波文庫、一九六七年)。この有名な言葉を述べたのは、いうまでもなくフランスの美食学の大家ブリア=サヴァランであるが、彼がもし現代日本に生まれ変わったとしたら、同じ言葉を述べることができるであろうか。

日本の食文化が、古代から現代までさまざまな海外の食材や料理を受け入れつつ、それらをアレンジしてつくりあげられてきたものであるということは、誰も否定しないであろう。しかしそれにしても、現代の日本人は驚くほど多種多様な異文化の食を受け入れ、外食の場だけではなく家庭の食卓においても、それらを楽しんでいる。たとえブリア=サヴァランでも「君がどんな人であるか」を言いあてるのは難しいのではないか。私たちは、月曜日はパスタを食べ、火曜日は煮魚と野菜のお浸しを、水曜日はオムライスを、木曜日は餃子とチャーハンを、金曜日は焼き肉を、といった具合に、起源も「国籍」もある意味まったくバラバラなものを食べているが、そこには肌感覚としても、まったく違和感はないのである。

二〇一三年に「和食」がユネスコの無形文化遺産に登録されたとき、世間では和食とは何か、カレーライスやラーメンは和食なのか、というような議論が沸きあがった。たしかに、日本人が日常的に食べているものが和食であるとするならば、カレーライスやラーメンはもちろん、ハンバーガーもピザも和食であると言うこともできるであろう。しかしその一方で、これも私たちの肌感覚であるが、なんらかの和風料理というイメージがあり、少し長い海外旅行から帰国した際に、何か和風のものが食べたくなることもよく経験することである。インターネットの時代、さまざまなレシピサイトにも「和風」と謳った料理が数多く紹介されている。最近、海外の食文化研究では「食とナショナリズム」というテーマがよくとりあげられており、こうした自国の食にこだわる動きが「下からのナショナリズム」と定義されることもある。おそらくそのサイトに投稿している人はそんなことは露ほども考えていないであろうが。

いずれにせよ、グローバル化がどんどん進んでいく時代にあって、料理や食の「国籍」とは何なのであろうか。外国において、食によるアイデンティティの問題はどのようにとらえられているのであろうか。そんなことを考えてご飯を食べてもちっともおいしくない、とは私も思う。しかし、日常的な食の風景の下には国際社会を揺り動かすようなとんでもない問題が隠されているのかもしれない。「食の文化フォーラム」は、食にかかわるあらゆる問題をとりあげ、それを学際的に議論し、社会に向けてなんらかの成果を発信しつづけてきた。二〇一八年度は「国民料理」というテーマを掘り下げてみたので、ぜひとも読んで考えていただきたい。

食の文化フォーラム37

「国民料理」の形成

もくじ

第Ⅱ部　「国民料理」は国境を越えるか？

装幀　市川美野里

序章　「国民料理」という視点

西澤治彦
Nishizawa Haruhiko
文化人類学・中国研究

1　世界の料理を研究するためのさまざまなアプローチ

世界の料理は、多様な展開をとげながら今日の姿になっている。一定の特徴をもった料理が形成されていくには、さまざまな要因が考えられる。当初はその土地で得られる食材からの制約が大きかったと推測される。つまり、生態環境からの規定である。[1] しかしながら、この生態学的なアプローチでは、世界の料理のおおまかな分類はできても、現在の地域や国家単位による「〇〇料理」なるものが、いつ、どのように成立したのかという疑問に答えることはできない。というのも、料理は人が作るものであり、文明の発展にともない、いわば人為的に発展してきたからである。すなわち、農業の発展と都市や古代王朝の成立、その結果としての社会の階層化と調理技術の洗練、それを記録する文字の誕生、外食産業の成立なども料理の展開に影響を与えてきた。人類学者のJ・グッディーは、洗練された料理の誕生と社会の階層化とがパラレルな関係にあるという仮説を提唱している。[2] これらの要因以外にも宗教的な規定も一定の影響を与えてきた。また、古代・中世といえども、地域を越えた物流は存在したし、異文化間の交流もあった。近代以降はその流通や影響のスピードが加速度的に速くなったにすぎない。加えて工業化社会の出現やグローバリゼーションも、従来の料理に多大な影響を与えている。

こうした環境や社会からの規定とは別に、近代に成立した「国民国家」(nation state) という、いわば政治経済的な要因も考えられる。その結果、誕生したといわれているのが、「国民料理」(national cuisine) である。二〇一八年度の食の文化フォーラムは、一八世紀以降に誕生した「国民国家」に焦点を当てながら、「国民料理」なるものが形成されていく過程や力学などを探ろうとするものである。

図1は、食事文化研究が対象とするレベルを図示したものである。[3] 個人のレベルに対応するのが個食、[4] 家族に対応するのが家庭料理、地域やエスニック集団に対応するのが地域料理やエスニック料理、国家に対応するのが国民料理、そして地球規模に対応するのがグローバル料理となる。なお、言語との対比でいうと、地方料理は方言に、エスニック集団は民族語に、そして国民料理は国語、もしくは公用語に相当する。デシプリンからみると、栄養学が主として個人から家族レベルまでを対象とするのに対し、社会学は家族レベル以上を扱うし、歴史学はこのすべてのレベルを扱う。この図式でいうと、今回の企画は National、すなわち国家レベルに焦点を当てようとするものである。ただし、その下位には Regional/Ethnic のレベルが存在するし、上位には Global のレベルが存在する。国家レベルに焦点を当てつつも、必要に応じてカーソルを上下に

図1　食事文化研究が対象とするレベル

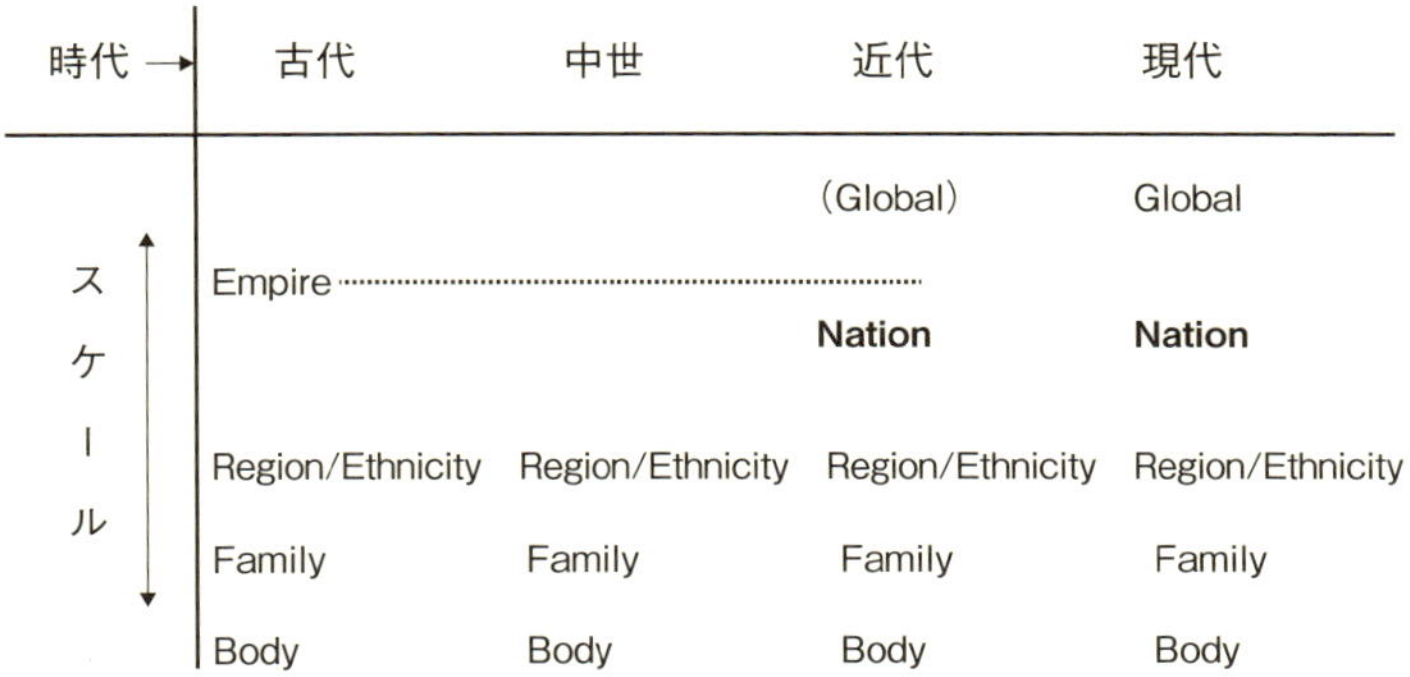

図2　時間軸を入れたモデル

移動してみる柔軟性も必要である。

図2は、これに時間軸を入れてXY軸を転換したものである。古代からBody、Family、Regional/Ethnicの各レベルは存在しており、図1のままだとBodyからGlobalに発展していったと誤解を招きかねない。これにより、問題にしたいNationalは、近代という時間軸との交差点に生まれたも

のであることが明示的となる。

2　国民国家と国民料理

「国民国家」(nation state) なるものが、なぜ、いつ、どのようにして形成されたのか、そして今後どうなっていくのかは、近現代史や政治学のみならず、人類にとっての大命題である。今回の企画は、この「国民国家」の成立と「国民料理」(national cuisine) との関係を探ろうとするものともいえる。といっても、「国民料理」の視点から「国民国家」の議論をするのが目的ではなく、主題はあくまで、「国民国家」の視点から「国民料理」なるものを再検討することにある。また、論じたいのは「食のナショナリズム」ではく、ネイションと食の関係である。

議論を進めるにあたって、まず諸概念の定義をしておきたい。ラテン語の natio (「生まれ」の意味) を語源とする nation は、時代の変遷とともに意味するものが変化していき、欧州にて nation state が形成される時代においては、民族と同時に国民をもさす言葉となった。つまり、言語や文化を共有する「民族」を主要な土台として「国家」を形成していった結果として、「国民」が生まれる、という関係である。換言すると前者は土台であり、後者は理念であるともいえる。「国民国家」自体がこのように理念的で多義的な概念であるから、「国民料理」も、同様の情況であるのは、ある意味、当然のことでもある。

現実には、「国民国家」と「国民料理」の範囲が一致している場合もあれば、国家の範囲を料理が越えることもあるし、逆に国家の中に複数の料理が存在している場合もある。「国民料理」なる概念は「国民国家」の形成が契機となることは間違いないが、料理は国家のレベルとは異なる原理で動いているともいえる。それでも「国民料理」という基準となる枠組みを作ることにより、世界の料理の複雑な情況を可視化していくうえでそれなりの意義はあろう。

「国民料理」が形成されるためには、国民経済の成立、すなわち国家として生産・流通・消費の側面における経済的な統合が前提条件となろう。同様に共通語としての国語の制定と普及も不可欠であろう。続いて、国家が政策を通して「国民料理」形成に関与できる分野として、教育と軍隊があげられる。前者は栄養教育や学校給食、後者は軍の食事などによって具現化される。また、料理書の刊行や雑誌など、出版メディアの果たす役割も大きい。新しいものではテレビの料理番組やインターネットもこれに加わっている。このほか、国家内部の経路とは異なる、世界宗教の影響、植民地支配、国際資本、そして移民の存在なども、さまざまな形で「国民料理」の形成に影響を与えている。さらに近年ではユネスコの無形文化遺産への登録もあげられる。

「国民料理」と関連する言葉に「国民食」(national food) がある。「国民食」はその国で最も親しまれている料理であり、「国民料理」と同義で使われる場合もある。しかし「国民食」は個々のアイテムであり、体系化されたものではない。ここでは両者を区別し、「国民食」の上位にあるのが「国民料理」としたい。「国民料理」の形成にいたっているか否かの判断の基準として、①特徴的な素材や調味料、洗練された調理技術、器と盛りつけ、給仕法の有無、②国民がそれを

「国民料理」として自覚しているか、③海外での認知、具体的には「○○料理店」としてレストランが存在するか、④国賓をもてなす料理となっているか、の四点をあげたい。

3 家庭料理と外食産業

対象とする料理が家庭料理なのか、外食産業の料理なのかであるが、両者は連続したものであるので、その両方を含むものとする。ただし、歴史的には、概して職業的料理人は男性が占め、家庭料理は主婦ないし「女中」(女性家事奉公人)が占めるというジェンダーによる分業が存在した。料亭やレストランにおける「高級料理」の洗練は、プロの料理人抜きに語ることはできない。言い換えると、「国民料理」の形成に関しては、男性によるプロの料理と女性による家庭料理という、二つの系統が存在していた、ということでもある。

家庭料理と料亭・レストランでの料理の問題は、定番料理と創作料理の関係とも関連してくる。家庭料理というのは、基本的には定番料理を作るもので、手元にある材料で作るので、素材の組み合わせには創意工夫があるが、「型」は同じといっていい。惣菜屋や定食屋も基本的に定番料理を作る。ところが、高級店になるほど、創作料理が占める割合が高くなる。しかし近年は家庭においても創作料理が盛んになっており、もはや定番化のプロセスを上回るスピードで新しい料理が創作されていっている感がある。

この定番料理と創作料理の関係は、言語学でいうところのラング(文法)とパロール(実際の発話）の関係に似ている。パロールはラングの存在を前提としているが、長期的にはパロールがラングを変えていく、という関係である。パロール（日々の料理）は消えていくが、それを残そうとするのがレシピであり、それが蓄積されていってラング（料理の文法）が成形されていく。言い換えれば、日々の創作料理が最終的にその料理体系をも変えていく、ということである。しかも抽象的で保守的な言語に比べ、料理は目に見える物質文化であるので、創作料理が文法を変えていくスピードは速い。その原動力は「おいしさ」である。しかも、言語が基本的にすべての習得希望者に開かれているように、料理もすべての習得希望者に開かれている。言語の習得が十年単位の年月をかけて行うようなもの（それゆえに愛着も強くなるし、部外者には壁となる）であるのに対し、料理の習得はそれほどの時間を要しない。したがって複数の料理の文法を習うことも可能で、ハイブリッド化が起こりやすいといえる。

4　本書の構成

以上の主旨のもと、今回の企画では以下のような構成案とした。理想は、世界の主要な料理体系を網羅することであるが、八人の発表者という限られた数ではそれは不可能であり、対象とする料理や地域は戦略的に選択する必要がある。

第一回においては、「国民国家」のさまざまな形態に対応する、代表的な「国民料理」の成り立ちを検討したい。どのような歴史地理的な条件下で「国民料理」は形成されるのか、その際にはどのような力学が働いているのか。最初に「国民料理」のプロトタイプとしてのフランス料理をとりあげる。宮廷料理から革命を経ていかにして国民料理が形成されていったのか、おもに美食をめぐる言説の歴史を通して再検討を試みる。続いて、比較的歴史の浅い、移民国家であるアメリカの料理を扱う。「アメリカ料理」をめぐっては、アメリカ人自身による言説が積み重ねられてきた。その歴史を追うことにより、アメリカにおける「国民料理」のありようが浮き彫りにされよう。最後に、長い歴史を誇る多民族国家であるインドをとりあげる。亜大陸国家ゆえに地域やエスニック集団の差異も大きいが、宗教やカーストの要素のほか、国民料理の形成において植民地時代を抜きに語ることはできない。

第二回では、視点を変え、「国民国家」の境界を越えていく料理を対象とする。「国民食/国民料理」は、必ずしも「国民国家」の枠内に留まるものではない。料理はどのようにして国境を越えるのか。これには人の移動とモノの移動という二つの側面が考えられる。料理と国境との齟齬は何を意味するのか。こうした視点は、「国民料理」を外側から見直す視点を提供してくれよう。最初に、近年(二〇一〇年)、ユネスコの無形文化遺産として登録された「地中海料理」の創成を、取りまとめ役をしたイタリアに軸足を置きながら考察する。続いて、世界に広がる中国料理を歴史的に追い、さまざまなホストカントリーにおける中国料理の展開と変容の様相をみていきたい。最後に、これと比較する意味で、南米に移住した日系人の料理がどのように現地に適応し、新たな展開をみせているかを考える。

そして第三回において、「国民料理」としての日本料理とは何かを再考する。最初に実体としての「日本料理」から、どのようにして「国民料理」が誕生したのか、おもに明治期から昭和初期にかけての料理書の分析を通して、その過程の検証を試みる。他地域と比較してその過程にはどのような特色があるのか。これをふまえて、最後に、日本料理のコンセプトとは何か、料理人の立場から、その文法や境界線を探ることにより、世界の中で今後の日本料理が進むべき道を考えてみたい。

編者による総括講演を文章化したものに続いて、最後に総合討論の議論を収録している。各回ごとに総合討論が行われているが、ここでは三回の総合討論を合体し、国民料理に関する議論を中心に整理、編集している。各人の発表では言い尽くせなかった、あるいは見えてこなかった問題点などが、メンバーからの質問や意見によって喚起され、刺激的な議論が展開されている。食の文化フォーラムの、和やかな雰囲気のなかにも緊張感のある討論の雰囲気が出るように工夫を凝らしている。ご一読いただければ幸いである。

〈注〉

(1) 石毛直道が『世界の食事文化』(一九七三年　ドメス出版)において行った、世界の四大食文化圏(麦・雑穀・米・根菜)や、調味料(スパイス・魚醤・油・醤・トウガラシ)による文化圏の分類などはその先駆的な研究である。なお、その後、これを受けたものとして、21世紀研究会編『食の世界地図』（二〇〇四年　文藝春秋）がある。

（2）Goody, Jack 1982 *Cooking, Cuisine and Class*, Cambridge University Press.

（3）Body・Family・National・Global の図式は、Bell, David & Valentine, Gill 1997 *Consuming Geographies: We are where we eat*, Routledge からヒントを得た。これに Regional/Ethnic のレベルを追加したのが図1である。

（4）ここでは仮に「個食」と入れておいた。総合討論では「ソウルフード」という問題提起もあったが、ソウルフードは、必ずしも個人のレベルに留まらないので、これも最適とはいえない。個人レベルときれいに対応する語句がないのは、ヒトが家族や社会を形成していく過程で、食を分配し合う共食が極めて重要な役割を果たしていたからであろう。しかし、外食産業の普及や、調理済食品の家庭への浸食という「食の外部化」にともない、今後は「個食」から否定的なニュアンスが消え、市民権を得ていくことになるかもしれない。

第Ⅰ部

「国民料理」のさまざまな形態

第1章　フランス料理と国民的アイデンティティ
──料理書・美食批評・歴史叙述

橋本周子
Hashimoto Chikako
食の思想史

1　フランスの食は特別？

「食」は人間の存在するところに不可欠の要素であり、あらゆる文化がその独自の食習慣を有している。それゆえどこか特定の地域の食がほかよりも「優れている」、などということは本来おかしな話である。にもかかわらずフランスの食は、しばしばある種別格のように扱われる。ほかならぬ当のフランス人たちは、そう信じて疑わない。二〇〇八年に開催された農業の見本市で、ニコラ・サルコジ大統領（当時）は臆面もなく次のように断言した。「農業と、農産物を加工する職業はいずれも、わが国の美食を多様なものにしている、その源泉である。来年（二〇〇九年）になればただちに、ユネスコへの候補へ名乗りをあげる最初の国となるようにすべく、私は率先して行動した。われらが美食の文化遺産が、世界の文化遺産として認められるようになるために。私たちは世界で一番のガストロノミーを有していて、それが世界の遺産として認められることを望んでいる(1)」──二〇一〇年一一月にはユネスコの無形文化遺産登録という形で実現することになるこの宣言を前に、いかにも「フランスらしい」高飛車な発言だと辟易するのが当然の反応ではある。だがしかし、フランスを外からまなざす私たちもまた、多かれ少なかれこのような認識を受け入れていることは否定できない。とくに日本ではその傾向が強い。結婚披露宴など特別な場で供されるのは、やはりフランス料理でなければならないという暗黙の了解。フランスで〇〇年修業してきたらしいということが、その店のステータスを一つも二つも格上げするという現実。近年であれば、デパ地下の「バレンタインフェア」にはフランス人「ショコラティエ」の来日は必須。同様の例は枚挙にいとまがない。

それにしてもこのような認識はいかにして生じ、展開してきたのだろう。事実、フランス人は歴史的にみても比較的早くから、自らの食文化に対する優越感を認めてきたといえそうである。本章では、「国民料理」というフォーラムの主題に応答すべく、フランス料理における国民的アイデンティティの形成について、料理の仕方や食材など「食べ物そのもの」についてではなく、それを語る言葉、言説を通じて概観したい。

食をめぐる言説といえば、まずもってあげられるのが料理書である。このなかで、ある特定の地方の、あるいはある特定の仕方の料理はいつから「フランス」という枠組みにおいてとらえられるようになったのだろうか。次に検討するのは料理を受容する側の言説、いわば「美食言説」とも括られるものである。一九世紀初頭に始まり、きわめて「フランス的」なこの文化が、フランス料理というアイデンティティの形成・強化に果たした役割は無視できるものではない。これら二つと比して、より学術的な側面でも、フランスにおいては「食」の言説が他よりも豊富である。とりわけ興味深いのは「食の歴史」の歴史であり、このなかでフランスの「食」に対する優越の意識は、いわば科学的客観性をも味方につけて、強固なものとされていくであろう。

2 料理言説における国民的アイデンティティの芽生え

そもそもフランスにおいて、ある食習慣の類型を「国（民）」単位でとらえるような視点がでてくるのは一七世紀以降のことである。まずは料理書にその傾向をみてみよう。ルネサンス期まで、フランス語によって書かれた料理書の数というのはそう多くなかった[2]。料理書の流通の規模が拡大するのは、活版印刷術が発明され普及する一五世紀半ば以降のことであるが、フランス語による料理書の点数が増え、それと同時に今日にいたる「フランス料理」の調理法の原型が整ってくるためには一七世紀以降を待たねばならない[3]。興味深いのはこの時期に出版される料理書のいくつかにみられる、タイトルのつけ方の傾向である。たとえばヴァレンヌ François Pierre de la Varenne の『フランスの料理人 *Le Cuisinier françois*』（一六五一年）に典型的なように、とりわけ一六五〇年代には、「フランスの françois(e)」なる形容詞がしばしば意識的に付加された作品が目立ちはじめる。このような例はとくに料理関連の書物に多いが（ほかに『フランスのパティシエ *Le Pâtissier françois*』（一六五三年）、『フランスのコンフィチュリエ *Le Confiturier françois*』（一六五一年）など）、庭園技術など他の技芸にも確認される（たとえば『フランスの庭師

Jardinier françois』（一六五一年）など）。このことは、まずもって自らの所属する集団を、ある地方の一領国などではなく、「フランス」というより高次のレベルにおいて想像する力が養われてきたことを示している。またさらに、「フランス」というカテゴリーで一つに括ることが可能なほどに、調理に関してある技芸の体系らしきものができあがりつつあることを示している。こうした文脈では「フランスの」なる形容詞はほとんど「文明化された（洗練された）civilisé」に近い意味を得て、出版物のタイトルとして広告的な効果さえもったのであった[4]。

このことは、一般的なフランス通史を横においてみれば、ごく自然ななりゆきであったと理解できる。一七世紀、フランスは絶対王政のもと権力の中央集権化を実現し、国家としてのまとまりを強くするとともに、それにふさわしい威光を、文化全般を通じても誇示することに成功した。ヴェルサイユ宮殿のあからさまなまでのまばゆい輝きは、国王としての威厳を、フランス国家としての威光を視覚的に知らしめるための装置以外のなにものでもない。また、絵画・彫刻、建築、音楽など主要技芸に関してアカデミーが次々と設立されたこともすぐに想起されよう。それぞれの分野において十分な能力と業績が認められる学者や芸術家を集め組織化することで、各技芸は制度化されていく。そのうち、最初期の一六三五年に設立され、国語としてのフランス語を整備することを任務としたアカデミー・フランセーズの意義はとりわけ大きい。これによりフランス語はより明解で理路整然とした――したがってあらゆる人びとにとって理解され、あまねく定着するための準備の整った――言語となることができたからである。「グ goût」（英語の「テイスト taste」にあたる）という単語は「味覚」から敷衍され「趣味」という意味を担う。フランス流の「グ」が、料理から広く文芸、建築、モードにいたるさまざまな分野で、ヨーロッパ中が憧れ真似たくなるような規範となったのは、まさにこの時代以降のことであった。

一八世紀も近くなれば、自分たちの国が料理において他を引き離して優れているとの認識はほとんど自明のように語られている。フランソワ・マシアロ François Massialot（一六六〇-一七三三）という、王侯貴族に仕えいくつもの料理書を遺した料理人は、その著作で臆面もなくこう述べる。「礼儀やその他よく知られたあまたの長所と同じく、料理においてフランスの人びとは、他のさまざまの国民よりも優れていると自負してよいだろう[5]」。

これより数十年のうちに料理書の出版はさらに増加するが、一八世紀に書かれた料理書の特徴として、序文が質・量ともに充実してくることがよく指摘される。序文はしばしば教養ある文人が担当し、その料理書が紹介しようとする料理法の全体を貫く理念を格調高く宣言するのだ。たとえば『コーモスの贈り物 *Les Dons de Comus*』（一七三九年）はその典型とされ、書き手はあるイエズス会士であった。四八頁に及ぶ序文において、彼は自分が生きる時代の料理がいかに急激な革新のさなかにあるかを強調する。「旧料理とは、フランス人がヨーロッパ全体に流行をもたらしたもののことで、全般的にみればそこからいまだ二〇年とたっていない。新料理とはこの旧きものをふまえて打ち立てられる。ごたごたとした装飾はより少なく、しかしながらきわめて多様性に富んでいて、より素朴ですっきりとしており、そしておそらくはより巧みな savant(e)

ものである」[6]。この最後にある「巧みな savant」の語は「学識のある、学問的な」を基本的に意味する。この語を「料理」という行為に用いるあたり、この時代に料理は、それまでのようなもの言わぬ人びとの労働にとどまらない、学識ある人びとが語ってもおかしくない「知の対象」として扱われるようになったことを示唆している。

こうした「超調理的な métaculinaire」[7]序文において、書き手たちはさまざまな面においてフランス料理の優越性を主張する。それは必ずしも味覚の洗練や食材の豊富さといったいわゆる「食」の諸側面においてばかりでなく、料理書が多く書かれているという事実、すなわち料理に関する知の集積が豊かであるという側面においても同様である。啓蒙主義哲学の時代よろしく、批判的精神に則ってなされる料理はいわく「化学」の域にも到達しうる領域で、もはやそれはやみくもに繰り返されるだけの身体的な労働とは程遠い。明解で、理性をともなった、洗練された技芸としての「フランス料理」は、もはやフランス一国の内部で終始するどころか、いわば料理の「共通言語」[8]となって世界のあらゆる場所にも輸出可能なものとなるべき汎用性をも備えるようになったわけである。

さらに彼らは、そうしたフランス料理の調理技術がいかに高度かを強調するばかりでなく、ひとつの体系をもった方法論そのものをつくりあげ、国内外に教育可能なものとすることをも意図してもいた。料理書を執筆する料理人たちがそのような意図を明確にもつようになるのはすでに一七世紀からのことであり、その意識は料理書の章立てに際しては定番となる「〇〇のつくり方

(manière「やり方、方法」)」や、「〇〇の習得(instruction「教育、教示」)」といった言葉遣いに表れている。[9] 料理書はもはやレシピの覚書の寄せ集めではなく、教科書となる。ここで「フランス料理」は言語としてのフランス語と同様、複雑でありながらも明解なシステムを有しているからこそ、フランス本国で学ぶことのかなわない料理人でさえも、料理書さえ手にできれば学習することが可能な何物かであると想定されている。

このような発想はその後も受け継がれる。一九世紀前半のカレームにいたれば、革命を実現したばかりの自信も手伝って、国民という概念との結びつきも、またそれに対する優越の意識も一層明確になりつつ、世界の高級料理の標準型として、いわば料理の〈文法〉を確立することになる。だがこの同じ一九世紀には、料理をフランス国民にとって特別な何かにしていくための、もう一つの重要な領野が拓かれ、発展していくことになるのだ。

3 美食批評、あるいはガストロノミーの成立

「フランス人たちのガストロノミー的な食事 Les repas gastronomiques des Français」――二〇一〇年にユネスコの無形文化遺産のリストに登録を果たした際、フランス当局がその公式の名称として採用した表現である(あえて直訳ふうに訳してある)。これに端的にみられるように「ガストロノミー gastronomie」なる語は、現在フランス人が自らの洗練された優雅な「食」をエンブレマティックに表現する際にしばしば用いられる、きわめて特徴的な語となっている。だがの

ちに述べるようにその歴史は比較的浅く、フランス語として登場したのは一九世紀初頭になってからである。仏和辞典では通常「美食、美食術」、仏仏辞典によれば「よく飲みよく食べるための技芸」といった定義が与えられるが、現実にはときに料理など食べ物そのものを、またときに飲食にかかわる特定の向き合い方、〈哲学〉をさしたりと、正確な定義についてはきわめて曖昧な言葉である。

その実、まずもって「ガストロノミー」とは一九世紀初頭、パリの一部の美食家たちが興した流行のようなものであった。経緯は以下である。一七八九年に端を発した革命に揺れたフランス社会は、ナポレオンの登場とともに一定の落ち着きを取り戻し、さて人びとは更新された日常で、ごちそうの快楽を発見する。この時期の祝祭的雰囲気は、いまにいたる美食の都・パリの発展にとって決定的なものとなる。ここで美食に酔いしれる人びとの思惑には、ただ純粋な舌の（あるいは腹の）悦び以外のものも含まれていたのだが、それはさておき人びとはこの美食という新たな領域に関しての指南を、哲学を求める。ここに満を持して登場するのが、いまやフランスの食の歴史を語るうえで欠かすことのできない三人の美食家たちであった。名をベルシュー Joseph Berchoux（一七六〇－一八三八）、グリモ Alexandre-Balthazar-Laurent Grimod de la Reynière（一七五八－一八三七）、そしてブリア＝サヴァラン Jean Anthelme Brillat-Savarin（一七五五－一八二六）という。同世代にもかかわらず相互の交流こそほとんどなかったようであるが、彼らはみな教養をもち、それぞれに読者を楽しませる独自のスタイルの文章力をもった人びとであった。

口火を切ったのはベルシューであった。一八〇一年に出版した詩集の表題に『ガストロノミー *Gastronomie*』[10]なる目新しい語を採用した。この語はかつて古代ギリシャにおいて用いられたのを最後に長く忘却されていたが、ベルシューはそれを復活させ近代フランス語において初めて用いたのである。「胃の」を意味する「ガストロ gastro-」、そして「体系的な知、学問」を意味する「ノミー(ノモス)-nomie」という要素から合成された語の意味は、文字どおりにいえば「胃の学問」である。

語が誕生するや、美食に沸き返る状況にまさに言葉が与えられたとばかりに、「ガストロノミー」をめぐる書物は流行となった。いち早く需要を読み取り、定期刊行物という媒体でこの世界に参加したのがグリモ(図1)であった。革命以前のパリでは徴税請負人という破格に富裕な家庭に生まれた、しかし奇矯な行動ばかりが知られた人物であったが、その恵まれた境遇で培った舌と、文人仲間との交流で磨いたいくらかの文才を活かし、年刊の美食の情報誌である『美食家年鑑 *Almanach des Gourmands*』[11](一八〇三〜一八一二年)を世に出した。次々と現れる新店や新商品を紹介する、いわゆるグルメガイドの先駆けとして知られるが、そのほかにも食卓作法を指南したり、食をめぐるさまざまなテーマについて論じたりと多様な面をもつ。

それより時期は遅れるが、この領域では群を抜いて有名となり、後世にいたるまで読み継がれることになるのはブリア＝サヴァラン(図2)の『美味礼讃』[12]の邦題で知られる『味覚の生理学

Physiologie du goût』（一八二六年）である。革命後開設された議会の議員として、地方を代表してパリに上った彼である。「生理学」のタイトルのとおり、内容には「感覚について」や「味覚について」、「肥満について」などの項目もあるが、当然これは本格的な生理学の書ではない。生理学の知識からいくつか一般読者向けに話題を引きつつ、彼がめざすのは食べる快楽がいかに素晴らしく、それを高らかに謳歌することは卑しいと恥じ入るどころか、あらゆる面でいかに理にかなっているかについて読者を説得することである。とりわけ冒頭の「アフォリスム」は時代や地域を超えて通じるような内容が多く盛りこまれており、遠く離れた日本でさえ生活のなかで目にすることもあるほどに、広く親しまれている。

　料理書が基本的には技術書であり、料理人（作り手）が読むために書かれるものであるのに対し、「ガストロノミー」の書が想定しているのは食の受容の側にいる人びとである。このとき、

図１　グリモの肖像画
（辻静雄料理教育研究所蔵）

図２　ブリア＝サヴァランの肖像画
出典：Jean Anthelme Brillat-Savarin. *Physiologie du goût, ou Méditations de gastronomie transcendante.*（Illustrations de Bertall）Jean de Bonnot, 1968.

彼らのテクストに暗黙裏に求められるのは、世界各地へと輸出可能な明解な文法としての調理技術のノウハウではなく、むしろ食べる悦びを堪能するための教養のようなもの、またそれをあくまで楽しいものとして習得できるような、そのための工夫であった。ベルシューの場合であれば情緒にあふれ洗練された詩体が、グリモの場合であればときに辛辣なパロディやユーモアに彩られた批判的文体が、そしてブリア＝サヴァランの場合にはやや衒学的でありながらも個人的な体験などが挿入される随筆的な語り口が、それを可能にしている。文筆家・政治家など、社会的信用があり尊敬に値するとみなされる人物によって、「フランスらしさ」との関連のもと語られ賞賛されることで、ますますフランス人たちは、彼らの国には「フランスの」料理なる誇らしい文化があるのだと認知するようになっていくのである——もっとも、それはイメージのうえのことであって、実際にそのようなものは存在するのかどうか疑わしくもあるのだが。

4 「美食の歴史」の歴史

さらにフランスが食に関してとくに他と異なる点として指摘されるべきは、明解に展開する「食の歴史」の伝統ともいえるものがあり、それがかなりの程度国民の間で共有されているということであろう。この歴史においては社会の上層部に生きた人びとの食習慣、いわば「美食史gastro-histoire」が描かれるのが通例である。そのピークはレストランが都市の代表的な風景となり、スター的な料理人や美食家たちが人気を博す一九世紀前半にあり、それ以前の時代はそれぞれ、次の時代を用意するための前段階として位置づけられる。料理の洗練の度合いが増し、料理書が多産される一八世紀、他の諸文芸と同様フランス独自のスタイルの原型を整えた「偉大なる」一七世紀、そしてイタリアの影響のもと文明の度合いを増すルネサンス期、ようやく料理らしい複雑な手順もみられるものの、香辛料の多用にみられるように味覚の洗練についてはまだ蒙昧な段階にある、したがってフランスの食の歴史の出発点(あるいは前夜)ととらえられる中世、といった具合である。それにしても、このような歴史観はいつ頃から、どのようにしてつくられはじめたのだろう。

先にとりあげた一九世紀前半以降に隆盛する美食批評のうちでもそのような歴史が語られることがままあり、人口に膾炙したという点ではこれらを無視することはできない。とはいえこれら美食家たちによって書かれた歴史は、やはり好事家による好事家向けの文章の域を出ないことは否めない。実際に資料を仔細に検証し、参照した文献を細かく注釈に記しつつ、科学的客観性をもって語るという姿勢が叙述に表れてこそ、フランス人らが自信をもってその食生活の文明化を内外に誇ることが可能となるのである。このようにして、いわばディレッタントな領域から食の歴史が一歩抜け出るにあたってきわめて重要な意味をもつのが、一八世紀後半以降に試みられた、フランス人の習俗史の編纂事業である。

その先駆けが、一八世紀後半に書かれたル・グラン・ドッシー Pierre Jean-Baptiste Le Grand d'Aussy(一七三七-一八〇〇)による『フランス人の私生活史』(一七八二年)である。ポルミー侯爵なる人物は膨大な料理書コレクションを含む充実した蔵書をもって知られていたが、いずれフランス人の習俗の変遷についての書をものそうと考えながら実現できずにいた。そこでル・グラン・ドッシーの博識に目をつけ、思い入れのあるこの企画を彼に託したのであった。表題は正確には『国民 la nation の起源から今日までのフランス人たちの私生活の歴史 *Histoire de la vie privée des Français, depuis l'origine de la nation jusqu'à nos jours*』となっており、ここに明確に、食を含む習俗に関して「国民 nation」という概念が適用されているのが確認できる。冒頭部分、著作の執筆意図について次のように言う。「ああ！　穏やかで快い習俗、卓越した文筆家たちのおかげで、ヨーロッパのなかでももっとも優れた国民のひとつであるフランス人をみて、どうして〔古代ローマ人の習俗について執筆した著者たちと〕同じような発想で、フランス人の習俗や慣例、つまりはわれらが祖先の私的な生活を紹介しようと思う人がこれまでいなかったのだろうか[13]」（傍点による強調は筆者による）。いまや「フランス人」と括られる人びとは古代ローマ人のごとく世界の文明の中心を担う立場にあり、したがってあらゆる人びとがその生活様式を知りたいに違いないと確信しているのだ。

　この「ナシオン nation」の概念に関して、時代はまさに重要な転換期を迎える頃であった。それまでは特定の土地に生まれた人びとの集団をさす、ごく一般的な言葉として用いられたこの語は、一八世紀半ばにいたると徐々に政治的な意味合いを濃くし、いずれ「普遍」との対立概念としての「特殊」の意味を獲得しつつ、政治的主権者としての自覚を強めていくことになる。この過程において、〈現在〉を生きる自らの正当性を主張するために、〈過去〉＝歴史が必要とされることはいうまでもない。したがってこの著作は、そのような「国民」意識形成の過渡期に、どのような仕方で彼らは自らの過去をつくっていこうとしたのかを知るうえで、きわめて価値のある存在といえるだろう。

とはいえ、ル・グランの記述は古代およびルネサンス期からの引用が多く、どちらかといえば技術史・博物学寄りであって、いまだ「美食史」の輪郭はそう明確ではない。このポルミーおよびル・グランの構想を継承しつつより直接的に、現代にいたる食の歴史叙述の基礎をなしたといえるのは、一九世紀に同様の企画を実現したアルフレッド・フランクラン Alfred Franklin（一八三〇-一九一七）であろう。『かつての私生活 *La vie privée d'autrefois: arts et métiers, modes, mœurs, usages des Parisiens, du XIIe au XVIIIe siècle d'après des documents originaux ou inédits*』（一八八七〜一九〇二年、全二七巻）と題される一連の著作のうち、一八八八年に「料理」編が、一八八九年には「食事」編が、一八九一年には「美食に関する雑録」編が出版されている。この著作では、先のル・グランではいまだ分散しがちであった諸テーマが、カテゴリーごとに首尾よく分類されている。たとえば食堂なる部屋の歴史や食卓の形状など――多岐にわたるその内容は、もはやその後現在にいたる食の歴史研究のテーマを一挙に示してくれている感さえある。この著作では一二世紀以降一八世紀まで――カペー朝の隆盛とともにいわゆる「フランス」が形をなしはじめる時代以降、「国民」が自覚を強めつつ政治的主人公となる準備が整うまで

——に相当する時代が対象として扱われている点もまた興味深い。

もっとも、彼らは必ずしも高級な食生活という意味での美食にのみ関心を限定していたわけではない。むしろ彼らには、大多数のごく一般のフランス人たちの食の歴史を明らかにしたいという意図があった。たとえばフランクランは食というごく私的な生活の保守性について、またそれを明らかにすることの重要性について次のようにいう。「政治的事件については手を尽くして記録されるものだが、実際には、ある国民の存在全体からすればそうしたことはごく偶発的な物事にすぎない。そして国民の私的な生活は、通常思うよりもずっと、そうした事件には影響を受けないものであるのに、これまであまりにも軽視されてきた」[14]。だがこのような意識を明確にもった彼でさえ、資料の制限から結局は彼のいう「政治的事件」と同様、王侯貴族など特権的な人びとの食生活をハイライトにして歴史を語っていくことになる。さらに後世彼の著作から、そうした目立った主題に関する箇所ばかりが繰り返し引用されるたびに、学術的な領域で、食の言説が増殖していく。このようにして、おそらく「国民」の全体とは遠く隔たっているに違いない、フランス人の食の「歴史」が正当化され、強化されていくのだ。

生活史・習俗史の一部として編まれたこれら二人の書き手による食の歴史は、数は少ないもののその意義はきわめて大きい。さらに指摘しておくべきは、彼らはともに、いずれ公的な、しかも国家を代表するようになる図書館で、蔵書の管理にあたる重要な責務を務めた人物であった点である。彼らが、ただ歴史家として重要な記述を遺したというだけでなく、図書館に勤める者としての能力を発揮し、食にかかわる文献の整理という点において優れた仕事をなしたことは看過できない。食の歴史とは何よりもまず、書物の存在そのものであり、それら書物をある物語histoireのうちに位置づける作業だったからだ。彼らの後に続くようにしてたくさんの食の歴史が書かれ、フランスが、とりわけ食の歴史研究の分野において――そして少なくとも意識のうえでは食文化そのものにおいて――もっとも先進的な国の一つとなっているのは、このことと無関係ではない。

5　おわりに

食べることは書くこと。言葉の介入抜きにして、これほどに華麗で強固なフランスの食の発展はありえなかったと、断言できる。料理書は、時とともに内容を更新しつづけるレシピを固定し保存する役割はもちろん、序文において料理そのもののあり方について確固たる意思表明をすることで、料理と思想を関連づけることにも寄与した。いわば〈食べる〉専門家といってよい美食家たちは、ほとんど彼らの必要条件にもなっている文章力を存分に発揮し、味覚という無限のニュアンスに埋もれ、本来言語化を嫌うはずの飲食を「ガストロノミー」の名のもとに、至高の趣味的な分野として仕立て直した。そして、このあまりに生々しく、あまりに主観的にすぎるはずの飲食という主題を学術の領域に引きこみ、ある国民の習俗の重要な一部分として歴史的に叙述しようとする試みは、先の二つの言説ではときに感情的に語られたフランス料理の優位性を、先行する文献による実証という作業を通じて正当化することと同義であった。

少なくともこれら三つの領域において増殖した食をめぐる言説こそが、国民の誇りと一体化した「フランス料理」誕生の現場である。そこで繰り返し登場する食材、料理、食にかかわる逸話はいつしか、それらの言葉が語られる領域全体に、それらの要素から構成されるものこそがフランス人の食、「フランス料理」であるとの意識を徐々につくりあげていく。偉大な料理人、ほとんどの人が食べる機会もないであろう高級な料理についてのうんちくや有名な産地のワインの名を、多かれ少なかれフランス人みなが知っている。その食の伝統を、まるでわが一族のそれと同一視する。その誇りは、国外の者も納得してしまうほど十分に確実なもの、と映る。

最後にやはり問うておきたい。ならば私たち日本人の食はどうだろうか。私たちに遺された料理本や食をめぐる断片は確かにたくさんあるとはいえ、やはり彼らのような語りの仕方を、とくに食に関して私たちの祖先たちはしてこなかったことも事実である。だが、彼らのように戦略的ではなかったが、あるいはそれにもかかわらず、少なくとも彼らフランス人らが一目置く食文化を私たちは有している。それはどのような経緯によって成ったのか。つまり、言葉の介入なくして、あるいはまた別の仕方での言葉との関係によって、「日本料理」は成ったというのだろうか。フランスの事例は、私たち自身のこの手つかずの問いにとって、最適の参照項となるだろう。とりわけ、語られる言葉のなかでこそ、ある「国民の」料理の輪郭が描かれていく、という責任の大きさについて。

〈注〉

（1）［Drouard 2010］p.7より転載。

（2）もちろん、早くからフランス語によって書かれたものもいくつか存在する。たとえば一四世紀初めに書かれたとされる以下の資料は、フランス語による最古のテクストとされる。*Les Enseignemenz qui enseignent a apareillier toutes manieres de viandes*. Paris, vers 1304-1314. さらにこれと同程度に古いテクストとされるものに、タイユヴァン Taillevent の『ヴィヨンディエ *Viandier*』の手書き写本も残されている（いずれもフランス国立図書館所蔵）。なおその後フランスで数世紀の間読み継がれた『ヴィヨンディエ』については複数の写本があり、写されるたびに内容が付加あるいは削除されているために写本ごとの相違が激しい。

（3）一七世紀から一八世紀にかけて原型を整えたとされるフランス料理は、とくにソースの製法によって特徴づけられる。多くの素材に加え、調理のための手間や時間を膨大に必要とするソースは高級フランス料理に不可欠なものとされるようになる。なお、一九世紀のカレームにいたってこれらの伝統をもとにより体系だったソースの製法が確立され、さらに二〇世紀のエスコフィエにおいて発展させられることになる。また、同じ一七・一八世紀にはイタリア料理の影響を受け、それまで高級料理では重きをおかれることの少なかった野菜類にも注目が集まるようになる。とりわけアーティーチョークやアスパラガス、エンドウマメなどの野菜類は高く評価されたという。

（4）［Quellier 2007］pp. 83-85.

（5）Massialot, *Le cuisinier roïal et bourgeois : qui apprend à ordonner toute sorte de repas en gras & en maigre,... : ouvrage tres-utile dans les familles,... à tous maîstres d'hôtels, & ecuiers de cuisine*. [Paris:] Chez Claude Prudhomme, 1705, p. iiii.

（6）*Les Dons de Comus* in *Les liaisons savoureuses. Réflexions et pratiques culinaires au XVIIIe siècle, avec une introduction et des notes de Béatrice Fink*. Saint-Étienne: Publications de l'Université de Saint-Étienne, 1995, p. 29.

（7）[Fink 1995] p. 23.

（8）[Quellier 2007] p. 222.

（9）[Rambourg 2005] pp. 92-96.

（10）*La Gastronomie, ou l'Homme des champs à table, poème didactique en quatre chants, pour servir de suite à l'Homme des champs*. Paris: Impr. de Giguet, 1801.

（11）*Almanach des Gourmands*. Gallardon: Menu Fretin, 2012.

（12）*Physiologie du goût, ou Méditations de gastronomie transcendante: Dédié aux gastronomes parisiens par un professeur*. Paris: Flammarion.（『美味礼讃（上・下）』関根秀雄・戸部松実訳、岩波書店、二〇〇五年）

（13）*Histoire de la vie privée des Français, depuis l'origine de la nation jusqu'à nos jours*. Tome I, Paris: Imprimerie de Ph. D. Pierres, 1782, p. vi.

（14）*La vie privée d'autrefois : arts et métiers, modes, mœurs, usages des Parisiens, du XIIe au XVIIIe siècle d'après des documents originaux ou inédits*. Tome Ⅲ «Cuisine», Paris: E. Plon, Nourrit, 1888, p. 2.

〈参考文献〉

Drouard, Alain 2010 *Le mythe gastronomique français*. Paris: CNRS éditions.

Ferrière, Madeleine 2007 *Nourritures canailles*. Paris: Éditions de Seuil.

Fink, Béatrice 1995 *Les liaisons savoureuses. Réflexions et pratiques culinaires au XVIIIe siècle, avec une introduction et des notes de Béatrice Fink*. Saint-Étienne: Publications de l'Université de Saint-Étienne.

Laurioux, Bruno 2002 *Manger au Moyen Âge. Pratiques et discours alimentaires en Europe au XIVe et XVe siècles*. Paris: Hachette.

Quellier, Florent 2007 *La Table des Français. Une histoire culturelle* (*XVe-début XIXe siècle*). Rennes: Presses Universitaires de Rennes.

Rambourg, Patrick 2005 *De la cuisine à la gastronomie. Histoire de la table française*. Paris: Audibert.

第2章　アメリカ料理とは
――「国民料理」の輪郭と幻影

新田万里江
Nitta Marie
アメリカ研究・食の文化史

1　はじめに

(1)「アメリカ料理」の有無をめぐって

米国ニューヨーク出身のシェフでテレビ番組のホストとしても著名であったアンソニー・ボーデインは、世界中を旅した後にニューヨークに戻った際、まず何を食べるのかという問いに対して、「パストラミ・サンドイッチとハンバーガー。いわゆるアメリカ料理だ」と答えている[Remnick 2018]。彼は、世界中の異なる文化の人びとと食事を共にすることで他者を理解することに努めてきたというが、そのアンソニー・ボーデインにとって自国の「アメリカ料理」とは、いかなるものなのだろうか？　まず、パストラミ・サンドイッチのパストラミとは、塩漬けされた牛肉のことである。その起源は必ずしもユダヤ教徒の食事のみに求められないが、米国内では一般にユダヤ教徒のコミュニティの食べ物だと考えられている[Bacon 2007]。さらに、ハンバーガーの起源に関しては諸説あるが、有力な説の一つとしては、ハンバーガーの発祥の地はドイツ北部とのことだ。米国には一九世紀初頭から中盤にかけて、ドイツからの移民によってもたらされたといわれている。最古の記録としては、一八三四年にニューヨークの著名店であったデルモニコスのメニューに登場している［Hogan 2007］。つまり、アンソニー・ボーデインが「アメリカ料理」であると考えていたものは、移民の料理の寄せ集めということになるだろうが、このボーデインの「アメリカ料理」の定義はすべてのアメリカ人に共有されているのだろうか。

米国国内では、じつは「アメリカ料理」の存在の有無すらも共通認識は定まっていない。「国民料理」としての「アメリカ料理」の存在をめぐって議論が展開されることがしばしばあるのである。たとえば、食のジャーナリストであるレスリー・ブレナーは、レストラン関係者とのインタビューから、彼らが「アメリカ料理」というものを否定していることに驚き、その経験が「アメリカ料理」とは何かを探求する契機となったと述べている［Brenner 2000］。一方、食の文化人類学者であるシドニー・ミンツは、米国の大学の講義で「アメリカ料理（American cuisine）なるものはないと思う」と述べた後、その発言に少なからずショックを受けた学生たちの反応があったというエピソードを紹介している。もちろん、ミンツは、それぞれの移民の出自に由来する料理（フランス料理や中国料理など）やニュー・イングランドや南部などの地域料理（regional cuisine）が米国に存在していることを認めている。しかし、たとえば地域料理が商業化され全米で食されるようになるためには、それぞれの地域の風土そして旬の食材によって得られる料理の特色は、輸送のために食材が加工されなければならず失われてしまう。それでは、ミンツが考える料理（cuisine）とはいえないため、米国では「国民料理」なるものは生まれていないのだと論じている［Mintz 1996］。

このように「アメリカ料理」はいまだに確立されていないようではあるが、歴史家のカトリーナ・ベスター［2015］が主張するように、米国建国以来、「アメリカ料理」を定義する試みは繰り返されてきた。つまり、ヨーロッパ諸国との差異化あるいは新移民などの「他者」をアメリカに同化したりするために「アメリカ料理」が利用され、またそれはいかなるものなのかという議論がなされてきた。ただし、「アメリカ料理」の歴史を繙くと、それぞれに定義されてきた「アメリカ料理」というのは必ずしも同一ではなく、個別の状況に応じて形成されてきたことがわかる。

本節では、「国民国家」としての米国のナショナル・アイデンティティの形成と食に関しての理論的な整理をする。次節からは時系列順に論じ、それぞれ、初期アメリカの「国民料理」（2節）、同化政策と「アメリカ」的な食べ方、そして「抵抗」（3節）、アジア太平洋地域からみた「アメリカ料理」（4節）に関する議論を進めていく。それぞれの時代にどのような「アメリカ料理」が定義され、あるいは米国の食文化（「国民料理」のみならず「アメリカ」的な食事方法そして米国の食品などに関して）の言説がどのようなナショナル・アイデンティティを誰の視点から示してきたのか、そして何を示してこなかったのか。その輪郭と幻影を立体的に素描することで、「国民料理」の批判的検討の鍵となるいくつかの視座を提供したい。

（2）「国民国家」としてのアメリカ合衆国の食

一八世紀半ば、近代につくられた「国民国家」とは人類史上きわめて新しい存在であり、その人工的な共同体を成立させるためにさまざまな政治経済的そして文化的な制度が用いられてきた。それは、ベネディクト・アンダーソンが「想像の共同体」という概念によって議論したように、それまでは同じ「国民」であると考えてもみなかった人びと同士に仲間意識をもたせるために、身体や意識のレベルで同一性をもたせる必要があったからである。こうしたナショナル・アイデンティティを形成するためには、メディアが重要な役割を果たしてきたのである［アンダーソン 一九九七］。

しかし、米国は植民者によって建設された国であり、ナショナル・アイデンティティの形成は一筋縄ではいかないところがある。というのも、ロバート・ヤングが指摘しているように、米国の場合は、一般的にナショナル・アイデンティティ形成の基礎として用いられる、人種、宗教、言語、文化、歴史や土地などの共通性を欠いているためだ。そのため、彼らは米国という国をまとめるために民主主義や資本主義といったイデオロギーをつねに必要としてきた［Young 2003］。

イデオロギーを支える要素のなかでも、「食」はさまざまなレベルで米国のナショナル・アイデンティティ形成にかかわってきた。それは生理的な意味でアメリカ市民の身体をつくるだけではなく、その言説が国民統合のためのナショナル・アイデンティティに用いられることもあるのである。たとえば、移民国家としての米国のナショナル・アイデンティティを示す一つのメタファーとして、料理がとりあげられることもある。一九世紀に増加した「新移民」を包摂した歴史を米国の理想として語るために「メルティング・ポット（坩堝）」という言葉が使われてきたが、それは食のメタファーにとって代わられる。一九六〇年代の公民権運動以降の時代になると、このメルティング・ポットというモデルは、それぞれの文化的背景を否定する同化主義であるとして批判され、むしろ移民やその子孫のそれぞれの文化を尊重することを重んじて、アメリカ社会を「サラダ・ボウル」として喩える言説が生まれたのである［Thomasson 2018］。

これはよく知られた一例であるが、食文化の言説やメタファーは米国という「国民国家」やその成員そしてその国境をどのように映し出しているのだろうか。右の例でいえば、多文化主義の理想を表すサラダ・ボウルのベースとなる野菜は何か、どのようなスタイルのサラダなのか。そしてそれは誰が料理したものなのか。サラダという食べ物自体が、ヨーロッパ人がもたらしたものだとすれば、サラダ・ボウルが示す多文化主義というのはヨーロッパ系のアメリカ人の理想を基層とした社会であり、その他の移民の子孫やアフリカから奴隷として連れてこられた人びと、そして、そもそも北米大陸に先住していたネイティブ・アメリカンたちがメインにはなりえない社会であるということを暗に示しているのではないか。このように、国家統合のメタファーとしてのサラダ・ボウルはリベラル多文化主義として批判することもできるだろう。

本章は「アメリカ料理」の定義を提供することを目的としていない。むしろ、「アメリカ料理」の定義をめぐっての議論や米国の食品あるいはその食べ方がどのような意味を付与されてきたのかを考察することで、「アメリカ料理」の境界の変化の過程や多面的なあり方を明らかにすることに主眼がある。つまり、「アメリカ料理」は、料理の体系として確立されているものというよりもメタファーとして使われているのであり、「米国らしさ」といった特定の意味を運ぶ言葉のようなものとして機能しているとみるのである。国民料理についての言説は、「アメリカ合衆国」とは世界の中でどのような国なのか、そしてその構成員は誰なのか、という線引きをするためのコミュニケーション・ツールとして使用されてきたのだ。

さらに、「アメリカ料理」の定義は誰がどのようにつくるのか、その過程を詳らかにすることも重要である。料理の定義は権威をもつ一部の人間たちがつくり、それが人口に膾炙するというような一方向性なものでは必ずしもなく、ときに市井の人びとの解釈も加わりながらつくられていくことがあるからだ。さらに、その定義がつくられる過程には世界の中の米国の位置やその動きも少なからず関係がある。国外の人びとや国内の主流社会に属さない人びとを含む「他者」からの視線についての検討も不可欠であるし、「他者」から定義される「アメリカ料理」もあるだろう。したがって、「アメリカ料理」という概念がどのようにつくられてきたのかという問いに対しては、その有無という二元論的なとらえ方ではなく、「アメリカ料理」をめぐる双方向的な議論や、また「他者」からの視点なども含めて立体的かつ複合的に検討する必要があるだろう。一方で、「アメリカ料理」が何を包摂し何を排除してきたのかという点も丁寧に分析するべきである。

2　初期アメリカの「国民料理」――植民地主義を隠す幻影としてのトウモロコシ

初期アメリカの知識人は、米大陸の先住民の食文化に由来する食料であるトウモロコシを用いて新国家を代表する料理を創造したという。しかし、米国の成り立ちや先住民との関係を「国民料理」の言説を中心に検討すると、「国民料理」が植民地化の歴史を曖昧にする幻影をつくり出していることがみえてくる。

(1)　先住民の食文化と米国の領土拡大

米大陸の先住民は、一五世紀中頃から始まったヨーロッパ人による大航海時代以前から、それぞれの地域の環境と生態とその変動に応じた食生活を続けており、それぞれに固有の文化を有していた。たとえば、沿岸部の先住民は漁撈をしていたし、内陸部の人びとの間では紀元前二〇〇〇年頃には動植物の家畜化および栽培化が始められていたという [Ross 2007]。

米国の建国とその領土の拡大は、先住民と移民の生産構造を大きく変えることになる。この過程において、北米大陸に先住していたネイティブ・アメリカンのそれぞれの部族は土地を奪われ追われることになり、それぞれの土地の生態に依拠していた先住民の生業と食生活は従来どおり続けることができなくなった。一方で、農地が手狭となった東海岸出身のヨーロッパ系の移民の子孫たちは自営農民の理想を追って西部へと移住し、ヨーロッパ由来の農業を営むことで入植を正当化していったのだ［Nitta 2017］。

北米大陸のヨーロッパ諸国による植民地化が進むと、それぞれの宗主国の食文化が影響を与え、今日の米国の地域料理にもその名残を伝えている。たとえば、元フランス領ルイジアナ（一六九九〜一八〇三年）のあった南部では、北米東部大西洋岸のフランス人入植者がニューオリンズに移住し、また奴隷として連れてこられたアフリカ系の人びとやハイチからのフランス人そして黒人移民も居住していた。南部料理として作られてきたケイジャン・クレオール料理は、アフリカの食材を取り入れながらもフランス料理の影響を強く受けたスタイルとなっている［Schnetzer 2007］。また北米南西部のTex-Mexとよばれる料理も、スペイン系の植民者とテキサスへ移住してきたアメリカ人の料理の混交と考えられている［Foote 2007］。

（2）初期アメリカの「国民料理」

「国民料理」としての「アメリカ料理」の存在についての言説は、大英帝国から独立して建国された米国の国家の起源やその後の世界における米国のナショナル・アイデンティティと非常に強い関係がある。とくに、「米国には国民料理がない」という考えを理解するには、初期アメリカの知識人たちがどのような料理を「アメリカ料理」と定義し、何を彼らの新しい国を代表する料理としなかったのかを理解する必要があるだろう。カトリーナ・ベスターは、とくに大英帝国からの独立を獲得した初期アメリカの知識人たちは、ヨーロッパの帝国主義諸国とは異なるアイデンティティの確立を追求し、それは彼らが定義した「アメリカ料理」にも強く表れていることを指摘している。ベスターによれば、その「アメリカ料理」の思想は、ヨーロッパの貴族的な堕落や浪費を拒絶し、公正で平等に資源を分配することができる農業社会を反映したものであったという。つまり、当時定義された「アメリカ料理」は、民主主義、簡素、そして健康的であることを体現するようなものであった［Vester 2015］。

その端的な例として、ベスターは、初期アメリカの知識人たちが先住民の食文化であったトウモロコシを自分たちのものとして「盗用」（appropriation）し、豊富に収穫することができるトウモロコシを、すべての人を食べさせることができるという意味で、公正で民主的な社会のシンボルと考えたということを指摘している［Vester 2015］。近年、とくに先住民の文化を先住民以外の人びとが真似したり自らの文化表現に取り入れたりすることが、文化の盗用（cultural appropriation）であるとして批判されているが、ネイティブ・アメリカンたちにとって非常に重要な食料であったトウモロコシを、先住民の土地にヨーロッパ系植民者が建国した国家の代表的な食文化とする行為も、その一つとして考えることができるだろう。

(3) トウモロコシに対する両義性

一方、米国建国以前から一九二〇年代にいたるまで、ヨーロッパ系のアメリカ人はトウモロコシに対して両義的な感情をもっていたという。ベスターによれば、独立後のアメリカ人たちはトウモロコシを米国の代表的な食文化として採用（「盗用」）したものの、北米の植民地時代から、ヨーロッパの価値基準をもとにトウモロコシを下等な穀物であると考えていた。つまり、小麦やライ麦と比べるとトウモロコシは劣等な穀物であり、それを食べる文化についても劣った文化であるという判断基準をもっていたのである［Vester 2015］。

さらに、一九世紀後半から二〇世紀前半に行われた同化政策であるアメリカ化運動においては、ネイティブ・アメリカンと移民に対してトウモロコシ食をめぐって矛盾する政策も行っていた。一九世紀後半、一八七〇年から一九〇〇年にかけて、おもに東欧からの新移民の到来を機に、再び「アメリカ料理」というものの存在が議論され定義されはじめた。この頃の「アメリカ料理」の定義のつくり手は、シカゴで活躍した社会活動家であるジェーン・アダムスに代表されるような女性たちであった。アメリカの都市部では、家政学を通して何をどのように食べるかを教えることによって、新移民たちをアメリカ化することがめざされた。ここで興味深いのは、この頃の家政学者や社会活動家たちは新移民たちにトウモロコシを食べることを通してアメリカ化をうながす一方で、先住民のネイティブ・アメリカンたちには逆に彼らの主食であったトウモロコシ食を阻止し、むしろ小麦粉で作ったパンを食することを勧めていたという［Gabaccia 1998］。

（4）トウモロコシの幻影

さらに、歴史学者のダナ・ガバッチア［1998］は、民主主義と地方分権の担い手としてトマス・ジェファーソンが理想とした自営農民の質素な食生活に代表されるように、アメリカ人は地域の範囲を超えて「国民料理」をつくりあげることは拒否してきたのではないかと述べている。すなわち、自営農民の理想は地方分権や地方自治に重きをおき、中央集権的に権力が集中する国家のモデルと相容れない。そして、それは「国民料理」をつくりあげることに力を注がなかったことにも表れているという考え方である。そして、ガバッチアは、こうしたアメリカ人が「国民料理」というものをつくるのを拒否してきたこと自体が、ヨーロッパ諸国とは異なり、「アメリカが特殊であるという意識」を反映しているという［Gabaccia 1998］。

このように初期アメリカの知識人が、ヨーロッパの帝国主義の価値観とは異なるシンボルとしてトウモロコシをアメリカの代表的な食材としたことや、あるいは「アメリカ料理」という「国民料理」の存在そのものを拒否する姿勢は、アメリカ研究者が理論化してきた「例外主義」という概念で説明できるのではないだろうか。米国はヨーロッパ諸国による植民地主義や帝国主義とは一線を画する、という言説を例外主義という［Pease 2007］。この例外主義のフレームワークからアメリカの「国民料理」について検討してみると、「国民料理」としての「アメリカ料理」を創造しづらい、あるいはあえてその存在を拒否する背景には、ヨーロッパ諸国の帝国主義と米国を切り離し独自のアイデンティティを確立する必要性があったからであるといえるのではないだろうか。そして初期アメリカの知識人がアメリカ料理のシンボルとして先住民のトウモロコシを「盗用」したことは、米国が先住民の土地に建国されたという史実を曖昧にして、その国家の正統性を保つ論理であるセトラー・コロニアリズムに貢献しているともいえる[1]。

3　同化政策と「アメリカ」的な食べ方、そして「抵抗」

一九世紀後半から二〇世紀前半にかけてみられたアメリカナイゼーションのような同化運動は、二〇世紀中盤にもさまざまな形でみられた。そのなかでも同化の対象となった人びとの主体性（エージェンシー）について考えられる事例をとりあげたい。第二次世界大戦中の日系人強制収容所ではさまざまな同化政策が施行されたが、収容所での食事方法についての言説は政策立案者たちの想像を超えた形でアメリカ化をうながすことになる。一方で、収容所で与えられた食生活に対して「抵抗」し主体性を発揮する人びともいた。

（1）第二次世界大戦中の日系人強制収容所の食堂

フランクリン・ルーズベルトによる大統領令九〇六六（一九四二年二月一九日発令）は、西海岸に住む一一万の日系移民一世および日系アメリカ人二世を強制収容所に収容することを定めた。その収容所を管轄した連邦政府の組織である戦時転住局（War Relocation Authority）の幹部たちは、日系人が日本文化を維持していることを一つの問題と考え、収容所内で積極的にアメリカ化をうながす文化政策を行った［Robinson 2015］。

戦時転住局は強制収容所内に食堂を設置し、そこに収容者を集めて朝昼晩の三度の食事を提供した。これは戦時転住局が、もっとも低予算で効率的であると考えたためであり、食事内容も非常に質素なものであったという［Kim 2013］。一人当たりの食費は一日約四五セント（現在の価値に換算すると約七ドル）ほどである[2]。さらに肉が提供されない日が週に三日はあったといわれている［Embrey 1972］。たとえば、ジャガイモ、ソーセージ、そしてパンとマーガリンなどが典型的な一日の夕食だった。唯一日本料理的な要素としては醤油を調味料として使うことができたくらいであったという［White 2007］。

文学研究者のハイジ・キム［2013］は、第二次世界大戦中の日系人強制収容所の食堂に関しての言説を分析し、核家族を基本とする食事方法がアメリカ人のめざすべきものであるとされたことを指摘する。もちろん、実際の収容所の食堂での食事方法はその理想とは程遠いものであった。日系人はそれぞれの家庭から食堂へと食事の場所を変更することを強いられ、それまで家族や親族と共にしていた食事を他の多くの収容者と共にするようになった。これにより、これまで食料を提供したり、食事を作るといった役割を担っていた大人の権威を奪い、子どもたちは他の家庭の子どもと食事を共にするようになり、家族の結束が薄れたと感じた人びともいたという。このように収容所の食堂を家族離散の原因として問題視していたのは、日系人収容者たちだけではなかった。戦時転住局の幹部たちもその食事方法を問題視していたし、また、強制収容所閉鎖後の日系人再定住の支持者たちやその後の文学作品においても、強制収容所の食堂がアメリカ人の理想である核家族を壊したものであるという言説が繰り返されてきたという。つまり、キムによれば、収容所での食堂の存在がさまざまな（ときに対立する）立場の人びとの議論の土台となったのである。それによって図らずも定義された「アメリカ」的な食事方法というのは、核家族を単位とする食事であった。さらにキムの議論で示唆的なのは、この食堂とそれに対比される形で理想化された「アメリカ」的な食事方法についての言説が、米国史のなかでも重大な国家の不正義の一つである日系人強制収容所についての政府の責任から目を逸らす役割も担ったという点である［Kim 2013］。

（2）強制収容所の食堂を超えて

とはいえ、収容されていた日系人のすべてが収容時に与えられた状況をそのまま受け入れていたわけではない。敷地内で自らゴボウやダイコンを栽培した人びともいたし、ウナギの蒲焼きを求めて収容所外に出てガラガラヘビを捕まえて焼いて食べたというエピソードも記録されている［White 2007］。さらに、ドキュメンタリー映画『The Manzanar Fishing Club』（二〇一二年）では、おもに漁撈を生業にしていたロサンゼルス出身の日系人たちが、収容所を密かに抜け出してシエラネバダ山脈を登って魚を釣っていたという事実を追い、彼らの自由を求める姿を描いている。このように実際の日系人たちは収容所の管理のなかにありながらも、自らの生業を維持したり食欲を満たしたりすることで人間性を保とうとしていたのである。

政策上は何をどのように食べるべきかが定義されたとしても、その対象となった日系人たちがどのようにそれを受容したか、そしてときに「抵抗」したのかということは注目に値する問題である。もちろん、ここでいう「抵抗」というのは、歴史家ウォルター・ジョンソンがエージェンシー（主体性）に関して論じているように、必ずしも権力に対抗し、その対立軸に位置するような存在に限られない［Johnson 2013］。むしろその特定の歴史的状況において（ここでは日系人収容所という特殊な状況）、人間性を発揮することもその一つであろう。つまり、収容された日系人は自らの食文化を維持したり、あるいは渇望を満たしたりしていたし、ときに政策立案者の意図を超えた次元で食にまつわる営みを継続していたのである。こうした活動は、収容所という制度を覆すほどの力はもたなかったかもしれないし、そのような期待もなかったかもしれないが、たしかに強制収容所の政策立案者や運営側の意図に対して限定的ではあっても「抵抗」していたといえるだろう。

4　アジア太平洋地域からみた「アメリカ料理」

アジア太平洋地域では「アメリカ料理」はどのように定義されてきたのだろうか。それぞれの地域で調理され消費される「アメリカ料理」や米国の食品は、米国「本土」でのそれとはまったく異なる形態や意味をもつこともある。とはいえ、それらは当該地域の人びとと米国との関係性、すなわち支配や占領そして戦争の歴史を複雑にとらえながら、確実に米国という「国民国家」の輪郭の一部を反映しているといえる。

(1) 一九五九年の州昇格以降のハワイにおける給食

現在のハワイ州には先住民のネイティブ・ハワイアンとヨーロッパ、アジアそして太平洋諸島からの移民やその子孫が居住し、米国のなかでも文化的多様性の高い地域である。ハワイ諸島においては、紀元三〇〇年頃から七五〇年頃にはネイティブ・ハワイアンの祖先となる人びとが渡り居住しはじめていた。しかし、一七七八年に英国人のジェームス・クックがハワイ諸島に来島して以降、その立地のよさから太平洋を航海する貿易船の中継地となった。一八三五年にハワイ諸島で最初のサトウキビプランテーションが建設されて以来、ハワイにはアジアやヨーロッパからの移民が労働者として居住するようになった。一八九八年にはハワイは米国に併合され、一九五九年には米国の五〇番目の州に昇格した［矢口 二〇〇二］。

文化人類学者のクリスティーン・ヤノ［2013］の研究によると、一九五九年の州昇格以降のハワイにおける学校給食も、当時新しくアメリカ市民となったハワイ住民のアメリカ化キャンペーンの対象となった。とくに学校給食の計画や調理の現場では、ヤノが概念化した料理の同化（culinary assimilation）がめざされたという。つまり、ハワイの多様な民族的背景をもつ子どもたちに、学校給食によってアメリカ市民の味や食べ方を教えたのである。

ただし、このハワイの給食が伝えた「アメリカ料理」は、連邦政府からハワイの住民へとトップダウン式に広まったわけではなかった。ヤノによれば、実際に給食を食べる子どもたちに近い存在であった日系人女性の調理師たちが、連邦政府の給食制度に独自の「解釈」を加え改変し、また地元の人びとの食文化も取り入れながらハワイ独自の「アメリカ料理」をつくりあげていったという。その意味で、ハワイの「アメリカ料理」は、ワシントンD.C.と移民の出自国や地域の食に関する情報を双方向に織り交ぜながらつくられたものであるし、日系女性の給食調理師たちはその「アメリカ料理」の編集者のような役割を担っていたといえるだろう。「アメリカナイゼーション」といったきわめて人工的に「アメリカ料理」を普及するキャンペーンにあっても、その料理が実際に作られ食べられる段階においては、複合的な力のダイナミクスが働いていることを強調しておきたい。

(2) ランチョンミートが映す世界における「アメリカ」の位置

「第二次世界大戦中に太平洋に駐在した米軍の食文化遺産として、アメリカ兵たちはいかにスパムがグアムの人びとに愛されているかを知り、それをふざけてチャモロ・ステーキとよぶようになったんだ。」

クレイグ・サントス・ペレス

グアム島出身の先住民チャモロ族の詩人で文学研究者であるクレイグ・サントス・ペレスは、“SPAM's Carbon Footprint”[2010]という自身の作品の中で、米軍の世界的覇権と加工肉の缶詰のランチョンミートであるスパムの関係について自虐的なユーモアを交えながら表現した。もちろんスパムは米国が第二次世界大戦時に生んだ一つの食品にほかならず、米軍基地が存在するなど米国の影響が強い地域においては、米国という国家を代表するような食べ物として考えられている。さらに、スパムは米軍の強い影響があるハワイ、フィリピン、グアム、サイパンなどの地域の住民において、さまざまな、また往々にして相反するような感情を巻き起こす食品なのだ。

ペレスがワシントンD.C.で二〇一六年に行われた詩の朗読イベント（Split This Rock Poetry Festival）で、この"SPAM's Carbon Footprint"を朗読した際に、失笑ともいえる笑いが起こったのは、スパムがもつ独特の意味によるものがあるだろう。つまり、ペレスと聴衆の間で、島嶼地域以外の米国、とくにワシントンD.C.のような都市部では、スパムはとても健康的で高級な食品とはいえない、さらにいえば必ずしも米国の誇れる食品ではないということが前提とされていたからであり、同時に、ペレスがそのことに自覚的でありながらもあえてスパムを受容する自らの歴史と日常を表現していたからではないだろうか。(3)

一九四五年から一九七二年まで米国の統治を経験し、現在も米軍基地を抱える沖縄も、やはりスパムを受容している地域の一つである。家政学者の金城須美子［一九九五］によれば、沖縄の人びとは、戦後の食料不足という状況に加え、歴史的に豚肉を食する文化や習慣があったこともあり、米国統治を契機にスパムを取り入れるようになった。金城の研究によると、沖縄では、スパムを含む肉加工品の消費が日本の他の都道府県と比しても非常に多い。輸入されるスパムの約九〇％が沖縄で消費され、沖縄では「豆腐チャンプルー、ゴーヤチャンプルー、野菜のウブシー、ジューシー、ポーク卵、みそ汁」などの日常の料理の食材として使用されているという［金城 一九九五］。

ただし、金城は、この沖縄のスパム受容の独自性について次のように述べている。「したたかに自国（沖縄）の料理形態の中に取り込みアレンジして、独自のウチナーランチョンミート料理文化を確立した沖縄の柔軟性とエネルギーは大切にしたいと思う」［金城　一九九五］。沖縄の人びとは、必ずしもペレスあるいはワシントンD．C．の詩の朗読イベントに訪れた聴衆と同じようにスパムとその意味を受容しているとは限らないだろう。しかし、ペレスと金城には共通点もある。世界中にマクドナルドがあることに代表されるような食のアメリカナイゼーションという概念のように、米国の文化帝国主義によって一方的にスパムが押しつけられたということではない。彼らは、受容する側の機微にふれつつ、スパムという米国の食品について語ることで米国という国民国家との関係について表現しているといえるのではないか。金城がスパムを受容する側を「自国」と表現するその対岸には他国である米国が想定されているだろうし、ペレスも同様に米国との関係のなかにグアムでのスパムの消費を位置づけている。彼らにとってスパムは、アメリカ文化そして米国という国民国家の世界におけるポジションを複雑に反映する強力なメッセージ性をもつものなのである。

以上のように、米国の「国民料理」の変遷は、移民や先住民の排除と包摂を繰り返し、国境を書き換えながら領土を拡張していった米国という国民国家の歴史と重なるところがある。「アメリカ料理」は、ヨーロッパの帝国主義諸国、先住民、移民、そして米軍の影響下にある地域の人びとなどの「他者」との関係を示すコミュニケーションのツールとなってきた。同時に、それぞれの時代に誰がどのような意図をもって「アメリカ料理」を定義するかによって、その様相や意味するものが異なってきたということも明らかとなった。「アメリカ料理」に関する言説は、ときに「国民国家」の負の歴史を隠す幻影をもつくり出し、いびつな輪郭を描きながら、その姿を変えてきた。「アメリカ料理」というものの定義のしづらさには、このような背景があるのではないだろうか。

〈注〉

（1）セトラー・コロニアリズムの定義は［Wolfe 2006］を参照した。

（2）貨幣価値の換算には、Friedman, S.M. 2000 *The Inflation Calculator*. Retrieved Aug. 14, 2019 from the Library of Congress, https://lccn.loc.gov/2004564254 を参照した。

（3）実際の詩の朗読の様子は、Perez, C.S. 2016 Spam's Carbon Footprint. Retrieved Aug. 14, 2019 from Split This Rock Poetry Festival, https://www.youtube.com/watch?v=oNkwbmIfykl を参照。

〈参考文献〉

アンダーソン、B（白石さや・白石隆訳）一九九七『増補　想像の共同体――ナショナリズムの起源と流行』NTT出版。

金城須美子　一九九五「沖縄の食生活に見るアメリカ統治の影響――アメリカの食文化の受容と変容」照屋善彦・山里勝己編『戦後沖縄とアメリカ――異文化接触の五〇年』沖縄タイムス。

矢口祐人　二〇〇二『ハワイの歴史と文化――悲劇と誇りのモザイクの中で』中公新書。

Bacon, J. 2007 Pastrami. In Smith, A. F. (ed.) *The Oxford Companion to Food and Drink*. Oxford: Oxford University Press, p.437.

Brenner, L. 2000 *American Appetite: The Coming of Age of a National Cuisine*. New York: Perennial.

Embrey, S. K. (ed.) 1972 *The Lost Years: 1942-46*. Los Angeles: Moonlight Publications.

Foote, C. 2007 Southwestern Regional Cookery. In Smith, A. F. (ed.) *The Oxford Companion to Food and Drink*. Oxford: Oxford University Press, pp.556–557.

Gabaccia, D.R. 1998 *We Are What We Eat: Ethnic Food and the Making of Americans*. Cambridge, Mass.: Harvard University Press（ダナ・R・ガバッチア〔伊藤茂訳〕二〇〇三『アメリカ食文化――味覚の境界線を越えて』青土社）。

Hogan, D.G. 2007 Hamburger. In Smith, A.F. (ed.) *The Oxford Companion to Food and Drink*. Oxford: Oxford University Press, pp.270–272.

Johnson, W. 2013 *River of Dark Dreams: Slavery and Empire in the Cotton Kingdom*. Cambridge, Mass.: The Belknap Press of Harvard University Press.

Kim, H. K. 2013 Incarceration, Cafeteria Style: The Politics of the Mess Hall in the Japanese American Incarceration. In Ji-Song Ku, R., M. F. Manalansan, A. Mannur (eds.) *Eating Asian America: A Food Studies Reader*. New York: New York University Press, pp.125–146.

Mintz, S.W. 1996 *Tasting Food, Tasting Freedom: Excursions into Eating, Culture, and the Past.* Boston: Beacon Press.

Nitta, M. 2017 *Lost in Transplantation: Knowledge Production and Memory at U.S. Land Grant Colleges in Colonial and Cold War Japan.* Ph.D. Dissertation, The University of Michigan.

Pease, D.E. 2007 Exceptionalism. In Burgett, B. and G. Hendler (eds.) *Keywords for American Cultural Studies.* New York: New York University Press, pp.108–112.

Perez, C. S. 2010 SPAM's Carbon Footprint. In Poets. org Retrieved May 18, 2019 from https://www.poets.org/poetsorg/poem/spams-carbon-footprint.

Remnick, D. 2018, June 8 Anthony Bourdain's Interview with David Remnick. *The New Yorker.* Retrieved May 18, 2019 from https://www.newyorker.com/podcast/the-new-yorker-radio-hour/anthony-bourdains-interview-with-david-remnick.

Robinson, G. 2015, May 6 War Relocation Authority. *Densho Encyclopedia.* Retrieved May 17, 2018 from https://encyclopedia.densho.org/War%20Relocation%20Authority/.

Ross, A. 2007 Native American Food: Before and After Contact. In Smith, A. F. (ed.) *The Oxford Companion to Food and Drink.* Oxford: Oxford University Press, pp.402–403.

Schnetzer, A.W. 2007 Cajun and Creole Food. In Smith, A. F. (ed.) *The Oxford Companion to Food and Drink.* Oxford: Oxford University Press, pp.81–82.

Thomasson, G.C. 2018 "Melting Pot" In Bronner, S.J. (ed.) *Encyclopedia of American Studies*, Baltimore: Johns Hopkins University Press. Retrieved May 18, 2019 from http://eas-ref.press.jhu.edu/view?

aid=408.

Vester, K. 2015 *A Taste of Power: Food and American Identities*. Oakland, California: University of California Press.

White, M. 2007 Japanese American Food. In Smith, A. F. (ed.) *The Oxford Companion to Food and Drink*. Oxford University Press, pp.325-327.

Wolfe, P. December 21, 2006 Settler Colonialism and the Elimination of the Native, *Journal of Genocide Research* 8, no. 4, Retrieved February 22, 2017 from http://dx.doi.org/10.1080/14623520601056240: 387-409.

Yano, C. R. (with W. Adams) 2013 Tasting America: The Politics and Pleasures of School Lunch in Hawai'i. In Ji-Song Ku, R., M. F. Manalansan, A. Mannur (eds.) *Eating Asian America: A Food Studies Reader*. New York: New York University Press, pp.30-52.

Young, R. J. C. 2003 *Postcolonialism: A Very Short Introduction*. Oxford: Oxford University Press.

第3章 インドにおける国家建設と「インド料理」

井坂理穂
Isaka Riho
南アジア近現代史

1 インドの「国民料理」を語る難しさ

インドにおける国民料理とは何か、との問いに対して、明快な像を提示するのは難しい。一九四七年にイギリスの植民地支配から独立したインドは、そもそも何をもって国家・国民としての一体性を説明できるのかをめぐり、さまざまな模索を続けてきた。言語、宗教、カースト、階層、風土、歴史的背景など、いずれをとってもあまりに多様な要素を含むインドは、独立運動の過程で「多様性のなかの統一」という国家像を打ち出し、これを現在にいたるまで掲げている。しかしこの「統一」が何によるものであるのかについては、必ずしも一致した見解があるわけではない。

同じように、インドの国民料理として何をあげるのか、何がインド料理の特色であるのかを論じるときにも、もっぱら登場する言葉は「多様性」である。多様な食のあり方の先になんらかの共通性を見出そうとする試みは、特定の集団を排除する方向につながりかねない。こうしたインドにおける国民料理の語りにくさをまずは強調したうえで、本章では、植民地期から現在にかけて、「インド料理」とはどのようなものかをめぐり、人びと（おもに都市中間層）がいかなる議論を展開してきたのかを概観する。さらにインド国外においても、植民地時代から「インド料理」のイメージが形成され、広まっていった様子に着目し、国内外での「インド料理」をめぐる認識のずれや絡み合いを示す。

なお、本章では「インドの国民料理」ではなく、「インド料理」をめぐる議論・模索を追うというかたちでテーマを設定しているのだが、この二つの言葉はつねに同じものをさすわけではない。というのは、「インド文化」「インド音楽」「インド料理」などの言葉に含まれる「インド」は、一九四七年に誕生した国民国家インドやその領域をさすばかりでなく、漠然とインド亜大陸のあたりを示す言葉として使われることも多いからである。なかでも現在のパキスタンやバングラデシュにあたる領域は、一九四七年にインドとパキスタン（七一年にさらにバングラデシュがパキスタンから独立）が分離したかたちで独立するまでは、イギリス支配下のインド帝国のもとにあり、現在においてもとりわけ文化面での話題になると、これらの領域も含めたかたちでの「インド」が想起されやすい。このため、ここではこうした「インド」という言葉の意味の揺れにも留意しながら、「インド料理」をめぐる議論・模索のあとをたどる。

2　食の多様性

本題に入る前に、まずはインドの食の多様性について簡単にまとめておく[1]。現在のインド共和国は、一三億を超える人口をもち、日本の約八・七倍にあたる面積をもつ。国内の気候や風土の面で大きな地域差があり、それは農作物にも反映されている。大まかに区分すると、南部は稲作がさかんで、米が主食だが雑穀も消費されている。北西部の主食は小麦である。西部では小麦と米が消費されるほか、雑穀の消費量が多い。東部、北東部では稲作が行われ、米が主食である。使用される食用油の種類、香辛料（スパイス）の使い方などにも、地域ごとの特徴がある［小磯二〇〇六、杉本二〇一五］。

また、インドの食を語る際には、宗教コミュニティごとの食習慣の違いがとりあげられることが多い。インドには人口の八割弱を占めるヒンドゥー教徒、一割強を占めるムスリムのほかに、キリスト教徒、シク教徒、仏教徒、ジャイナ教徒、ゾロアスター教徒、ユダヤ教徒など、さまざまな宗教コミュニティが存在する。こうした宗教コミュニティには、それぞれに関連する食の禁忌や、宗教儀礼にかかわる食習慣があり、たとえばヒンドゥー教徒は牛を神聖視するために牛肉を食べないとされ、ムスリムの間では豚は穢れたものとみなされるために豚肉の摂取が禁じられている。ムスリムは豚肉以外の肉についても、イスラーム法で処理した肉を用いなければならず、飲酒も禁じられている。不殺生の実践を説くジャイナ教徒たちのなかではベジタリアンが多

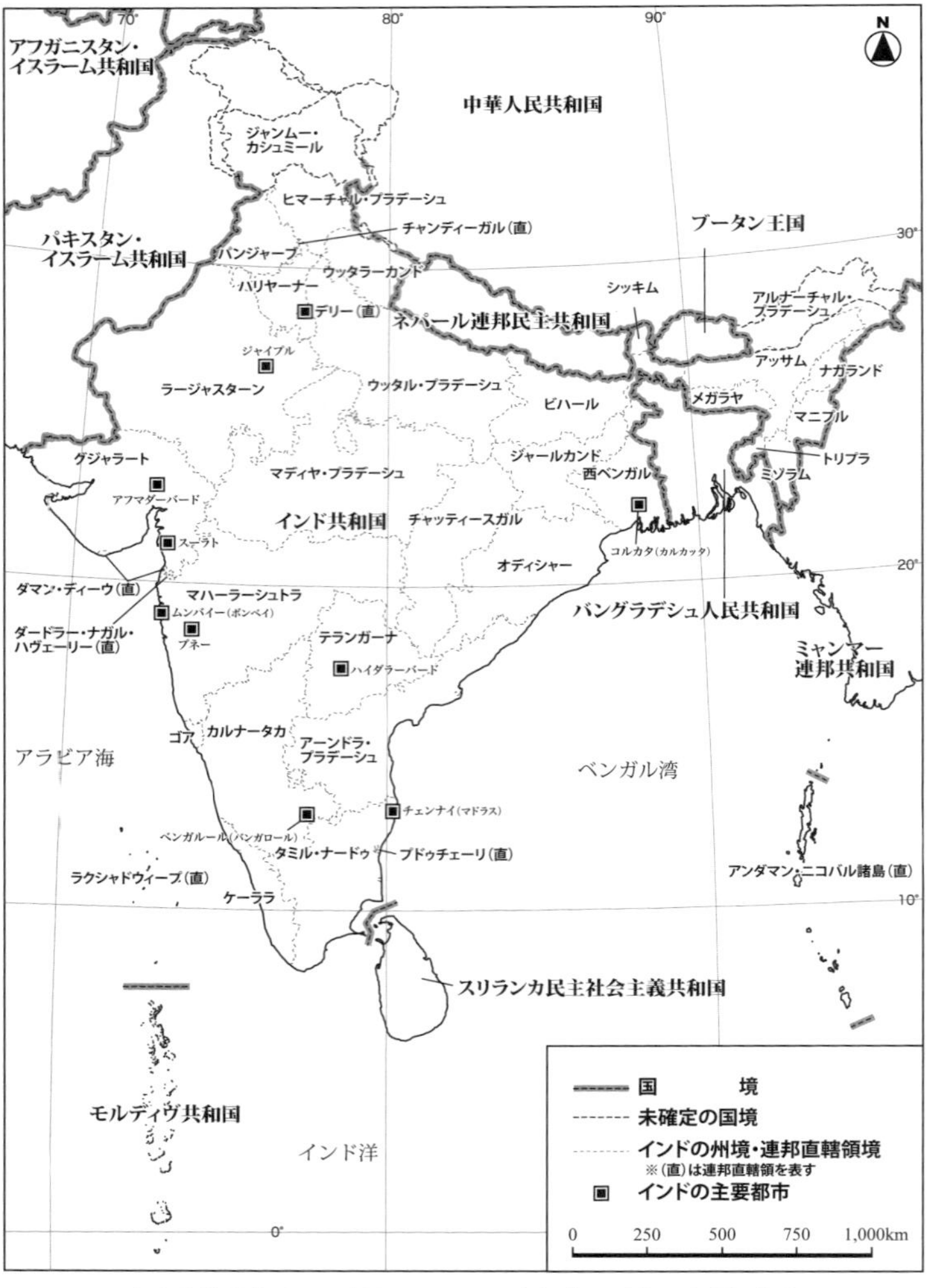

広島大学現代インド研究センター・宇根義己（金沢大学）作成
（資料：ML Infomap 社データなどをもとに作成）

数を占め、さらに厳格な信徒たちは根菜類の摂取も避ける。ただし、こうした宗教上の規定や慣習をどのように解釈し、どこまで遵守するかは、個人や家族、そのときどきの状況により異なっている。

なかでも多様な起源の神々や信仰形態を含むヒンドゥー教の場合には、「ヒンドゥー教徒の」食習慣という枠組みで総括して論じることがきわめて難しい。バラモンの間ではベジタリアンの占める比率が七割近いとの統計もあるのだが、下位カーストではその比率が下がるため、ヒンドゥー全体のベジタリアン比率は三～四割にすぎないと推測されている［Natrajan and Jacob 2018］。ベジタリアン比率については、地域的な差異も大きく、相対的にみると西部・北部は高く、東部・南部は低い。また、牛肉食についても、ヒンドゥーの大多数が摂取していないとはいえ、ダリト（「抑圧された人びと」の意、かつて「不可触民」とよばれた人びとをさす）のなかには、歴史的に牛肉食の習慣をもち、現在も摂取しつづける人びとも存在する。(2)

3　ナショナリズムの台頭と「われわれ」の料理

このようにさまざまな背景のもとに、異なる食の選択をする人びとがいるインド社会において、地域や社会集団の違いを超えて共通する「インド料理」の有様を描くのは難しい。しかし一九世紀後半以降、イギリスによる植民地支配に対抗するナショナリズムの動きが活発化するなかで、インドの都市中間層の間では、西洋の食文化に対して「われわれ」の食文化のあり方を模索する動きがみられるようになる。この「われわれ」がさす範囲は、文脈によって、特定の地方に住む「われわれ」をさしたり特定の宗教コミュニティを表すこともあったが、そのような異なる帰属意識と重なりながら、「インド人」としての「われわれ」のあるべき姿もまた、論じられていくようになる。

こうしたなかで、都市中間層の一部では、イギリス支配のもとで、西洋の料理や食習慣を「文明」や「近代」の象徴としてとらえ、これらを積極的に取り入れようとする動きが現れる。とりわけ英語教育を受けた上位カースト・ヒンドゥー男性たちのなかでは、それまで彼らにとってタブーとされていた肉食や飲酒を始めるようになった人びともいた。さらに、カーストや宗教コミュニティ間の序列意識と結びついた浄・不浄の観念や、そうした観念に基づく差別的な食習慣（異なるカーストやコミュニティに属する者と共食をしないなど）を批判する人たちも現れる。

しかしその一方で、逆に「他者」としての西洋の食文化に批判的な目を向け、自分たちの食の伝統がいかに優れているかを説く人びともいた。たとえば上位カーストに属する人びとのなかには、肉食・飲酒を始めた者たちを非難し、菜食主義をヒンドゥー、あるいはアーリヤ人の優れた伝統として称揚する人びともいた。そこには上位カースト・ヒンドゥーの慣習をインドの伝統とみなし、他の社会集団がもつ慣習を排除・周縁化するような排他的姿勢も表れている。このように、都市中間層においては食のあり方をめぐってさまざまな議論や模索が行われており、その様子は当時の新聞や雑誌、在地諸語で出版された料理書からもうかがえる［井坂 二〇一九、グプタ

二〇一九、Collingham 2006; Ray 2015; Sengupta 2010 他][3]。

「インド独立の父」として知られるモーハンダース・カラムチャンド・ガーンディー(一八六九-一九四八)も、この時代に食のあるべきかたちをめぐって模索した人びとの一人である。ヒンドゥーのヴァーニヤー(バニヤー)とよばれるカーストに属し、厳格なベジタリアンの両親のもとで育った彼は、高等学校時代に両親に隠れて山羊肉を口にした経験をもつ。彼が肉食を試みた理由は、「われわれは肉を食べないから弱いのだ。イギリス人は肉食をするからわれわれを支配できるのだ」という友人の言葉であった[Gandhi 1992:22-6]。ただし彼の場合は、両親を欺きつづけることを耐えがたく感じ、短期間でこの試みを放棄している。その後、彼はイギリスに留学した際に、西洋の菜食主義思想にふれて食についての考察を深め、以降は自らの信念によって菜食を貫くとともに、積極的に菜食主義を説きつづけていく[井坂 二〇一七]。

ガーンディーはまた、食のあり方に関してさまざまな「実験」を行い、質素で安価であり、かつ健康的で栄養価のある食事を模索した。その過程で、インドの異なる地方や集団の料理から学びつつ、「庶民のための庶民的料理」を創出することも提案している[Gandhi 2013:31]。しかし禁欲主義と強く結びついた彼の食に関する試みは、広範な人びとを巻きこむものとはならなかった。

一九四七年八月一五日、インドはイギリスから独立し、国民国家インドとしての歴史を歩みはじめる。このときムスリム多住地域はパキスタンという別国家として独立し、ヒンドゥー多住地域がインドに含まれることになる。独立後のインドは、民主主義、セキュラリズム（宗教間の平等）、連邦制を柱とし、「多様性のなかの統一」を掲げつつ、さまざまな地域、言語集団、宗教コミュニティ、カーストに属する人びとから成る新国家の建設を進めていく。まさにこうした国家建設の過程で、「インド料理」概念も形成されていくことになる。

4　「インド料理」とは何か

アルジュン・アパドゥライはその著名な学術論文「国民料理をいかに創出するか――現代インドの料理書」（一九八八年）において、インドで「国民料理」が形成されたのはポスト植民地期であるとし、この「国民料理」はその「地方的起源、エスニックな起源を隠そうとしない」――すなわち、インドの「国民料理」は多様な「地方料理」や「エスニック料理」から構成されている――との見解を示した。アパドゥライは、独立後に都市中間層の女性たちに向けて英語で出版された多種多彩な料理書に着目しながら(4)、人的交流やモノ・情報の流通を背景に、おのおのの地域や社会集団と結びついた料理やその調理法が都市中間層の間に広く伝播・共有され、「インド料理」の形成をうながしていった様子を描いている［Appadurai 1988］。

ただしこの過程は、異なる起源をもつ膨大な数の料理が、均等にそのままのかたちで「インド料理」概念に組みこまれたことを意味するわけではない。そこでは、「インド料理」を構成する要素とされる「ベンガル料理」「パールシー（インドのゾロアスター教徒）料理」などの地域や社会集団に基づく「××料理」は、[5]その枠内での料理・調理法の取捨選択が行われ、一定の標準化がなされている。さらに、「インド料理」概念のなかで、おのおのの「××料理」に与えられる位置づけもそれぞれ異なっており、そこにはインドにおける地域・社会集団間の力関係がしばしば反映されていた。

料理書の流通と並んで、独立インドにおける都市中間層の「インド料理」概念の形成をうながしたのは外食産業であった。都市における外食産業の発達は、ある地域の料理が他の地域に伝わる契機となると同時に、そのなかで成功した料理や調理法がインド各地に伝わり、料理店を通じて多くの人びとに広まる現象をもたらした。この最たる例として、タンドゥーリー・チキンをあげることができる。

タンドゥーリー・チキンは、印パ分離の際にパキスタン領となった西パンジャーブから、難民としてデリーにやってきたクンダン・ラールが、自らの開いたレストランで提供し、大きな成功を収めたことを契機として広まったとされている［山田 二〇一九、Gujral 2009］。ラールは、鉄串に刺した肉片をタンドゥール窯に入れて焼くという故郷の調理法をデリーに持ちこみ、こうして焼いた鶏肉（あらかじめヨーグルトと香辛料に漬けこんだもの）に「タンドゥーリー・チキン」という名前をつけた。この料理は初代首相ネルーをはじめとする政府高官の間でも好評を博し、公式晩餐会にも使用され、やがて世界各地に「インド料理」を代表するものとして伝えられていく。また、タンドゥーリー・チキンをはじめとする「パンジャーブ料理」は、ムガル宮廷料理の伝統を引き継いでいるとされる「ムグラーイー（ムガル）料理」と結びつきながら、首都デリー、さらにはインド各地の都市部の外食産業のなかで中心的な位置を占めるようになり、「インド料理」の具体的なイメージを形づくるうえで大きな役割を果たす［Nandy 2004:13-14 他］。

これに対して軽食の分野で全国的に共有されるようになったのが、「南インド料理」という名称のもとに括られたドーサーやイドリー（米とウラドマメで作る。前者はクレープの、後者は蒸しパンの形状をしている）、サンバール（タマリンドによる酸味のきいたキマメのスープ）、ココナツのチャトゥニー（チャツネ、薬味）などである。「パンジャーブ料理」「グジャラート料理」などと異なり、料理書や料理店の多くが「南インド」という包括的な地域区分を用いているのは示唆的で、これは南インドをその内部の地域的差異にもかかわらず一括するという、北インド側の視点を反映したカテゴリーであると考えられる。「南インド料理」もまた、料理・調理法の取捨選択や一定の標準化をともないながら、外食産業を通じて定着し、都市中間層の「インド料理」認識のなかに組みこまれていく。

さらに一九九〇年代以降、経済成長やグローバル化の進展、それにともなう外食産業や食品流通網の急速な発達、インターネットの普及などを背景に、料理書や外食産業の世界では、多様性を特徴とする「インド料理」概念がより一層強調されてきているように思われる。そこでは、これまで注目を集めてこなかったような地方の料理に焦点を当てる試みや、海外やインドの異なる地方の料理を融合させた新しい料理を創出する試みなどが活発に行われている。より多彩な料理を紹介し、広めようとする傾向は、ネットに掲載されているレストランや、スーパーに並ぶレトルト食品の種類の増加、続々と出版されている分厚く豪華な装丁の料理書などからもうかがえる(6)。

ここではこうした近年の大型料理本のなかから、『昼食（*Tiffin*）五〇〇の正統的なレシピ——インドの地方料理を称えて』（ソーナル・ヴェード著）をとりあげ、その冒頭に寄せられたフロイド・カルドズによる前書きを紹介したい。カルドズはこのなかで、幅広い地方料理を紹介した同書の意義や著者ヴェードの試みを称賛することと合わせて、自らの「インド料理」概念について語っている。カルドズはボンベイ（現ムンバイー）に住むゴア出身の一家に生まれ育ち、現在はニューヨークでレストランを経営する、国際的に知られる料理人である。ボンベイですごした一九六〇年代から八〇年代を回想しながら、カルドズは家庭料理はけっして「インド料理」とは認識されていなかったと述べる（彼によれば、それは「インド料理」というよりも「ゴア料理」「カシミール料理」などの地方料理であった）。また、自分たちにとっては、外食時のムグラーイー料理、中国料理、南インド料理、あるいは屋台の食べ物こそが「インド料理」であったとも記している。ここには前述のように、独立後に外食産業が都市中間層の「インド料理」のイメージに大きく貢献した様子がうかがえる。さらにカルドズは、フランス料理、ドイツ料理、イタリア料理、スペイン料理を「ヨーロッパ料理」として一括しないことを考えても、「インド料理」という包括的な言葉を用いることは、その幅広さに対する不当な仕打ちであると主張する［Cardoz

2018:6]。「インド料理」の多様性を繰り返し説くこうした姿勢は、他の著名料理人・料理評論家たちの発言や記述にもしばしば表れている。

5 「インド料理」とヒンドゥー・ナショナリズム

このように、多様性を掲げた「インド料理」概念は、現在のインドにおいてますます強調されているかにみえる。しかしその一方で、そこに特定の規制を加えたり、一定の方向づけを試みる政治的な動きもある。その最たる例が、ヒンドゥー・ナショナリズム勢力が展開している牛肉食への激しい批判や、この勢力の一部にみられる菜食主義の称揚である。

牛の屠畜をめぐるヒンドゥー・ムスリム間の対立や衝突は、植民地期にも植民地政府やインド人指導者たちの議論のなかでしばしばとりあげられていた(7)。独立後のインド憲法制定過程においてもこの問題をめぐる議論が起こり、最終的には異なる見解をもつ人びとの間の妥協点として、牛が聖なる動物であるからではなく、農業・畜産業の観点から牛の屠畜を禁止する方向が打ち出された。それが憲法の第四編「国の指導原則」に含まれる第四八条であり、ここで「国は農業や畜産業を近代的・科学的に組織することに努め、とりわけ牝牛や子牛、その他の搾乳用・役畜用の牛の品種を維持・改良するための措置や、これらの屠畜を禁止するための措置をとるものとする」ことが目標として掲げられたのである[*The Constitution of India* 2007:23]。この第四八条には法的強制力はないものの、その後、大部分の州は州内における牛の屠畜を禁ずるための法的措置を定めた[8]。

このように州政府レベルで対応が図られてきた牛屠畜問題だが、近年、ヒンドゥー・ナショナリズムを掲げる政治勢力が全国的に台頭し、牛保護運動が活発化したことで、この問題は急速に深刻化している。とりわけ二〇一四年にナレーンドラ・モーディー率いるインド人民党が連邦下院選挙で勝利し、同党を中心とする連立政権が発足して以降、牛保護運動は激しさを増し、牛肉の摂取や牛の屠畜とのかかわりを疑われてムスリムやダリトが攻撃され、ときには死に追いこまれる事件が相次いでいる。中央政府や州政府のなかからも、こうした流れと連動して、牛保護のためのさらなる政策が出されたり、牛肉食を非難する発言がとび出すなど、屠畜規制の動きは明らかに強まっている。

牛保護運動にかかわる人びとは、インドで多数派を占める「ヒンドゥー」の文化・伝統が尊重されるべきことや、牛の屠畜・牛肉食がヒンドゥーの宗教的感情を傷つけるものであることなどを主張している。その一方で、牛肉食を強制的にやめさせようとする動きに反発し、マイノリティの文化的権利や食の選択の自由を掲げながら、牛肉食の慣習を保持しようとする人びともいる。彼らのなかには、公の場で集団で牛肉を食する催しを組織した人びともおり、こうした催しもまた、ヒンドゥー・ナショナリズム勢力からの激しい非難・攻撃の対象となった[9]。

さらにヒンドゥー・ナショナリズム勢力の一部には、菜食主義の優位性を主張するような動きもみられる。ヒンドゥー・ナショナリズム台頭の影響下で、ヒンドゥーによるムスリムへの差別的な言動の事例がインド各地で報告されているが、そうしたなかには、彼らが肉食をすることを理由に住居の賃貸を拒否するなどの差別もみられる。この場合、肉食はムスリム排除のための表面的理由にすぎないかもしれないが、こうした対応が各地で相次ぐことは、インドにおける菜食主義の影響力を強める可能性もある。また、ベジタリアン比率が高いグジャラート州の出身であり、自らもベジタリアンである現インド首相モーディーは、かつて同州の州首相であったときに行った演説で、「グジャラートの主要な強さはその菜食主義にある」と主張した。さらに、「菜食主義は健康な社会に向けての第一歩である」「あらゆる点からみて、菜食主義は完璧な食のかたちである」などとも述べ、ガーンディーの菜食主義や動物の生命保護の観点にも言及しながら菜食主義を称賛している［Ghassem-Fachandi 2012:153-4］。このように菜食主義に対する評価を公にしているモーディーは、インド首相の座に就いたのちも、インドの菜食料理の優れていることを折につけて内外に示そうとしている。

たとえば彼は二〇一七年にニューデリーで開催されたイベント「ワールド・フード・インディア」で、単純な家庭内の技術が「われわれの名高いピクルス、パーパド（豆あるいは米の粉などから作る薄手の煎餅）、チャトゥニー、ムラッバー（果物の砂糖漬け）を生み出し、世界中のエリートや庶民を喜ばせている」と述べ、インドの日常的な菜食料理のすばらしさを強調した［*The Indian Express*, 3 November 2017］。さらに同イベントでは、同じく庶民的な料理であるキチュリー（米と豆などから作る料理）が、サンジーヴ・カプールをはじめとする著名料理人たちのもとで大量に作られ（九一八キロであったと報じられている）、話題を呼んだ。このイベントにはヨガのグル（師）として知られるラームデーヴ・バーバーも参加し、この料理を「健康的でスーパーフードである」と称賛した。このように、近年のインドでは菜食主義や菜食料理のよさを語る際に、健康や環境に関して世界的に用いられている概念や言葉が用いられることも多く、食をめぐるグローバルな動きとの連関を意識していることがうかがえる。

また、同イベントに参加した食品加工産業大臣は、キチュリーはほぼすべての栄養素を含む健康食であるとしたうえで、「それはこの国の多様性のなかの統一をも象徴している」と述べ、インドの国家像と料理とを重ね合わせている［*The Times of India*, 4 November 2017］。大量のキチュリーを調理・配給する試みは、最近でもインド人民党による政治活動のなかで繰り返されている。このように政府や強力な政治勢力のもとで、特定の家庭的な菜食料理が「インド」を象徴するものとして、また優れた健康食として推奨されることは、これまでの「インド料理」概念や、そのなかで重要な役割を演じてきた「パンジャーブ／ムグラーイー料理」の位置づけに、徐々に影響を及ぼしていく可能性もある。

6　インドの外で語られる「インド料理」

以上からわかるように、「インド料理」概念には、インドの国家形成の過程や国家・国民像をめぐる揺れ、地域間・社会集団間の関係、政治勢力の推移など、さまざまな要素が反映され、複雑な様相を呈している。しかしその一方で、インド以外の地域、たとえば欧米や日本においては、「インド料理」は「多様性」の観点からというよりも、より具体的なイメージ——そこでは「カレー」が大きな位置を占めている——をともなっていることが多い。インド国内での「インド料理」概念と、世界の異なる地域にみられる「インド料理」概念との間には、明らかなずれがあるようにも感じられる。

こうしたインドの外における「インド料理」の形成は、植民地時代からの流れに基づいている。一七世紀から商業目的でインドに進出し、一八世紀半ばから領土支配を徐々に広げていったイギリスは、インド各地で在地の料理にふれ、その一部を自らの食生活にとりこんだり、自身の嗜好に合わせて改変を加えていった。彼らの解釈や嗜好が入りこんだ「インド料理」は、イギリス本国はもとより、イギリス帝国の支配領域やイギリスと交流のある地域へと伝えられていくことになる。その過程で、英語で curry とよばれる料理も広まることになるが、この curry という言葉がかなり広範な料理を含む総称——香辛料で味つけされた料理（とくに汁気のあるもの）全般をさす言葉——として使われたことが［Yule and Burnell 1886:217-9］、現在にいたるまでさまざまな混乱を招くこととなった。

そもそも前近代のインド社会において、異なる食材や調理法で作られた各地方の料理を、ある一つの料理名のもとに総括していたとは考えにくい。インドの外部からやってきた人びとの目には、香辛料で味つけされている点で共通性をもつ料理として映ったとしても、香辛料の種類や使い方は地方や料理ごとに大きく異なる。どこからどこまでを同じ料理として分類するのかは、客観的な基準があるわけでなく、名づける側の発想によるところが大きい。curry の場合には、在地の人びとがそれぞれ別の言葉で表していた料理が、インド亜大陸に進出したヨーロッパの人びとにより同じ種類の料理として認識され、それがポルトガル語では caril という言葉で表現され、さらにそれが英語に入って curry という言葉で定着した可能性がある。すなわち、リジー・コリンガムの言葉を借りれば、「じつはカレーという発想は、ヨーロッパ人がインドの食文化に押しつけた概念」であったということになる［Collingham 2006:115］。

しかし、それでは curry という言葉の語源は在地社会の言葉ではないのか、その言葉はもともと何を意味していたのか、という疑問がわくだろう。この言葉の語源については諸説が存在するのだが、先行研究ではドラヴィダ諸語の単語（タミル語の kari やその他のドラヴィダ諸語にある類似した単語）が候補としてあげられることが多い。この kari という言葉の意味としては、胡椒、香辛料、野菜、肉などがあげられるのだが［辛島 二〇〇九：一三-四、Collingham 2006:115］、その用法は時代によって異なる可能性があり、さらなる解明が待たれるところである。[10] いずれにしても英語の curry のように、香辛料で味つけされたインド亜大陸の広範な地域の料理全般をさす言葉ではなかった、とはいえそうである。

イギリスは、こうしてイギリス人のインド料理理解に沿ったかたちで英語に定着した curry という言葉を、帝国支配やその影響力を通じて世界各地に広めていく。その結果、curry は、インドの外における「インド料理」概念において中心的位置を占めることになる。イギリスはさらに、この言葉とともに、複数の香辛料をあらかじめ調合した「カレー粉」を世界各地に広めた。インドでは、各種の香辛料を家庭で挽き、料理に合わせて調理の各段階で入れる方法がとられていたのに対し、イギリス人の間では、あらかじめ香辛料を調合したカレー粉を用いるやり方が好まれた。こうしてイギリスで販売用に製造されるようになったカレー粉は、国内のみならず海外へも伝えられていく[11]。

こうしたインドの外における「インド料理」概念は、イギリスを介して広まった「カレー」のほかに、インドからの移民が存在感や影響力をもつようになった地域では、彼らを介しても形成された。彼らは現地の人びととの交流を通じて在地社会に「インド料理」を伝え、そこではその地域特有の状況や需要に対応しながら、新しい料理が発達していった。また、こうした移民たちによって「インド料理」の飲食店が広く展開した地域においては、タンドゥーリー・チキンをはじめとする定番料理や独特の内装スタイルが確立していくことになる。

このようにインド以外の国に広まったインド料理店で、しばしば安い価格で定番料理が出され、それが「インド料理」のイメージをつくりあげていることに対しては、これらは「本物の」「正統な（authentic）」インド料理ではないとする批判の声もあげられていた。こうした批判に応えるかのように、近年では世界各地の都市部で、従来の定番料理を出すようなインド料理店との違いを強調しつつ、インドの特定の地方料理に力を入れたり、異なる起源をもつ料理を融合させた創作料理を提供したり、高級化路線をめざすなどの試みをする料理店が増えている。こうした新たなスタイルのインド料理店の増加は、当該地域におけるインド系移民の地位の上昇や、経済成長以降のインドの国際的地位の上昇によってもうながされている。(12)

7 結びにかえて

本章では植民地期から現在にいたるまでの「インド料理」をめぐる都市中間層の模索・議論やその変容を駆け足で概観した。「インド料理」概念は、インドの国家建設の過程も反映しながら、その多様性を繰り返し強調するかたちで形成されている。近年、ヒンドゥー・ナショナリズムを掲げる政治勢力のもとで、インドの国家・国民像を再構築する試みが進められ、それに対応して「インド料理」のあり方にも一定の方向づけが試みられている。しかしその一方で、インド国内外の外食産業や料理書の世界での動向にみられるように、「インド料理」の「尽きることのない」多様性をより一層強調する動きも活発化している。このように異なるベクトルが複雑に絡み合うなかで展開される「インド料理」をめぐる議論は、近現代インドの社会変化や、インド国内外の人・モノ・情報のつながりを追ううえで、きわめて有効な切り口を提供しているともいえるだろう。

〈注〉

(1) インドの食の概要に関しては、[井坂 二〇一九] を参照。

（2）古代にはバラモンの間でも牛肉食が行われていたことを指摘する歴史研究もある［Jha 2002］。
（3）インドでは一九三一年の段階でも五歳以上の人口の識字率は男性で一六％、女性で三％であり［Hutton 1933:325］、こうした出版物を介しての議論にかかわっていたのはごく限られた社会層にすぎなかったが、そこで展開された食をめぐる見解や模索は、ナショナリズムの時代を経て独立後の議論へとつながっていく。
（4）こうした英語の料理書は、在地諸語で書かれた料理書とは異なり、高等教育を受けた都市中間層女性の間では、地域・言語の枠を超えて広まり、共有されうるものであった。
（5）いわゆる「地方料理」「エスニック料理」の分類や境界、そのそれぞれの内容自体も、歴史のなかでつくられ、変容してきたことにも留意したい。
（6）とりわけ話題になった近年の料理書として、一〇〇〇以上のレシピを含み、八一六頁という本の厚さが注目を集めた『インド・料理書』（プシュペーシュ・パント著、二〇一〇年）をあげることができる［Pant 2010］。同書は冒頭でインド料理の地域ごとの特色をまとめたうえで、レシピの一つ一つにその料理の起源である地方名（ただしなかには「全インド」「アングロ・インディアン」などの分類もある）を記している。
（7）ガーンディーも『ヒンド・スラワージ（インドの自治）』のなかでこの問題をとりあげている。彼は、自身も牝牛を崇拝していることにふれ、農業国インドにおける牝牛（彼によれば「インドの保護者」）の有用性を強調したが、屠畜に強硬な姿勢で反対することには異を唱えた［Gandhi 1997:54-5］。
（8）ただしこの禁止措置が水牛には適用されていない州もあり、水牛肉においてインドは重要な輸出国となっている。

（9）牛保護運動の拡大に関しては、牛肉食の慣習をもつ人びとの法的権利という観点からの批判のほか、それまで安価な牛肉によって栄養を補給していた人びとへの影響や、増えつづける野良牛（乳が出なくなった牛が屠畜されずに放棄される）による農作物被害の観点からの批判も出されている。

（10）「カレー」の語源については、タミル文学研究で知られる高橋孝信氏が古典文献に基づく詳細な調査を進めており、タミル語の「胡椒（kari）」を語源としてあげるとともに［高橋 二〇一八：八一］、この言葉が一〇世紀頃には料理名としても使われていたことを確認している（中村元東方研究所・新春研究発表会、二〇一九年二月一八日、報告レジュメ）。

（11）日本においても、明治期に西洋料理としてカレーが紹介された当初は、イギリスのC＆B社製のカレー粉が用いられている［森枝 一九八九：七八、小菅 二〇一三：五六］。

（12）これらの店の経営には、有名ホテルなどで経験を積んだインド出身のプロの料理人がかかわっていることも多く、料理店の担い手という点でも、新たな傾向をみることができる。イギリスの事例については、［Buettner 2012］などを参照。

〈参考文献〉

井坂理穂　二〇一七「何を食べるか、食べないか――M・K・ガーンディーの模索」東京大学教養学部編『知のフィールドガイド　分断された時代を生きる』白水社。

井坂理穂　二〇一九「食から描くインド――近現代の社会変容とアイデンティティ」井坂理穂・山根聡編『食から描くインド――近現代の社会変容とアイデンティティ』春風社。

辛島昇　二〇〇九『インド・カレー紀行』岩波ジュニア新書。

グプタ、サウミヤ　二〇一九「ナショナリズムと台所――二〇世紀前半のヒンディー語料理書」井坂理穂・山根聡編、前掲書。
小磯千尋・小磯学　二〇〇六『世界の食文化8　インド』農山漁村文化協会。
小菅桂子　二〇一三『カレーライスの誕生』講談社学術文庫。
杉本大三　二〇一五「食料消費パターンの地域的特徴とその変化」押川文子・宇佐美好文編『激動のインド第5巻　暮らしの変化と社会変動』日本経済評論社。
高橋孝信　二〇一八「古代南インドの食事（酒付き）」『仏教文化』第五七号。
森枝卓士　一九八九『カレーライスと日本人』講談社現代新書。
山田桂子　二〇一九「現代『インド料理』の肖像――はじまりはチキンティッカー・マサーラーから」井坂理穂・山根聡編、前掲書。
Achaya, K.T. 1994 *Indian Food: A Historical Companion*. Delhi: Oxford University Press.
Appadurai, Arjun 1988 "How to Make a National Cuisine: Cookbooks in Contemporary India", *Comparative Studies in Society and History*, 30-1.
Buettner, Elizabeth 2012 "'Going for an Indian': South Asian Restaurants and the Limits of Multiculturalism in Britain", in Krishnendu Ray and Tulasi Srinivas, eds, *Curried Cultures: Globalization, Food, and South Asia*. Berkeley and Los Angeles: University of California Press.
Cardoz, Floyd 2018 "Foreword", in Sonal Ved, ed., *Tiffin: 500 Authentic Recipes Celebrating India's Regional Cuisine*. New Delhi: Roli Books.
Collingham, Lizzie 2006 *Curry: A Tale of Cooks and Conquerors*. London: Vintage.（リジー・コリンガ

ム〔東郷えりか訳〕二〇〇六『インドカレー伝』河出書房新社）

Conlon, Frank F. 1998 "Dining Out in Bombay", in Carol A. Breckenridge, ed., *Consuming Modernity: Public Culture in a South Asian World*. Minneapolis: University of Minnesota Press.

The Constitution of India 2007 New Delhi: Government of India. https://www.india.gov.in/my-government/constitution-india/constitution-india-full-text（二〇一九年六月三日閲覧）

Gandhi, M.K.（tr. Mahadev Desai）1992 *An Autobiography or the Story of my Experiments with Truth*. Ahmedabad: Navajivan.（M・K・ガーンディー〔田中敏雄訳注〕二〇〇〇『ガーンディー自叙伝1・2　真理へと近づくさまざまな実験』平凡社）

Gandhi, M.K.（ed. Anthony J. Parel）1997 *Hind Swaraj and Other Writings*. Cambridge: Cambridge University Press.（M・K・ガーンディー〔田中敏雄訳〕二〇〇一『真の独立への道（ヒンド・スワラージ）』岩波書店）

Gandhi, M.K. 2013 *Diet and Diet Reform*. Ahmedabad: Navajivan.

Gandhi, M.K. 2014 *The Moral Basis of Vegetarianism*. Ahmedabad: Navajivan.

Ghassem-Fachandi, Parvis 2012 *Pogrom in Gujarat: Hindu Nationalism and Anti-Muslim Violence in India*. Princeton and Oxford: Princeton University Press.

Gujral, Monish 2009 *The Moti Mahal Cookbook: On the Butter Chicken Trail*. New Delhi: Penguin.

Hutton, J.H. 1933 *Census of India, 1931, Vol.I-India, Part I-Report*. Delhi: Manager of Publications.

Ichijo, Atsuko and Ronald Ranta 2016 *Food, National Identity and Nationalism: From Everyday to Global Politics*. Basingstoke: Palgrave Macmillan.

The Indian Express. 3 November 2017. https://indianexpress.com/（二〇一九年六月三日閲覧）

Jha, D.N. 2002 *The Myth of the Holy Cow.* London, New York: Verso.

Nandy, Ashis 2004 "The Changing Popular Culture of Indian Food: Preliminary Notes", *South Asia Research,* 24-1.

Natrajan, Balmurli and Suraj Jacob 2018 "'Provincialising' Vegetarianism: Putting Indian Food Habits in Their Place", *Economic and Political Weekly,* 53-9.

Pant, Pushpesh 2010 *India: Cookbook.* London and New York: Phaidon Press.

Ray, Krishnendu 2016 *The Ethnic Restaurateur.* London and New York: Bloomsbury.

Ray, Krishnendu and Tulasi Srinivas, eds. 2012 *Curried Cultures: Globalization, Food, and South Asia.* Berkeley and Los Angeles: University of California Press.

Ray, Utsa 2015 *Culinary Culture in Colonial India: A Cosmopolitan Platter and the Middle-Class.* Delhi: Cambridge University Press.

Sengupta, Jayanta 2010 "Nation on a Platter: the Culture and Politics of Food and Cuisine in Colonial Bengal", *Modern Asian Studies,* 44-1.

The Times of India. 4 November 2017. https://timesofindia.indiatimes.com/（二〇一九年六月三日閲覧）

Yule, Henry and Arthur Coke Burnell 1886 *Hobson-Jobson: Being a Glossary of Anglo-Indian Colloquial Words and Phrases, and of Kindred Terms; Etymological, Historical, Geographical and Discursive.* London: John Murray.

第II部

「国民料理」は国境を越えるか?

第*1*章　「地中海料理」というイメージ

――国民料理を補助線として

宇田川妙子

Udagawa Taeko

文化人類学

国民料理が、国家に対応する食・料理であるとすると、地中海料理は、地中海地域という国家を超えた範囲を想定した料理である。ゆえにこの料理を、国民料理を主題とする本書でとりあげるのは、少々奇妙かもしれない。しかし、その実態や形成過程を国民料理との対比からみていくと、国民料理の議論に対しても、いくつか興味深い示唆が得られると考える。

国民料理は、その名のとおり国民国家、ナショナリズムと密接にかかわっている料理である（もちろんその定義については議論が多々あるが、本章ではとりあえずそうみなす）。ただし、グローバル化がさらに進み、国家の意義が変容あるいは低下しているといわれる現在、国民料理のあり方にも変化がみられると考えられる。今後、国家と同様に国民料理の意義も低下するという見方もあるし、逆にグローカルという言葉があるように、それぞれの国の特徴や差異は変容しつつも生き残るとみなす者も多い。また他方では、地域（とくに国家の下位区分）の伝統的な食材や料理を保護・推奨したり観光化したりするなど、いわゆるローカルな食への注目も高まっている。つまり近年は、食と、国や地域などの地理的カテゴリーとの関係全般が、国民料理も含めて改めて問題化しつつあるのである。とするならば、やはり地名のつく料理である地中海料理（この場合は国家よりも上位区分だが）の考察は、国民料理をそうした問題のなかに位置づけ直して再考するきっかけにもなる。この問題については本章の最後で戻ることにする。

1　地中海料理の曖昧さが示す問い

地中海料理は二〇一〇年、ユネスコの無形文化遺産に登録されたが、その実態はわかりづらいとよくいわれる。たしかに地中海の食についていては、オリーブオイルがよく使われているとか、健康によいとか、ある程度のイメージはある。ただし、せいぜいその程度であり、じつは当事者たるこの地域の人びとにとっても、同様である。たとえば筆者は、申請国の一つイタリアで、地中海料理について尋ねたことがあるが、その登録を知らないばかりか、地中海料理が何のことかわからないと訝しげな表情をする人も少なくなかった［宇田川 二〇一八］。なぜなのだろうか。にもかかわらず、なぜ地中海料理が無形文化遺産に登録されたのだろうか。

まず、地中海料理という言葉それ自体にいくつか問題があることを指摘しておく。そもそも、ここでいう「地中海料理」とは、英語ではMediterranean dietであり、Mediterranean cuisineやMediterranean dishesではない。もちろん後者のような表現もある。ただし現在、地中海の料理に言及する場合、多くはdietが用いられ、ユネスコの登録名にもそれが採用された。その理由はのちに述べるが、ここでは食や料理そのものを表現する言葉さえ単一ではないこと、そしてそれは、食や料理の認識が複雑で多様であることを示唆していることも付け足しておきたい。

そしてもう一つは、「地中海」というカテゴリーについてである。地中海料理を無形文化遺産として申請したのは、イタリアを含めスペイン、ギリシャ、モロッコの四カ国であった。その後、二〇一三年にポルトガル、キプロス、クロアチアが加わったが、当然のことながらこの七カ国で地中海地域を代表させることはできない。そもそも(ここではふれないが)地中海の範囲はどこかという根本的な問題もあり、同様のことは「地中海料理」についても当てはまる。たとえば、申請の取りまとめ国であるイタリア一つをとりあげてみても、その内部の多様性は非常に大きく、一般的に地中海料理のもっとも基本的な食材とされているオリーブオイルも、イタリア北部では元来あまり使われてこなかった。とするならば、地中海全域を視野に入れ、その料理全体を「地中海料理」という言葉で一括する根拠はどこにあるのかという疑問はすぐに出てくる。実際、地中海料理のユネスコ登録は、二〇〇八年に一度失敗しているが、その最大の理由の一つはここにあった。

こうしてみると地中海料理は、その地理的なカテゴリーからして不明瞭であるといわざるをえない。しかし一方で、曖昧だからこそさまざまな形で利用されやすく、その具体例の一つが、まさにユネスコ無形文化遺産登録だったと考えることもできる。食・料理は、それがどんなものでも、それ自体としてアプリオリに存在するのではなく、さまざまなアクターによってつくられ、名づけられ、変化していく。国民料理の場合も、その形成や維持に関与しているのは国家や国民だけでなく、さらにいえば当の国家や国民も一枚岩ではない。とするならば、国民料理以上に曖昧な地中海料理では、そうした様相がいっそう顕著にみられるだろう。では、そこには誰のいかなる思惑が交錯しているのか。まずは、地中海料理のもっとも新しい発露である、ユネスコ無形文化遺産のそれからみていこう。

2 ユネスコ無形文化遺産としての地中海料理

ユネスコに登録された地中海料理に関して、まず注目すべきは、その料理としての定義があまり明瞭ではないという点である。二〇一〇年の登録決定の文書には、「地中海料理の特徴は、おもにオリーブオイル、穀物、生および乾燥した果実と野菜、そして適当な量の魚類および肉・乳、多くの調味料と香辛料を用い、ブドウ酒や煎じ茶(ハーブティなど:筆者注)とともに摂取する長い間続いてきた栄養学的なモデルにある」とあるが[Moro 2013:98]、食や料理それ自体に関する記述は、これだけである。

その一方で、この文書には、地中海料理は食物だけの問題ではない、とも書かれている。つまり地中海地域では、人びとがさまざまな機会に食事を共にしながら社会関係を育み、多くの知識や物語・歌などの豊かな文化を生んでおり、こうした生活スタイル全般を含めて「地中海料理」とみなすという主張である。登録名の Mediterranean diet における diet の語源が、「生活スタイル」を意味する古代ギリシャ語 diaita にあるという記載もある。この考え方は、通常の料理の定

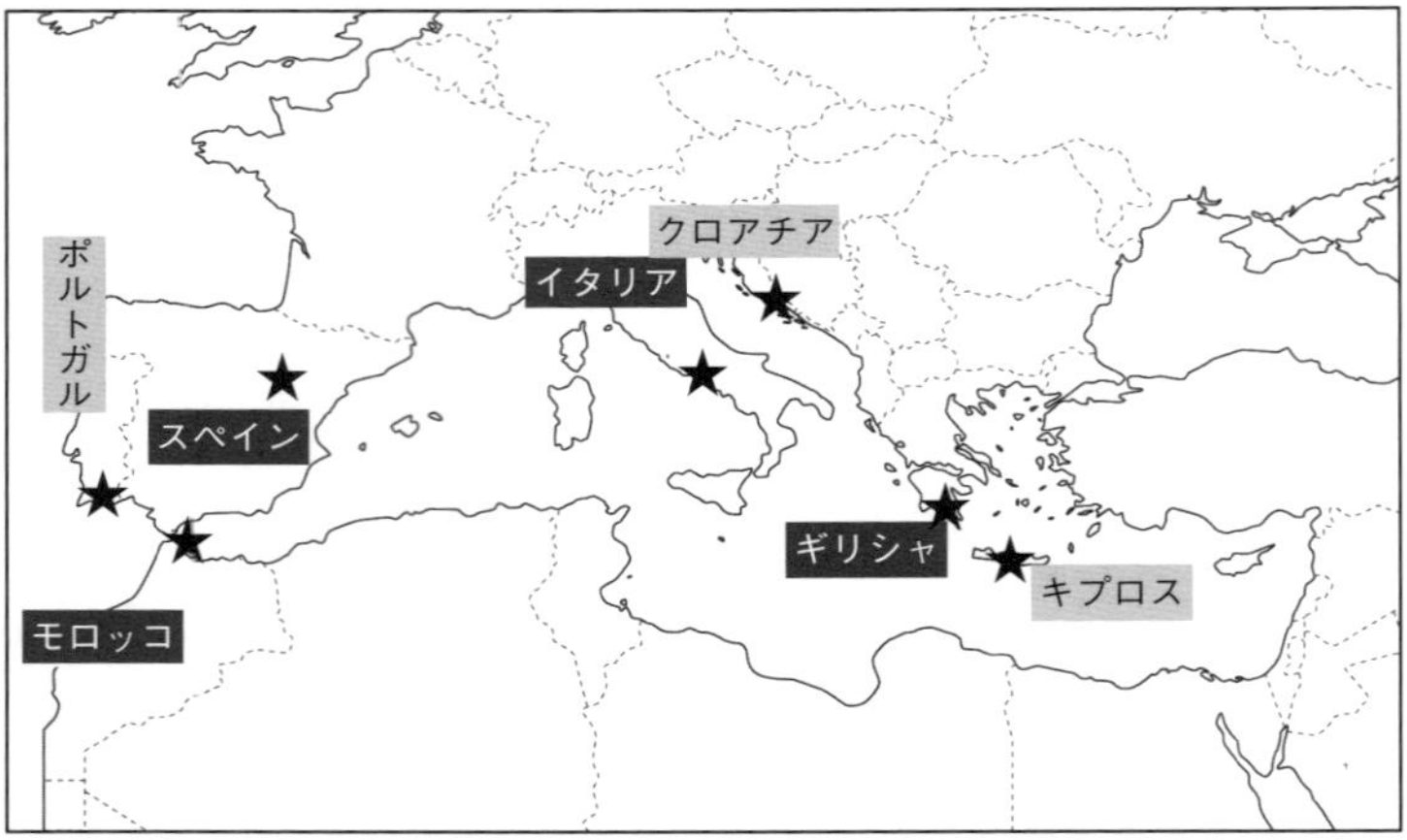

図1　ユネスコ無形文化遺産「地中海料理」の申請国とエンブレム・コミュニティ
白ヌキ：2010年登録国、グレー：2013年追加国、★エンブレム・コミュニティ

義からすると違和感があろうが、ユネスコの登録においては、これこそ、地中海料理のもっとも特徴的な要素とされている。

ところで、既述のとおり、地中海料理は二〇〇八年、スペインを取りまとめ国として他三国と共同で提案されたものの、登録にはいたらなかった。その原因は、①地中海料理というカテゴリーの根拠が脆弱だったこと、②あまりに国主導の提案だったこと、③栄養学的視点に偏り、文化的視点が希薄だったこと等にあったという。このことを考えると、「生活スタイルとしての地中海料理」という考え方は、①や③の反省に立ち、なんとしても再申請を成功させようとする戦略だったともいえるが、そこには、無形文化遺産の理念にかかわる問題（②）も関連している。

そもそも、無形文化遺産の審査において

は、世界遺産のようにそれが人類にとって普遍的な価値があるか否かではなく、その遺産を有しているコミュニティにとってどれだけ価値があるかが重視されている。このため当該コミュニティは、その遺産を今後も十分に継承していく責任と能力があるかについても問われることになる。しかし地中海料理の場合、地中海という範囲が明確でないこともあって、この遺産を担うコミュニティは誰なのかという問題が、料理の定義以上に難しかった。実際、初回の申請時には、当事者たるコミュニティが不明瞭であり、国家主導の申請であるという批判を受けた（②）。

これに対して、申請四カ国は再申請時に（取りまとめ国はイタリアに変更）、エンブレム・コミュニティという方策を編み出した。それは、各申請国において、地中海料理を生活スタイルとして体現するローカル・コミュニティをエンブレム・コミュニティという名で選択し、そのコミュニティを遺産継承の中核を担う主体とするというものである。具体的には、イタリアではチレント、スペインではソリア、モロッコではシャフシャウエン、ギリシャではコロニが選ばれた。この方策は、②への対策だけでなく、それぞれのコミュニティで具体的な食や料理のあり方は異なっていても、人びとの生活や文化が食と密接にかかわっていることは共通であるという、生活スタイルとしての地中海料理という定義とも連動している。また、地中海地域はどこかという問題に対しても、その範囲を明確に提示するよりも、エンブレム・コミュニティのネットワークというイメージで対応し、さらには今後拡大する余地を残すことによって、なぜ地中海料理の申請が四カ国だけなのかという批判も回避しようとした。

こうして二〇一〇年、登録申請は認められ、二〇一三年には、クロアチア、ポルトガル、キプロスが加わり、それぞれのエンブレム・コミュニティとしてブラチ・フヴァル、タヴィラ、アグロが設定された。

3　七カ国研究と地中海料理

このようにユネスコ無形文化遺産の地中海料理は、その登録過程で「創造」された側面が少なくないが、当然、無から生まれたものではない。そこにはいくつか根拠となるものがあり、その一つが、アンセル・キーズ（一九〇四-二〇〇四）という心疾患の研究を専門とするアメリカの疫学者が主導した「七カ国研究（Seven countries study）」である。

この研究は、キーズが一九五一年にイタリアを訪れたことから始まった。彼はもともと、虚血性心疾患（狭心症や心筋梗塞など）のおもな要因は血中コレステロールにあり、肉やバターに含まれる飽和脂肪酸がコレステロール上昇につながるのではないか、と考えていた。そんな折、イタリアではアメリカに比べると心疾患による死亡者が少ないと聞き、実際にナポリに赴いて、そこでの食生活が野菜や魚中心であることに気づくと、さらなる確信を得た。こうして一九五八年、キーズは他の研究者とともに、イタリア、アメリカ、オランダ、ギリシャ、日本、フィンランド、ユーゴスラビアの七カ国における食生活と健康状態を、約二五年にわたって継続的かつ詳細に調査して比較するという国際共同研究を開始した。これが七カ国研究である。その詳細な経緯や成果等については省くが、結果として、肉の摂取量が少なく飽和脂肪酸が低い食生活を送っているイタリア、ギリシャ、日本では、やはりアメリカや他のヨーロッパの国に比べると虚血性心疾患が少ないことが実証され、心疾患と食の関係性に関する多くの報告書が出された［Keys 1980］。この研究は現在でも一部継続されており、近年では癌や認知症などとの関連を指摘する報告もなされている。

　現在よく知られている健康的な地中海料理というイメージは、ここに端を発している。とくに、この研究が対象とした二五年間のうち、一九六〇年代のギリシャとイタリアの心疾患死亡率がもっとも低かったことがわかってくると、その食生活が栄養学者たちの間でも注目され、「地中海料理（Mediterranean diet）」という言葉でモデル化されるようになった。その食モデルとは、オリーブオイル、野菜・果物、魚、全粒穀物、ナッツ

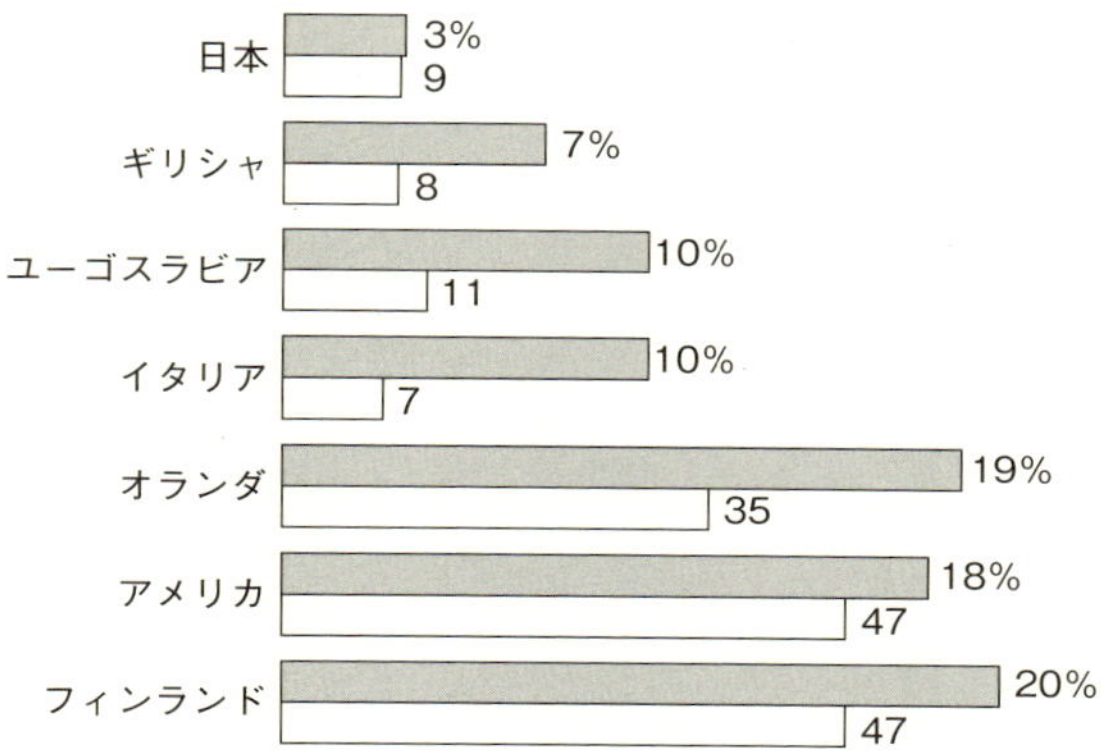

図２　飽和脂肪酸と虚血性心臓病死の各国比較（7カ国研究初回検診後５年間の追跡調査）

上段：飽和脂肪酸の総カロリーに占める割合、下段：虚血性心臓病死率（対 10,000 人/年）

出典：足達寿 2012「Seven Countries Study：国際共同研究の意義と成果」『心臓』44 巻 7 号 784 頁より。

を頻繁に摂取し、チーズ・ヨーグルト、卵、鶏肉は適度に、他の肉などは少々、そしてワインを適量に飲むというものである。そして一九九〇年代、ウォルター・ウィレットらによってこの食事モデルを図示した「地中海料理ピラミッド」が作成されると［Willett et al. 1995］知名度はさらに高まり、その効能はアメリカ保健省やＷＨＯでも追認された。

さて、この流れがユネスコ登録の地中海料理につながっていることは、その登録名称にMediterranean diet が採用されたことからもわかるだろう。実際、申請の文書には、先述のようにこれと同様の食モデルが記載されており、ＷＨＯ等での認定についても、地中海料理の意義を示すものとして言及されている。ただし、この初期段階の diet という語には、たとえば日本ではしばしば「地中海式ダイエット」や「地中海ダイエット」の訳語で紹介されてきたように、健康のための食事規則という意味合いが強かった。最初のユネスコ登録の失敗も、依然としてそうした栄養学的な定義が色濃く残っていたためである。

しかし七カ国研究にも、生活スタイルとしての diet という考え方が皆無だったわけではない。それは、とくに研究の主導者キーズの考え方にみてとれることもつけ加えておく。

じつはキーズは、研究開始から間もなくイタリアの生活にほれこみ、妻とともに、ナポリ近くのチレントに家を購入して多くの時間をすごすようになった。彼はそこで、人びとが日常的に家族や近隣たちと会食し、食を楽しんでいる様子を見聞きし、その体験から、そうした生活スタイル全般が健康によいと考えるようになった。そして一九七五年、『よく食べてよく生活する方法：

地中海式（*How to eat well and stay well: The Mediterranean way*）』という著書を妻とともにチレントの地で執筆し、発表した。このMediterranean wayは、まさに生活スタイルとしての地中海料理という考え方に合致する（ちなみに、キーズはMediterranean dietという言葉は使わなかった）。

このキーズの考え方は、彼の栄養学的な知見に比べると当初はあまり注目されなかったが、その再発見のきっかけになったのが、ユネスコ登録であった。地中海料理のユネスコ登録について詳細な調査分析を行った文化人類学者モーロ［Moro 2013］は、この思想が、再申請に向けて地中海料理のあり方が再検討される過程でしだいに議論の中核となり、エンブレム・コミュニティなどの発想につながった様子を描き出している。もちろんキーズが住んでいたチレントも、エンブレム・コミュニティとして設定された。こうしてみると、現在の地中海料理の、少なくとも理念的な原型は、七カ国研究そのものよりもキーズ個人の思想にあったといったほうがよいかもしれない。

4　外部の視線によってつくられた地中海料理

さて、地中海料理に関して、その土台となるイメージは他にもあるが、もう一つ注目したいのは、それらの多くが、じつは、地中海地域の外部によるものであるという点である。七カ国研究の主導者キーズはアメリカ人であり、地中海料理ピラミッドの作成もアメリカで行われ、そこから世界へと普及した。キーズ夫妻が住んでいたチレントには、一九八〇年代にはすでにアメリカやイギリスからテレビ取材等が多くやってきたという。しかし一方で、当の地中海社会では、これらの情報や考え方はあまり広まらなかった。たとえばイタリア国内でチレントが知られるようになったのはごく最近である。そもそも健康食といわれる地中海料理は、彼らの一九六〇年代の食生活をモデル化したものである。現在、彼らの食生活は大きく変容し、肉の摂取量も増えている。そのため地中海料理は、彼らにとっては現実離れしているばかりか、過去の「貧しさ」や「後進性」にもつながり、ネガティブなイメージも有していた。ポルトガルが最初のユネスコ申請時に参画しなかった理由の一つも、そこにあったという [Moro 2013:40]。いずれにせよ、地中海料理をめぐっては、その当事者と外部者との間には大きな温度差があるのである。

この問題を考えるために、ここでもう一つ、外部イメージの事例として、一九五〇年にイギリスで出版された『地中海料理の本（*A Book of Mediterranean Food*）』をみてみたい。この本も、欧米における地中海の食・料理の情報やイメージの普及に大きな影響を与えたものだが、その著者エリザベス・デイヴィッド（一九一三－一九九二）は、一九三〇年代フランスに留学中、駆け落ちしてイタリアに行き、ギリシャを経てエジプトに渡ったイギリス人女性である。彼女は戦後、一九四六年に帰国すると、当時食料配給が行われ食料事情が悪かった「イギリスの食卓に、この地域の豊かな土地と海、オリーブの木の香りを届けたい」[David 2011:iii] との思いから、このの地域の料理を紹介するレシピ本などを多数執筆した。そのもくろみは成功し、なかでもこの本は、陽光があふれ、青い空と海を臨むテラスに、スパゲッティやエビなどの料理をのせた食卓の様子を色鮮やかに描いた表紙イラストが好評だったこともあって、ベストセラーになった。

たしかに、彼女の本で紹介されているオリーブオイル、ワイン、魚介類などを用いた料理は、地中海各地でよく見られるものである。この地域は、海域とともに平地と山地を抱え、一年を通して温暖で小雨であり、とくに夏は乾燥するという特徴をもつ。したがって、そうした自然環境のもとで生産される食材、すなわち、ブドウ・オリーブ・かんきつ類などの耐乾性の樹木作物や、やはり乾燥に強い家畜である羊、そして魚介類が、彼らの食の中心をなしてきたことは、大まかにいって間違いではない。ただし問題は、それらが語られる際、しばしば類型的でロマンティックな表現が目につくことである。デイヴィッドの本には、その表紙イラストに典型的なように、青い空と海、輝く太陽、豊かな自然、そこから生まれる新鮮な食、陽気におしゃべりをしながら食卓を囲む人びと、ゆったりと流れる時間などのイメージがちりばめられている。同じく自然、生活の楽しさというイメージは、キーズの思想や七カ国研究以降の地中海料理のモデル化にも見え隠れする。

じつはこのイメージは、これまで、地中海の食だけでなく、この地域そのものに付与されてきたものであり、そのことは、すでに多くの研究者によって指摘されている[Herzfeld 2005]。ここでは詳述する余裕はないが、地中海地域は、ヨーロッパで近代化が始まって以降、近代化の遅れた「後進」地とみなされるようになった一方で、まだ「自然」が残り「感情」や「楽しみ」があふれる土地としてもイメージ化されてきた。その一例としてはゲーテの『イタリア旅行』（原著一八一七年）などがあるが、現在でも、南仏の自然豊かな生活を描いて世界的なベストセラーになったピーター・メイル（イギリス人）の『南仏プロヴァンスの一二か月』（原著一九八九年）のように根強く続いている。そしてその背後にあるのは、自らを「進歩」的で「現代」的とみなす近代西洋が、自分たちの「人工」的で「理性」的な生活のなかで失ってしまったものを地中海社会に託してロマン化するという構図であり、地中海料理にも同じ構図が見て取れることは、これまでの記述から明らかだろう。地中海料理は、食料事情の悪かったイギリスを憂いていたデイヴィッドや、不健康なアメリカの食生活を問題視したキーズなどの外部者によって、そうした問題のない理想的な料理として「発見」されたともいえるのである。

5　イタリア料理との比較

とするならば、近年、無形文化遺産に登録されて注目されている地中海料理とは、これらのイメージを、今度は地中海地域自らが我がものにしようとする試みだったとみることができるかもしれない。しかしここにはもう一つ、問題が浮かびあがってくる。それは、冒頭でも述べたように、地域内の地中海料理に対する知名度がいまだ低いことである。ユネスコへの申請時、それぞれの国の機関やエンブレム・コミュニティの関係者、その動きをバックアップした企業や団体などは熱心に活動していたが、それを超える広がりはみられず、一般の人びとを巻きこむことはなかった。登録後は、これらのコミュニティでさえ活動が低迷しているともいう［Moro 2013:192］。なぜなのか、その理由を考えるために、この地域にみられるもう一つの料理である国名を冠した国民料理、ここでは筆者が調査しているイタリア料理のあり様と比較してみたい。

まず、国民料理においても、その形成には、外部の視線の果たす役割は小さくない。イタリア料理に関しても［Capatti & Montanari 1999, Montanari 2010］、その本格的な形成が始まったのは、イタリアが一八六一年にイタリア王国として統一され国民国家として成立した一九世紀後半だが、当時は、多くのイタリア人がアメリカや他の国々へと渡った時代でもあった。移民たちの生活は貧しく、しばしば生業の一つとして始めたレストランが成功し、それがホスト社会で「イタリア料理」として受け入れられるようになった。これは、イタリア料理成立にとって画期的な出来事だったといわれている。それまで分裂の歴史が長かったイタリアでは、食に関しても多様性が大きく、それらがイタリアという名で括られることはなかったからである。さらには、グローバル化の中心地たるアメリカでの人気が高かったことの影響も大きい。そこで注目されたイタリア料理は、アメリカ人の好みに沿った変更も加えられながら他国に発信され、世界的に知られるようになった。また先述の『イタリア旅行』に代表されるように、そもそもイタリアに関しても地中海地域同様に（あるいは、それ以上に）以前から、近代西欧の視線によってロマン化されたイメージが付与されていたこともつけ加えておく。

しかしイタリア料理の形成には、その内部の動きも非常に大きく関与している。たとえば、こうした外部からの視線は、移民たち、ひいてはイタリア人自身が「イタリア料理」を意識する重要なきっかけにもなった。また、当時アメリカなどの海外で起きたイタリア料理ブームは、イタリア本国でパスタやトマト缶などの食関連産業を急成長させ、これらの食材が国内でも広く流通していくようになり、イタリア人全般の食生活にも標準化をもたらした。外部からのイメージは、彼ら自身の食・料理にも影響を与えたのである。

そしてもう一つ、一八九一年に出版された『料理の科学とよく食べるための技術（*La scienza in cucina e l'arte di mangiar bene*）』も忘れてはならない。これは著者ペレグリーノ・アルトゥージがイタリア各地で収集したレシピ集だが、その後も改訂・再版が繰り返され、ほどなく「一家に一冊はある」ともいわれるほど全国に普及した。その内容は、イタリア料理の特徴や共通点を体系的に示そうとするものではなく、ただ各地のレシピを並べただけのようにも見える。ただし、それまでバラバラだった各地の料理や食を「イタリア」という名でまとめて、読者、すなわち勃興しつつあるイタリア国民に提示した功績は大きい。その普及度から考えても、この書は『いいなずけ』（筆者注：標準イタリア語の元になったといわれる近代イタリア文学作品）以上に国家統一に貢献したことを認めなければならない」［Camporesi 1970］と指摘する研究者もいる。

さてこうしてみると、イタリア料理は、その内外の動きが密接に絡み合いながら形成されてきたといえるが、それと比較すると地中海料理の場合は、外部からの動きはあっても、内部の動き、すなわち「われわれ」意識が決定的に欠けていることが浮かびあがってくるに違いない。たしかにイタリアは、他のヨーロッパ諸国よりも国民国家化が遅れ、イタリア人という「われわれ」意識が非常に脆弱だった。ただし、それが国民国家であるかぎり、たとえ不十分でも「われわれ」意識はつねに模索されており、その試行錯誤の過程で、国民料理としてのイタリア料理も形づくられていったと考えられる。しかし地中海地域では、そこに住む彼ら自身が自らを「われわれ地中海人」として意識する動きは、（少なくとも今までのところ）模索されることすらなかった。そのため地中海料理も、彼ら自身には実感として認識されることはなく、したがって、いかに外部からさまざまなイメージを付与され、さらには自分たちの料理としてユネスコに登録しようとも、曖昧さを払拭することはできていないと考えられるのである。

6　グローバル市場における変化からの展望

以上、駆け足ではあったが、一見奇妙にもみえる地中海料理について、国民料理の一つであるイタリア料理と対照させながらその特徴を考えてきた。そこからは、「われわれ」意識の有無が両者の違いにかかわっていることが明らかになり、その意味では、やはり地中海料理を国民料理と同一線上で語ることはできないだろう。しかしながらこの差は、とくに現在、それほど決定的なものなのだろうか。最後にこの問題について、簡単ではあるが考えてみることにしたい。

地中海料理が明確な「われわれ」に基づかず本質的に曖昧であるということは、逆にいえば、さまざまな者の思惑によって利用されやすいことを意味する。その一例が、先にもふれたようにユネスコ無形文化遺産登録であり、実際、申請運動にはイタリアやスペインなどの国だけでなく、チレントなどのローカル・コミュニティも参画したが、彼らの目的は、当初から地中海全体ではなく個々別々の経済的利益にあったと考えられる。近年、食全般への関心が世界的に高まり、なかでも健康食、自然食、伝統食、ローカルな食はブームになっている。申請者たちは、地中海料理もそうした食の一つとして経済的効果を生み、各国の食産業や観光の振興、各コミュニティの町興しなど、それぞれの利益につながると期待したのである。二〇一〇年のユネスコ登録の最終審査では、その点を懸念する批判が審査委員から出たという［Moro 2013:93］。

とするならば、筆者は先に、ユネスコ登録は、それまで外部からつくられてきた地中海料理を、彼ら自身が我がものとしようとする機会だったと述べたが、そこで想定されていたのは、「われわれ」の地中海料理ではなく、経済的な資源として関係者各自が利用できる地中海料理だったということになる。そして同様の現象は、国民料理の側でも目立ってきている。

たとえば近年のイタリアでは、二〇一五年に食をテーマとして開催されたミラノ万博のように、食・料理は重要な国家戦略の一つとなっている。そこでももちろんイタリアの「われわれ」意識は関与しているが、一義的には、国家や企業などによってブランドとして利用されているとみなしたほうがよいだろう。また、国民国家の形成の歴史がイタリア等のヨーロッパとは大きく異なるアフリカ諸国の食文化を研究しているキューザックの指摘も興味深い［Cusack 2004］。彼によると、アフリカ諸国でも近年、ことに外国人観光客増加などを目的とする国民料理の創出ブームがあるという。各国とも、ネットなどの媒体を使ってそれぞれの歴史や地域的特徴を反映した料理を自国の料理として積極的に宣伝している。しかし、それは第一に経済効果を狙ったものので、とくに内的なナショナル・アイデンティティの醸成を念頭に入れたものではない。たしかに国家の経済力と「われわれ」意識の間には、経済ナショナリズムという言葉があるように密接な関連はあるが、現在のグローバル市場経済のなかでは、国家の役割や「われわれ」意識も変化しており（ここではこれについてふれる余裕はないが）、それにともなって、その国家の名を冠した国民料理のあり方も変わりつつあると考えられるのである。

そしてこうした動向は、国民料理も地中海料理もともに国や地域の名前がついた料理である点に着目していくと、さらに明確になってくるかもしれない。

じつは近年、国だけでなくローカル・コミュニティを含めてなんらかの土地の名前をもつ料理が、世界的に注目され普及するようになっている。世界各地でローカルな食・料理がブームになっていることはすでにふれたが、イタリアでもスローフード運動に代表されるようにその動きは顕著である。もともとイタリアでは各自の出身地域への帰属意識が強く、人びとは「イタリア料理」以上にそれぞれの地域料理に誇りをもつ傾向があったが、戦後は少しずつ関心が薄れていた。しかし近年再び注目されはじめ、各ローカル・コミュニティではその土地の食・料理を観光や産業の目玉としたり、国やヨーロッパのレベルでも、原産地呼称制度などによって保護・推奨しようとしている。またそこには、産地などの名前がついている食材や料理こそ、「本物」で

「おいしい」とみなす風潮が高まってきたことも関与している。そして、国名のつく料理の隆盛や地中海料理への関心の高まりも、とくに近年では、こうしたいわば「地名料理」ブームの一環としてみることもできるのである。

さてこの観点は、今後の食研究全般にとってもきわめて重要であると、筆者は考える。そこからは、地中海料理や国民料理のみならず他のローカル料理も同じ俎上に位置づけて議論し直す可能性が出てくるばかりか、たとえば、国民料理に典型的にみられるような「われわれ」意識に強く結びついた料理は、食と地名のかかわり方として、じつはその一面でしかないことも浮かびあがってくる。土地（地名）は、国民国家においては、国境によって他から明確に画された領土として認識され、その食たる国民料理もこの領土意識に対応した「われわれ」のものとみなされやすいが、そもそも土地に対する見方も、それと人や食との関係も、そうした領土的なものだけではないと考えられるからである。

この問題は今後の課題とするが、こうしたより広い視点から国民料理を含めた料理全般を見直す必要が、今こそあることはもう一度強調しておきたい。冒頭でもふれたが、近年、グローバルな移動の増加やグローバル市場化、情報化等によって、国をはじめとする地理的なカテゴリーをめぐる揺らぎや再編が目立ってきている。そしてそれにともなって、これまで地理的カテゴリーと深く結びついてきた「われわれ」意識のあり方だけでなく、その両者の関係自体も変化しつつある現在、そのことが、食の場面においては、さまざまなレベルの地名料理の隆盛という現象の形で現れていると考えられるのである。ゆえに、その状況に真正面から向き合い総合的に考察していくことは、従来の国民料理論の批判や相対化にとどまらず、食・料理を通して現代社会のあり方を分析し問い直すことにつながっていくだろう。

そして地中海料理に、今後も注目していく意義もここにある。たしかに地中海料理は、これからもいわば低迷を続けるだろうが、そのこと自体が、現代社会における食と地域の関連性の一端を示すものである。この料理が、誰のどんな思惑のなかで、他の地名料理ともどうかかわりながら動いていくのか、引き続き注視していくことにしたい。

〈参考文献〉

宇田川妙子 二〇一八「地中海料理の過去・現在・未来」『vesta』一一〇号、五八-六三頁。
山辺規子 二〇一六「地中海の食事」『vesta』一〇一号、二五-二九頁。
Camporesi, Piero 1970 "Introduzione e note", in Pellegrino Artusi, *La scienza in cucina e l'arte di mangiar bene*. Einaudi.
Capatti, Alberto & Massimo Montanari 1999 *La cucina italiana: Storia di una cultura*. Laterza.
Cusack, Igor 2004 "Equatorial Guinea's National Cuisine is Simple and Tasty: Cuisine and the Making of National Culture", *Arizona Journal of Hispanic Cultural Studies*. 8:131-148.
David, Elizabeth 2011 *A Book of Mediterranean Food*, 2nd Edition. Penguin UK.
Herzfeld, Michael 2005 "Practical Mediterraneanism: Excuses for Everything, from Epistemology to

Eating". in Harris, W. V. (ed.) *Rethinking the Mediterranean*, Oxford: Oxford UP, pp.45–63.

Keys, Ancel 1980 *Seven Countries: A Multivariate Analysis of Death and Coronary Heart Disease*, Harvard University Press.

Keys, Ancel & Margaret Keys 1975 *How to Eat Well and Stay Well: The Mediterranean Way*, Doubleday.

Montanari, Massimo 2010 *L'identià italiana in cucina*. Laterza.

Moro, Elisabetta 2013 *La Dieta Mediterranea: Mito e storia di uno stile di vita*. Il Mulino.

Willett, W. C. et al. 1995 "Mediterranean Diet Pyramid: A Cultural Model for Healthy Eating". *American Journal of Clinical Nutrition*. 61(6).

第2章　中国料理はなぜ広まったのか
――地方料理の伝播と世界各国の「国民食」

岩間一弘
Iwama Kazuhiro
東アジア近現代史

1　「中国料理」の形成と地方料理の伝播

（1）「中国料理」はいつ生まれたのか

「中国料理」はいつの時代から確立されて、一つの料理体系として認知されるようになったのだろうか。こうした素朴な疑問に答えることも、じつは現状では容易でない。

一二世紀初めの北宋の都・汴京《ベンケイ》（現在の河南省・開封）を記録した『東京《トウケイ》夢華録』には、「南食店」（江南料理店）や「川飯店」（四川料理店）が登場する［中村 二〇〇〇］。汴京には全国から地方官僚や科挙受験生などがはるばるやってきたので、首都の北方料理が口に合わない地方出身者向けの食堂が繁盛していた。王朝時代には、首都に全国各地の料理が集まり、遷都が各地の料理の伝播・融合をうながした。そして明代（一三六八～一六四四年）頃までに、北方・江南・四川とともに広東料理が広く認知されていたという［Sabban 2009］。続く清代（一六四四～一九一二年）においても、たとえば最盛期の皇帝・乾隆帝（在位一七三五～九五年）が巡察で行った江南（揚州）

の料理をとくに気に入り、首都・北京の権力者や知識人の間で「南味」が広まったことがよく知られる。すなわち、宮廷が中国全土の料理を収集・融合する役割を果たしていたのである[Rosner 2009]。ただし、中・近世の首都への地方料理の進出は、中国各地方料理の固有性を損ねることはなく、中国全土の料理を制度的に体系づけて一体化しようとする動きからもほど遠かったといえる。

清末の上海の代表的な新聞『申報』(一八七二年創刊)を見ると、西洋料理(「番菜」「外国菜」「西菜」)と対比される料理の大きなカテゴリーとして、中国料理を意味する「唐菜」の用語が一八七七年から、その後も常用される「中国菜」「華菜」が一八八四年から使用されていることを確認できる(詳しくは[西澤 二〇一九])。しかし、語彙の出現だけをもって一九世紀末までに「中国料理」という一つの料理体系が確立されていたとは言いがたい。両大戦間期の上海や北京(当時は北平と称した)では、全国各地方の料理店ができて、各地方料理の流行が生まれたが、実際には上海ならば上海風、北京であれば北京風の料理になるのであって、中国各地料理の差異は依然として大きいままであった。すなわち、中華民国時代(一九一二〜四九年)において、西洋料理や日本料理と対比される大範疇としての「中国料理」は存在したが、実態としては地方ごとの固有性が著しく、しかも各地方料理が国民国家によって一体化・体系化されて、国外に宣伝されることはなかった。

したがって、中国における「国民料理」の形成を考えるうえでは、中華人民共和国の建国初期が重要となる。一九四九年一〇月一日の建国式典以後に北京飯店で、そして建国一〇周年の一九五九年からは人民大会堂と釣魚台国賓館で、国家元首や政府首脳が国外の賓客や国内の要人を招いて挙行する「国宴」（国家宴会）が開かれた。北京では「国宴」のために、「八大菜系」（八大料理）に分類された各地方料理の精髄を集めた「堂菜」（人民大会堂の料理）や「台菜」（釣魚台国賓館の料理）が誕生し、それらを全国から政治審査などを経て選抜された最優秀なコックたちが作った。さらに一九五〇年代は、社会主義が導入されたとはいえ、党・軍幹部の接待のために北京や上海などの外食業界は活気づいており、中国共産党も中央・地方の指導者を接待するために高級宴会料理を再建する努力をした。こうしたなかで、『中国名菜譜』（一九五八～六五年）のような全国各地方の料理を網羅する大部の料理全書が編纂されたり、日本でもよく知られる「特級厨師」などを規定した調理師の国家資格や等級が定められたりしたのである。このような人民共和国による料理の体系化・制度化の取り組みによって、「中国料理」は「国民料理」としての内実を備えたといえるだろう。

近年では、地方料理をテーマにしたチェーン店や、簡便・美味な火鍋料理のチェーン店が、全国の大都市にフランチャイズ展開して店舗数を増やすようになった（多くは日本など海外にも進出している）。有力ブランドの全国展開は、中国各都市の外食の種類を似通ったものとして、「中国料理」の一体化を実質的にうながしている面がある。さらに、中国中央電視台が二〇一二、一四、一八年に放送したドキュメンタリー番組シリーズ『舌尖上的中国』（舌の上の中国）は、視聴者が中国各地の食文化を一つの「中国美食」「中華美食」として理解するのに役立ったであろう。

以上のような歴史的経緯をふまえて、本章では西洋料理や日本料理と対比される大まかなカテゴリーとして、「中国料理」という一般名称を使っている。ちなみに「中華料理」の語は、日本では日常的に使用されるが、中国・韓国などで日本独特の中国料理をさすことがあるので用いないことにする。

(2) 移民を契機とする地方料理の伝播

さて、世界のチャイナタウンでフィールドワークをした山下清海氏によれば、中国料理は、華人が異国に街を形成していく際の最大の「武器」「資源」であり、日本料理とは異なる中国料理の強みとは、移住先の食材を利用して容易に現地化し、現地の人びとに好まれて大衆化することであるという［山下 二〇一六］。中国料理と日本料理は、「火の料理」と「水の料理」として対比されることがある［木村 二〇〇五］。たしかに、一〇〇度以下の水で煮炊きし、素材から旨みを引き出すのが中心の日本料理と比べて、二〇〇～三〇〇度の油で炒めたり揚げたりし、調味料で外から旨みを注入するのが中心の中国料理のほうが、未知の現地食材に対応しやすいことは容易に理解できる。中国では、古代から基本的調理法として多彩に発達してきた蒸す技術に加えて、強い火力と少量の油で具を跳びはねさせて「炒める (stir-fry)」という独特の調理法が、宋代（九六〇～一二七九年）から元代（一二七一～一三六八年）にかけて、コークスと鉄鍋の使用拡大にともなって普及した［石毛 二〇一三］。これらの調理法が現在でも中国料理を特色づけ、とくに炒め物を作る中華鍋（wok）は中国国外において中国料理を象徴するものになっている。

周知のように中国料理には、北方（北京・山東・山西）、東方（淮揚〈揚州等〉・上海・蘇州・無錫・杭州・寧波・安徽）、南方（広東・福建・潮州・客家・台湾）、西方（四川・湖南・貴州）などと系統づけられる数多くの地方料理が存在し［木村 一九八八］、それぞれが形成・越境・融合・再形成を繰り広げている。これらのうち、海外で受容された中国料理は、移民の多かった地方の料理であり、世界の多くの国々では南方系の料理、なかでも広東料理が主流となっている。近年の調査によれば、海外における華人人口は推定五〇〇〇万人ほどで、東南アジアにはそのうちの約七割が居住しているとされる。それゆえとくに東南アジアにおいては、中国料理と現地の料理を区別するのが容易ではないことが多く、東南アジア各地の炒める調理法、麺料理、鶏・アヒル・豚肉と白米をいっしょに食べる料理などは、中国料理の影響を受けたものと考えられる［Esterik 2008］。

さらに注目すべきことに、中国の地方料理がホストカントリーにおける「国民食」（全国的に普及した食品）の形成に大きな影響を及ぼした事例がきわめて多くみられる。中国料理の特徴として、地方料理から「国民食」への発展が、一国内の現象にとどまらず、国境をまたいだ複数の国家間においても生じたのである。たとえば、日本のラーメンのほかにも、韓国のチャジャン麺、ベトナムのフォー、タイのパッタイ、シンガポールやマレーシアのラクサ、フィリピンのパンシット、インドネシアのミーゴレンなどは各国の「国民食」となっており、それぞれが国内各地で多様に現地化されると同時に、海外にも輸出されて東京でも食べることができる。しかし、これらはいずれも中国にルーツがあるか、あるいは中国食文化の影響を強く受けた麺料理である。また、シンガポールの博物館「チャイナタウン・ヘリテージ・センター」は、海南チキンライスを「国菜」(国民食)として紹介しているが(二〇一九年三月現在)、この種の鶏飯は、広東の「切鶏飯」、タイの「カオマンガイ」、ベトナムの「コム・ガー」、インドネシアの「ナシ・アヤム」、カンボジアの「バーイモアン」など、中国南方から東南アジアにかけて広く分布し、マレーシアやタイでも「国民食」といえるほど代表的な屋台料理として定着している。

ほかにも典型例として、ベトナムのフォーは、フランス植民地期において広東の湯麺にフランス料理で使われる牛肉片が入ってできた米麺料理とされる[Peters 2012]。また、タイのパッタイは、一九三〇年代末のバンコクにおいて、国民文化創造の観点から中国とタイの麺料理を差別化して創案された[Esterik 2008]。パッタイは、二〇〇二年から推進された「グローバル・タイ」計画では海外に宣伝する公式なタイ料理のメニューに含まれて、アメリカなどでトムヤンクンにつぐ人気を博している[Ichijo and Ranta 2016]。加えて、ペルー政府は近年、「チーファ」(ペルーの中国料理店および中国料理)をペルー料理の重要な一部分として宣伝しており、なかでも「ロモ・サルタード」(牛のロース肉の炒め物)は、ペルーの中国料理店だけでなく、国内外のペルー料理店で欠かせない代表的な料理となっている[山脇 一九九六]。

表1　世界各国の国民食および人気料理のルーツになった中国地方料理の系統

南方系	広東料理	ラーメン（日本）、焼売（日本など）、フォー（ベトナム）、海南チキンライス（シンガポール・マレーシア・タイなど）、ロモ・サルタード（ペルー）、チャプスイ（アメリカ）
	潮州料理	クェイティアオ（マレーシア・シンガポール・タイ）、パッタイ（タイ）、バクテー（シンガポール・マレーシア）
	福建料理	ラクサ（シンガポール・マレーシア）、ホッケン・ミー（シンガポール・マレーシア）、パンシット（フィリピン）、ミーゴレン（インドネシアなど）
北方系		チャジャン麺（韓国）、餃子（日本など）

注：ラーメン、海南チキンライス、クェイティアオ（「粿条」、米麺料理）、パッタイ、チャプスイなどは、その由来について諸説ある。

このように東・東南アジアから南米まで広がる中国料理の適応力は驚くべきものだが、初めに述べたように、二〇世紀中頃まで中国でもまだ「国民料理」が確立されていたわけではなかったので、中国各地方の料理が移民をきっかけとして世界各国に伝わり、それぞれに現地化しながら現地料理に影響を与えていたことに注目すべきである。そして、世界各国で国民的な人気を博する料理のルーツとなった中国の地方料理は、概して華南の料理、なかでも広東料理が主流ではあるものの、南方（広東・潮州・福建）から北方（山東など）まで多くの系統が含まれている（表1）。

本章ではとくに、広東料理をルーツとするアメリカのチャプスイ、山東料理をルーツとする韓国のチャジャン麺、福建料理をルーツとするシンガポールのプラナカン料理の歴史を典型的な事例として簡単に紹介したい。すなわち、アメリカのチャプスイは、安くておいしいエスニックフードとして大流行するにとどまったのに対して、韓国のチャジャン麺、シンガポールのプラナカン料理の一部は、ホストカントリーで「国民食」として認知されるまでになった。また、韓国のチャジャン麺は民間主導、シンガポールのプラナカン料理は政府主導による「国民食」の創成といえる。

2　世界各都市における多様な「国民食」の形成

(1)　一八九六年のニューヨーク――チャプスイ

さて、アメリカの華人たちはおもに広東省からやってきて、一八八二年の排華移民法の制定に象徴される一九世紀後半の華人排斥に直面し、中国（広東）料理業を洗濯業に続く生業とし、アメリカ社会への適応に役立てた。一九〇〇～六〇年代において、アメリカの中国料理の同義語といわれるほどに人気を博した独特なメニューに、「チャプスイ（雑碎　chop suey）」（八宝菜に似たあんかけ五目炒め）がある。チャプスイの誕生についてはしばしば、清末の最高実力者・李鴻章が一八九六年に世界一周した際に連れてきたお抱えコックがニューヨークで発案したものとして伝説化されていた。だが実際には、それ以前からチャプスイという料理は存在しており、李鴻章の物語は、アメリカの中国料理店が商売繁盛のために創作したフィクションであると考えられている［Liu 2015］。

とはいえ、一八九六年夏の李鴻章の訪米中、ニューヨークを発信地としてアメリカで最初の中国ブームが巻き起こった。ニューヨーク市長のウィリアム・L・ストロングをはじめとして、多くのニューヨーカーたちがチャイナタウンにやってきて、エキゾチックな中国文化を楽しんだ。それにともなって、「チャプスイ・ハウス（雑碎館）」ともよばれた中国料理店が大いに繁盛した。『ニューヨーク・タイムズ』の一九〇〇年一月二九日の記事（"Heard About Town"）によると、街中で中国料理店が急増して、ニューヨークは「チャプスイ狂（chop-suey mad）」になったという。一九〇三年に訪米した著名なジャーナリスト・政治家の梁啓超も、「李鴻章チャプスイ」がニューヨークなど多くの都市で人気があることを知る（『新大陸遊記』由砵崙至舊金山〔三十七〕）。さらに一九一一年、孫文が革命資金を募るために四回目のアメリカ大陸訪問をすると、ニューヨークだけでも中国料理店が数百軒に及ぶことを知って誇りに思っている（「孫文学説」行易知難第一章　以飲食為證）〔Chen 2014〕。

その後、チャプスイはアメリカ軍にも取り入れられて、軍隊食堂の定番メニューになった。アメリカ軍におけるもっとも有名なチャプスイ・ファンは、ドワイト・D・アイゼンハワーである。彼は一九三〇年代の少佐時代から一九五〇年代の大統領在任期にいたるまで、生涯にわたってワシントンのチャプスイを愛しつづけたという。チャプスイはアメリカ軍とともに世界に広まり、アメリカ兵の行くところチャプスイありという状況になった。逆に、中国大陸でチャプスイを見つけることはほとんどできなかったが、第二次世界大戦期の重慶、そして大戦後の上海や東京では、アメリカ兵たちがチャプスイをメニューに掲げるレストランに入ることができた

[Liu 2015]。

一九六〇年代、チャプスイ中心のアメリカ式中国料理が、本物志向の中国料理へと変容しはじめた。きっかけは、一九六五年に移民国籍法の修正案が可決・成立したことである。その結果、台湾・香港から多くの中国人移民が一族を頼ってアメリカにやってくるようになり、なかでも共産党政権の樹立にともなって台北に移っていた中国大陸出身のコックたちがニューヨークにやってきて、上海・四川・湖南などの料理店を開いたことが、アメリカの中国料理に大きな変化をもたらした。

この変化のなかで、絶大な人気を誇っていたチャプスイも、アメリカからほぼ姿を消してしまった。アメリカの華人史研究者のヨン・チェンによれば、安くておいしい中国料理は、一九五〇年代以降のマクドナルドなどのファストフードの先駆けとなったが、中国人移民の安い労働力の産物である中国料理は、工業製品であるファストフードと同様に、フランス料理のように敬われることがなかったという［Chen 2014］。すなわち、チャプスイが「国民食」のような位置づけを与えられることはなく、安くておいしいエスニックフードのままであったことが、アメリカにおけるチャプスイ消失の要因であったと考えられる。こうした北米社会の歴史は、次にみる東・東南アジアの状況とは好対照である。

(2) 一九六〇年代のソウル――チャジャン麺

一八八二年の壬午《ジンゴ》事変において、袁世凱率いる清国軍と同時にやってきた清国商人が、韓国華人の歴史の始まりで、このときから朝鮮半島で中国料理が食べられるようになったとされることが多い。朝鮮半島における初期の華人は、北幇・南幇・広東系の三グループに分けられ、このうち北幇（山東・河北省出身）が大多数を占め、飲食店を経営する者も多かったことから、韓国の中国料理には北方（山東）系の料理が多くなった［林 二〇〇五］。だから、たとえば韓国人は焼売をあまり食べないなど、世界の多くの国々で広東料理が主流なのとは異なる韓国の中国料理の特色が生み出された。

チャジャン麺（韓国式のジャージャー麺）は、仁川港の労働者の食物にルーツがあり、一九〇八年頃に創建された仁川の山東会館の食堂のメニューとして最初に出されたと考えられている。山東会館の食堂は、辛亥革命によってアジアで最初の共和国・中華民国が誕生した一九一二年に「春の日のような中華民国」を象徴する「共和春」へと店名を改めた。共和春はその後閉店したが、旧店舗は改装されて二〇一二年よりチャジャン麺博物館となっている。

さて、一九四八年の大韓民国成立当時から、政府は華人の経済活動を圧迫したので、多くの華人が国外に脱出し、在韓華人は「世界で唯一成功できなかった」ともいわれた。こうした逆境のなかの生き残り戦略として外食業に転じた華人も多く、そのことが韓国人の中国料理・中国料理人に対する蔑視につながることもあった。とはいえ、当時の韓国の庶民にとって、安くておいしい中国料理店がただ一つの外食場所であったので、この頃の韓国風山東料理（「清料理」）がのちにはノスタルジーの対象となるのである［伊東 二〇〇四］。

一九五四年、アメリカの「相互安全保障法」の改訂、「余剰農産物処理法」の制定を経て、アメリカの無償小麦援助が開始された。そのことは、日本ではラーメンが、韓国ではチャジャン麺が、台湾では牛肉麺が「国民食」といわれるまで普及していく契機になった。

韓国では一九六三年に朴正熙が大統領に就任すると、粉食奨励運動を推進し、中国料理店を訪れてチャジャン麺などの小麦粉料理を食べようという運動も起こった。一九六〇年代以降、中国料理店において、チャジャン麺・チャンポン（料理ないしは料理名が長崎から伝わった）・ウドン（もともと「大滷麺」だったものが植民地期に日本語の「うどん」に名称が変わった）が、大衆的なメニューとして定着した。これらの麺料理が大衆化した当時、韓国人の中国料理店経営者が増えつつあり、一九六〇年代頃からチャジャン麺はカラメルのような人工着色料が加えられて黒みと甘みを増し、一九七〇年代後半頃からチャンポンが赤くて辛いものへと現地化された［周 二〇一九］。

二〇〇六年、韓国文化観光部は「百大民族文化シンボル」の一つに、チャジャン麺を選定した。こうしてチャジャン麺は、名実ともに韓国の「国民食」となった。チャジャン麺は海外の韓国料理店でも出されているので韓国料理ともいえ、韓国人が国外でナショナル・アイデンティティを確認する食物になっている。チャジャン麺に関する著作は多く、日本のラーメンについで多くの本が刊行されている「国民食」となっている。

(3) 一九七四年のシンガポール——プラナカン料理

シンガポールにおいては、一九六五年の分離独立以降、政治的・経済的な生き残りこそが最優先されるなかで、国民の歴史(national history)の構築は後回しにされた。とくに、エスニック・グループに固有な記憶は、潜在的に民族間の衝突を招くかもしれないので、政府によって意図的に消去されていた。しかし、一九八〇年代半ば頃からシンガポール政府は、記憶を共有することがネイション(国民)という感覚にとって重要なものだと認識するようになり、シンガポールの過去の再生を始めた[Wong 2009]。

それに少し先立つ一九七四年、シンガポール初代首相のリー・クアンユー(李光耀)の母であるリー・チンクーン(李進坤)夫人(Mama Lee)が、消失寸前であったニョニャ料理の技巧を記録するためのレシピ集を出版した(Lee, Chin Koon, *Mrs Lee's Cookbook: Nyona Recipes and Other Favourite Recipes*, Singapore: Eurasia, 1974)。「ニョニャ」(女性)ないしは「ババ」(男性)とは一般に、福建ないしは潮州(福建と隣接する広東東部)の開拓者とマレーの現地人女性の夫婦の子孫をさす。そうした混血者たちのコミュニティがペナン州やマラッカ州などで発展し、国際貿易、ゴムや砂糖などのプランテーション、錫鉱山への投資、さらにはアヘン交易などで巨万の富を築く一族も現れて、ババ・ニョニャは一九世紀末から第一次世界大戦頃までに全盛期を迎えた。しかし、第二次世界大戦時・戦後には著しく衰退し、今日までには豪華な邸宅や特徴的な料理や服飾が観光資源として残るだけになっている。一九七四年にリー・チンクーン夫人が出版したニョニャ料理の本は、シンガポール政府によるシンガポール人としての帰属意識を創ろうとする政治的課題を先取りしていた。

一九七〇年代以降のシンガポールでは、植民地時代の名称である「ババ」「ニョニャ」ではなく、あえて現地の人びととの混血者を広くさす「プラナカン」という呼称を頻繁に用いている。さらに一九八〇年代からプラナカン文化の再生が始まり、二〇〇八年にはババ・ハウスとプラナカン博物館が開館した。

そして、料理を通してプラナカンの伝統を浸透させるため、多くのプラナカン・レストランが開業された。レストランの広告には、サルンやケバヤといった民族衣装を着たニョニャ女性のイメージが使われるようになった。シンガポール政府観光局は、プラナカン料理を「シンガポールが有する固有の料理にもっとも近い」（二〇〇一年）などと宣伝し、それを受けてプラナカン料理店は「本物で伝統的な海峡華人の料理（authentic and traditional Straits Chinese cuisine）」などと広告している［Wong 2009］。

二〇一〇年の上海万博ではシンガポール館において、クエ・パイティー（top hats：タルト風の前菜）、ラクサ（叻沙：スパイシーなスープの米麺）、カレーチキンといったプラナカン料理がベストセラーになった。この年には中国大陸でケンタッキーフライドチキンが、カレー味のニョニャ鶏手羽先（Nyonya chicken wing）を発売し、サルン・ケバヤを着た女性の写真で広告した。こうして消失寸前の家庭料理であったニョニャ料理は、文化遺産として政府の支援を受けて普及促進されるなかで、プロの料理人によるプラナカン料理となってシンガポールの食文化を代表し、中国大陸に逆輸出されるまでにいたっているのである。

ちなみに、ニョニャ料理は、マレーシアのクアラルンプール・マラッカ・ペナンの観光用レストランでも盛んに提供されている。しかし、観光業のために食物を宣伝することに関しては、マレーシア政府よりもシンガポール政府のほうが積極的である。

3　アジアから日本のラーメン・餃子を相対化する

ところで、二一世紀に入ってからの世界における日本食文化の台頭は著しく、海外旅行サイトなどで見る限り、とくにレストランの数に関してだけいえば、世界の主要都市で日本食店が中国料理店をしばしば上回っている。しかしそれでも、中国料理の世界進出が日本料理よりはるかに進んでいるのは、次頁の図1で整理したように、中国料理は東・東南アジアの多くの地域においてエスニック料理の範疇を超えて現地料理の一部となっており、ひいては本章で論じたように、それらがときにホストカントリーの「国民食」にまで位置づけられていることである。

周知のように日本でも、中国（広東）料理をルーツとするラーメンが、各地でさまざまに現地化されてご当地名物となっているだけでなく、インスタントラーメンとして全国の日常的な食生

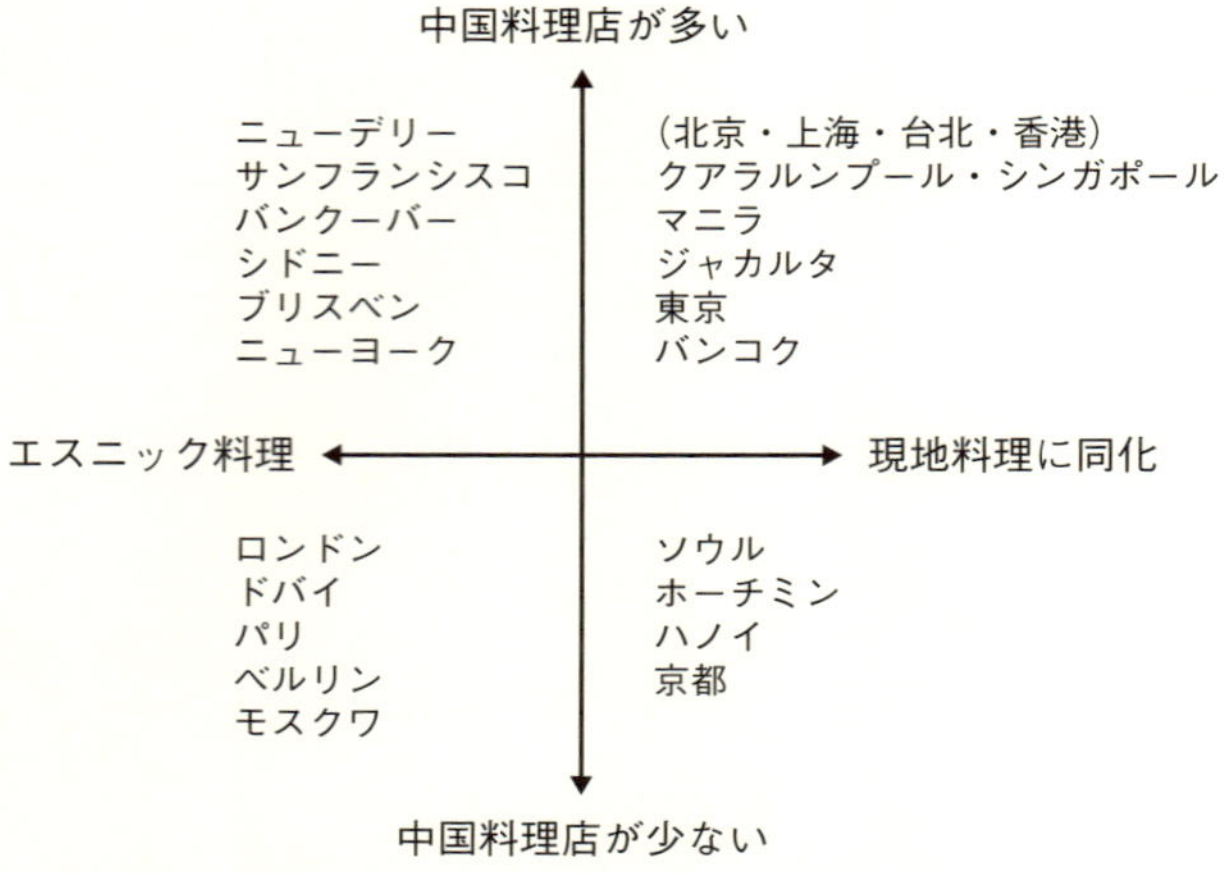

図1　世界主要25都市における中国料理の位置づけ

注：中国料理店については「トリップアドバイザー（日本）」（2019年3月28日）を検索し、各都市の中国料理店の比率がレストラン総数の5%以上であれば相対的に「多い」、5%未満であれば「少ない」に区分した。各都市によってレストランの網羅範囲や分類基準が異なるので誤差が生じる。とくにソウルは、数多くの無分類店が登録されているために中国料理店の比率が低く出ている。

また、各国のモノグラフなどを参照して、中国料理の食材・調理法・メニューが現地料理に比較的取りこまれている場合には「現地料理に同化」、あまり取りこまれていない場合には「エスニック料理」に区分した。

活の場面にも浸透し、まさに「国民食」というべき食品になっている。それにとどまらずラーメンは広く海外に普及して、「国民食」から「世界食」へと発展している。注目すべきは、ラーメンの世界進出は、おもに日本以外の人びとによって成しとげられてきたのだが、それにもかかわらず海外でもラーメンは、日本を代表する食べ物として認識されていることである。

たとえば、一九五〇年代末からインスタントラーメンを大量生産・販売してきた日清食品の創業者・安藤百福（呉百福）は、台湾出身である。世界ラーメン協会（WINA）の推定によれば、インスタントラーメンの世界年間総需要は、二〇一七年に一〇〇〇億食を超えたが（このうち中国は約三九〇億食、日本は約五七億食）、ラーメンが「国民食」「世界食」に成長できたのは、それが工業製品として大量生産されたことが大きい。また、一九九六年、香港の中国人女性実業家・潘慰は、熊本豚骨ラーメンを提供する重光産業（創業者の劉壇祥は台湾出身で日本に帰化）からライセンスを獲得すると、中国を中心に「味千ラーメン」を七〇〇店以上（このうち中国大陸は約六〇〇店）も展開し、現地化した日本式ラーメンを広めた。ほかにも、二〇〇四年には韓国系アメリカ人のデヴィッド・チャンが、ニューヨークで最初のアメリカ式ラーメン（スープベースにアメリカ人の好むベーコンなどを使用したアジアン・ヒュージョンのラーメン）の店「モモフク・ヌードルバー」を開くと、その後北米や欧州でもラーメンブームが巻き起こった。

これらの例からわかるように、二〇世紀の日本および世界におけるラーメンの普及には、中国・台湾・朝鮮半島からの移民が重要な役割を果たしてきた一面がある。しかし、新横浜ラーメン博物館などで示される日本のラーメンの歴史物語は、中国大陸からの日本人引揚者の役割や、外来の物を日本の味に変える日本人の創意工夫を強調しがちである［ソルト 二〇一五］。こうして日本国内、国外を問わず、多くの大衆消費者はもはやそれが中国由来のものだと意識することもなくラーメンを食べている。

さらに近年では、日本の餃子（焼き餃子）がラーメンと同じような地位を獲得しつつある。中国をルーツとする焼き餃子が、第二次世界大戦後の日本において、「満洲」（中国東北部）からの引揚者などが中国大陸への郷愁をつのらせるなか、焼売にかわって一躍外食の寵児に躍り出た。一九六〇年から冷凍餃子の大量販売が開始されて家庭にも浸透し、さらに一九九〇年代以降には町おこしに利用されたこともあって、宇都宮や浜松といった各地方の餃子の多様性が認知された［草野 二〇一三］。

そして、二〇一二年にパリで餃子専門店「GYOZA BAR」がオープンして以来、フランス・イギリス・アメリカ・タイなどで、餃子が中国語の「ジャオツ（jiaozi）」や英語の「dumpling」ではなく、日本語の「ギョーザ（gyoza）」として受け入れられるようになった。日本の焼き餃子は中国で主流の水餃子に比べて、機械で製造しやすく調理時間も短いので、欧米の飲食店でも導入しやすい［徐 二〇一八］。さらに餃子は、中身の具材を自由に変えられるのでアレンジしやすく、多民族国家のフランスでは宗教を問わず誰でも食べられる鶏肉が選択されることが多い。フレンチをベースとしたソースをかけて食べるアルファベットの「GYOZA」は、二〇一五年八月に東京・青山で開店した「GYOZA BAR Comme a Paris」で日本初上陸を果たし、二〇一六年一一月に青山骨董通りで日本初出店を果たしたフランスの冷凍食品専門店「ピカール（Picard）」でも販売されている。すなわち、中国北方を本場とする焼き餃子は、日中戦争後に中国大陸を懐かしむ食べ物から日本の「国民食」へと発展し、近年に日本食としてフランスに渡ると世界各国へと広がり、さらにフランス式の食べ物として再び日本に戻ってきているのである。

このように、中国料理を現地化する日本の人びとの創意工夫は、世界的にみても十分に称賛すべきものといえるが、すでに論じたように、その成果の一部は華人（中国系移民）を含む多様な人びとによるものだと考えることができる。さらに、中国料理の「国民食」化については、本章でみたように、日本以外の東・東南アジア諸国においても活発に進められてきた。日本人や日本びいきの外国人に過大評価されがちな日本人のアレンジ能力を、一度アジアから見直してみることには意義があろう。たとえば、台湾の人びとも、しばしば自分たちのアレンジ能力の高さを誇りとしている。

強調したいのは、日本を含む多くの国々の人びとが、中国の各地方料理の食材や調理法を自国料理に取りこみながらも、中国料理と差別化しながら自国料理を作りあげてきたことである。中国料理が世界各国でこれほど広まったのは、それが古くから中国国内で体系化されて中国国外に宣伝されていたからではなく、中国各地方の料理が伝播した世界各国において、華人とホストカントリーの人びとがともにアレンジを繰り返して、新たな人気料理ひいては「国民食」を創り出すことに成功したからである。そうした取り組みは、華人や中国文化をめぐるホストカントリーの社会・経済状況と密接に関連しながら進展して（あるいは進展せずに）、世界各国の「国民料理」に多様な個性を生み出した。

加えて、中国の地方料理が東・東南アジア諸国の「国民食」にアレンジされて、そのうちの一つである日本食のラーメンが「世界食」といわれるほど広く普及したのは、中国料理そしてラーメンがアレンジしやすく、多様なおいしさを追求できたからである。中国起源とされる食品のなかでも世界に広がりをみせる麺・餃子・豆腐・粥などは、いずれもアレンジしやすいという特徴がある。そしてラーメンや餃子は、ピザ・パスタ・サンドイッチ・ハンバーガー・寿司・おにぎりなどとともに、「プラットフォーム料理」、すなわち食べる側の好みに応じて自由にカスタマイズできる技術的な土台となる料理として論じられることがある［徐 二〇一八］。中国料理の麺や炒め物などは古典的な「プラットフォーム料理」であり、それから新たなおいしさを生み出そうとする料理人や開発者の情熱と創意工夫、そしてそれを尊重する良好なビジネス環境や政治・社会状況が、世界各国の「国民食」ひいては「世界食」の発展に貢献してきたといえよう。

〈主要参考文献〉

石毛直道　二〇一三『世界の食べもの――食の文化地理』講談社学術文庫。
伊東順子　二〇〇四「チャイナタウンのない国――韓国の中華料理店」『言語文化』（明治学院大学）第二一巻。
木村春子　一九八八「中国本土の食文化――地方別による料理系統とその特色」中山時子監修『中国食文化事典』角川書店。
木村春子　二〇〇五『火の料理　水の料理――食に見る日本と中国』農山漁村文化協会。
草野美保　二〇一三「国民食になった餃子――受容と発展をめぐって」熊倉功夫編『日本の食の近未来』思文閣。

周永河（丁田隆訳）　二〇一九「チャジャン麺・ロード——二〇世紀東北アジア、チャジャン麺流浪の旅」岩間一弘編『中国料理と近現代日本』慶應義塾大学出版会。
徐航明　二〇一八『中華料理進化論』イースト・プレス。
ソルト、ジョージ（野下祥子訳）　二〇一五『ラーメンの語られざる歴史——世界的なラーメンブームは日本の政治危機から生まれた』国書刊行会。
中村喬　二〇〇〇『宋代の料理と食品』中國藝文研究會。
西澤治彦　二〇一九「『中国料理』はいつ生まれたのか——『申報』に見える語彙の分析を通して」岩間一弘編、前掲書。
林史樹　二〇〇五「外来食の『現地化』過程——韓国における中華料理」『アジア遊学　特集世界の中華料理』第七七号。
山下清海　二〇一六『新・中華街——世界各地で〈華人社会〉は変貌する』講談社選書メチエ。
山脇千賀子　一九九六「文化の混血とエスニシティ——ペルーにおける中華料理に関する一考察」『年報社会学論集』第九号。
Chen, Yong 2014 *Chop Suey, USA: The Story of Chinese Food in America*, New York: Columbia University Press.
Esterik, Penny Van 2008 *Food Culture in Southeast Asia*, Westport, Connecticut: Greenwood Press.
Ichijo, Atsuko and Ranta, Ronald 2016 *Food, National Identity and Nationalism: From Everyday to Global Politics*, London: Palgrave Macmillan.
Liu, Haiming 2015 *From Canton Restaurant to Panda Express: A History of Chine Food in the United*

States, New Brunswick: Rutgers University Press.

Peters, Erica J. 2012 *Appetites and Aspirations in Vietnam: Food and Drink in the Long Nineteenth Century*, Lanham, Maryland: AltaMira Press.

Rosner, Erhard 2009 "Regional Food Cultures in China", in Holm, David (ed.), *Regionalism and Globalism in Chinese Culture*, Taipei: Foundation of Chinese Dietary Culture.

Sabban, Françoise 2009 "Chinese Regional Cuisine: the Genesis of a Concept", in Holm, David (ed.), *Regionalism and Globalism in Chinese Culture*, Taipei: Foundation of Chinese Dietary Culture.

Wong, Hong Suen 2009 "A Taste of the Past: Historical Themed Restaurant and Social Memory in Singapore", in Cheung, Sidney C. H. and Tan Chee-Beng (eds.), *Food and Foodways in Asia: Resource, Tradition and Cooking*, New York: Routledge.

第3章　ブラジルにおける日系人の食
――日本食の伝承と変容

小嶋　茂
Kojima Shigeru
移民史・移民研究

1　ブラジルと国民料理

ブラジルにおける国民料理は何かと考えた時に、そもそもブラジルに国民料理はあるのだろうか、という疑問は拭えない。なぜなら、ブラジルはさまざまなコントラストからなる国で、顕著な国内格差と地域的特徴があり、「平均的」という概念がその現実をうまく映し出さないからである。やや古い引用になるが、ブラジルの週刊誌『ヴェージャ』による人間開発指数に関する記事の中で、「ここはベルブリンジア」と題した特集が、ブラジルという国の特徴をよく表している[1]。ベルブリンジアとは造語で、ベルギー・ブルガリア・インドの三カ国をさす。つまり、ブラジルという国は、先進国であるベルギー、中進国のブルガリア、そして開発途上国のインド、この三タイプの国が共存したような国である、という趣旨の報告である。二〇年あまりを経た現在、その傾向は改善されてはいるものの、全体状況には変わりがない。日本の約二三倍の国土をもつブラジルは、その地理区分から五つの地域に分けられる。つまり、北部・北東部・中西部・

南東部・南部である。そして、この大きな五区分による自然や風土、住民、文明の違いは、その食生活に関してもかなりの違いが認められる。この五地域すべてに共通した、あるいは平均的な国民料理が存在するのか、たいへん疑わしい。本章ではこの課題はさておき、そのブラジルという国に渡った日本人移民が、どのように食の伝承を行い、また変容が起こっているかを検討する。

2　日系人の食の伝承

日系人の食の伝承を検証する手がかりとして、ここでは以下の三つの視点から考察を試みる。（1）日系人によるレシピ集、（2）日系ブラジル人の食事、（3）日系人の食における貢献、の三点である。

（1）日系人によるレシピ集

ブラジルにおいて日系人が残しているレシピ集は、基本的に日系婦人による日系人のために書かれたレシピである。ブラジルで生活していくための食に関する指南書として、あるいは農協や日系団体の婦人部が会員相互の交流や次世代への食文化遺産伝授を目的として書かれている。前者の例としては、一九三四年に初版が出版され、一九九七年に第一四版を数えている、佐藤初江著『実用的なブラジル式日伯料理と製菓の友』がある。その改訂版を年代順に追い確認していくと、以下の四つの特徴が確認できる。

①ロングセラーだが、内容の大筋には変化がなく、現在でも通用すること。
②コロニア語とよばれるポルトガル語混じりの日本語で書かれていること。
③日本食に関する食材や調味料が、その当時から日系人の間では入手できたであろうと推測されること。
④漬物類レシピに変化がうかがわれること。
それぞれ具体的に確認してみよう。

〈ロングセラー〉

六〇年以上にもわたり再版および改訂される書籍はたいへん珍しいだろう。その理由としては、同書が単なるレシピ集ではなく食に関する生活一般の指南書、いわば「食生活バイブル」となっていることがあげられる。すなわち、食事の際の心得から始まり、マナーやエチケット、日本料理のみならずブラジル料理のレシピまで、広範な内容を伝授している。さらには、現地で安価に入手できる材料で誰にでもできる料理の本となっていること。ブラジル人家庭に入り料理人として働く人にも十分に通用する、現地食文化に関する詳細な内容が含まれていること。こうしたことから、現地の文化にまだなじみの薄い移民の一世はもちろんのこと、移民社会からブラジル社会へと羽ばたく現地生まれの二世にとっても貴重な指南書となっていた。これらが長い間売れつづけた理由であろう。

〈コロニア語表記〉

コロニア語とは、ブラジルに渡った日本人移民およびその子である二世の間で使われていた、日本語にポルトガル語が入り混じったブラジル日系社会特有の言語表現である。[2] 現在ではコロニア語を使う人も数少なくなってきたが、現地の日本語新聞にはそうした表現が垣間見られる。同書に現れる具体的な例をあげると以下のとおりである。

「最初にアルマ・メーザをせねばなりません」（アルマ・メーザ⇓食卓の支度）

「まずガリンニャ一羽分をリンパします」（ガリンニャ⇓鶏、リンパ⇓（不要な部分を取り除き）きれいにする）

「ポンにマンテイガを塗ります」（ポン⇓パン、マンテイガ⇓バター）

「フリジデイラにアスカルと水を入れて混ぜます」（フリジデイラ⇓フライパン、アスカル⇓砂糖）

なぜこのコロニア語で書かれているか。それは日系人がふだん交わしている同じ言葉を使い、伝えるべき世代である二世にもわかりやすいように、という配慮からであろう。一世は現地化する中でしだいにポルトガル語語彙を使う機会が増えていき、二世は日本語を学習しているとはいえ十分ではない環境のなかで、その両者がコミュニケーションするうえで最大公約数的な言語表現がコロニア語になったといえよう。またそのコロニア語表現に表れる、以下のような食関係ポルトガル語は、間違いなく毎日の生活で頻繁に使われる食材であると推測される。

「アーリョ（ニンニク）」「アロース（米）」「ケイジョ（チーズ）」「レイテ（ミルク）」「レポーリョ

（キャベツ）」「セボーラ（玉ねぎ）」「バタチンニャ（ジャガイモ）」「フランゴ（鶏肉）」

〈食材・調味料の調達〉

本書の調理法説明で頻繁にとりあげられている食材や調味料、たとえば以下のようなものは、その当時確実に入手できたのであろうか、という疑問は浮かぶ。醬油、酒、味の素、わさび、ごぼう、大根、れんこん、しいたけ、かまぼこ、こんにゃく、油揚げ、昆布、かんぴょうなど。なぜなら、ごぼうや大根、れんこんといった食材が、ブラジルで広く知られるようになるのはずいぶん後で、少なくとも一九八〇年代以降であると考えられるからである。しかしこの疑問は逆の視点から考えると、もし入手困難なものであるならば、そのような食材を使ったレシピに関心を示す人は少ないはずである。手に入りにくい材料を使った料理本を大勢の人が求めるとは思えない。そのように考えると、前記の食材は日系人の間では、それほどの困難なく日常的に入手できたと判断して差し支えないだろう。これら食材の多くは、その当時ブラジル人一般にはまだなじみがなく、自分自身で栽培していた日系人も多くはなかったはずだ。しかし、知り合いや近くの日系農家からは容易に入手できたのであろう。フェイラとよばれる朝市に行けば、日系人の店で人目につく場所には置かれていないものの、尋ねてみれば後ろに取り置かれていたという。(3)筆者の個人的な経験からも、時代は一九八〇年代から二〇〇〇年代になるが、同じようなことを体験している。和食ブームが広がる現在、日本食を求める人びとは増大し、こうした食材はかなり広く知られてきており、スーパーなどでも普通に買えるようになった。

〈漬物類レシピ〉

北米日系社会で「タクアン貿易」という言葉が生まれたように、タクアンをはじめとした漬物は日本人の食生活にとって欠くことのできないものである。最近は消費が減ってきたともいわれるが、弁当を買えば間違いなく梅干しかタクアン、あるいはしば漬けといった漬物が添えられており、日本食には欠かせない。あまり食べないという人はいても、まったく食べないという人は珍しい。日系社会で作られるベントウにも、間違いなく漬物は添えられている。その漬物類のレシピが時代とともに変化している様子が同書からうかがえる。

具体的には、一九四〇年には「福神漬と塩漬」しか記載されていなかったものが、一九五五年には「粕漬・茄子漬・巻漬・沢庵漬・ラッキョの酢漬」など多数の漬物が紹介されている。そして一九八三年には、再び「福神漬とラッキョの酢漬」のみとなってしまう。この変遷が何を意味しているか、筆者は以下のように推測している。

①福神漬けとラッキョウの酢漬けは需要が高く、時代に関係なく日系人に好まれていると考えられる。北米ではいまだに福神漬けの缶詰が日本から輸入されていることを考えると、この事実はうなずける。両方ともにカレーライスに添えられる漬物であることも興味深い。

②一九五〇年代から六〇年代にかけては、戦後の混乱から日系人もしだいに本来の生活を取り

戻していった時期に当たる。さらには、戦後の新移民が試行錯誤し自分で何でも取り組んだ時代であったと考えられる。食に関しても、何でも自力で作ってみることが当たり前の時代だったのではないか。

③その後の時代、一九七〇年代以降は一世が減少し、二世への世代交代や食品製造業の発展もあり、手間暇をかけて家庭で作る習慣が薄れていった、と考えられる。しかし、そのなかでも福神漬けとラッキョウの酢漬け、とくに福神漬けが残っていることは、福神漬けへのこだわりというか、強い執着が感じられる。

(2) 日系ブラジル人の食事

ブラジルにおける日系人の食事を考える際のキーワードは、「食の二重構造」と「コロニア食」である。「食の二重構造」は、日系ブラジル人を代表する社会学者の斎藤広志が以下のように紹介している。

ブラジル食が多いか、日本食が多いかはさておき、日系家庭の食卓は二重構造になっている。サラダ皿の隣に漬け物があり、味噌汁といっしょに豆（フェイジョン）汁が出る。年老いた移民あがりの両親は、お茶碗と箸で食べ、その隣の席では子どもが大皿に盛りあわせた米飯とおかずを、ナイフとフォークで食べる。福神漬けだの、塩辛だの小瓶が並ぶのは、もちろん両親の前である。

このような二重構造は、お祭りや結婚式の宴会でも同様である。日本人の感覚では、御馳走といえば、刺し身、海苔巻き、いなりずしのほかに、こぶ巻きなどの煮しめがないとさびしい。だが、これだけでは二世三世にはもの足りないから、若鶏の丸焼き、ときには豪奢な子豚の丸焼き、大ぶりな肉の串焼き（シュラスコ風のもの）が登場する。マヨネーズをドレッシングしたサラダや、つまみものとして鶏肉入りのコロッケ、ひと口パイも欠かせない(4)。

このように、茶碗と箸を使うか、あるいはまた、大皿にナイフとフォークで食べるかという形の上での二重構造であると同時に、刺身など日本食中心であるか、シュラスコなどブラジル食が中心かといった食事の中身の二重構造でもある。しかし、ここで興味深いのは、「ゴハン」「ミソシル」「ツケモノ」である。この三語は、ブラジルはもとより各国の二世や三世もそのまま使い、もちろん個人差はあるが、一世と同様によく食べるものである。自分はあまり口にしないという人でも、親世代がよく食べるのでなじみ深い食であるといえる。こうした背景をよく表しているのが、コロニア食である。

コロニア食とは、コロニアつまりブラジルの日系社会において家庭で食べている食事のことをさす。前記の二重構造を反映した日伯双方の料理が混在した食事のことである。日系人の知人が典型的なコロニア食を作ってくれたのが写真1で、メニューは以下のとおりである。

・ポテトとオニオン添えのビーフ焼肉、フェイジョン、ファロッファ（マンジョカ粉）、ルッコラ（以上は、典型的なブラジル食）。

・オクラの味噌和え、ナスとピーマンの炒め物、キュウリの漬物、ラッキョウ、ご飯（以上は、日本食）。

・花梅《はなうめ》（ローゼル〔ビナグレイラ〕のガクを塩漬けしたもの。梅干しの代用として日系人が考案した。現在では販売もされているが、家庭で作る人もある）。

このうち、ご飯とフェイジョンはポルトガル語でアロース・コン・フェイジョン（arroz com feijão）という言い方をして、多くのブラジル人の基本食とされている。ただしブラジル人が食べるのは油飯であるのに対して、日系人は「白ご飯」という言い方をして、味つけを施さない炊いた米飯を食べる。ブラジル人が食べる基本的な料理を中心として、そこに日本的な工夫が施されている。

写真１　典型的なコロニア食の食事

（3）日系人の食における貢献

ブラジルにおける日系人の貢献は多方面で広く知られている。そのなかで食に関する貢献は一般の人たちにもたいへんわかりやすい。ブラジルのスーパーマーケットに行けば柿トマト（Tomate caqui）・日本キュウリ（Pepino japonês）・

日本ナス（Berinjela japonesa）・ふじリンゴ（Maçã Fuji）といった表記に出くわすであろう。ブラジルにおいて日系人は、野菜・果樹・花卉などの品種改良や新品種導入に多大な貢献を果たしてきた。味や外観がより優れたものを作り、それまでなかった新しい品種を紹介してきた。そのため、いろんな野菜や果物を食べる習慣が広まり、ブラジルにおける食生活が豊かになり、「日系人は農業の神様」であるとも評されてきた。柿（caqui）は、日系人が日本の品種「富有柿」を新しくブラジルに導入したもので、その名がポルトガル語語彙として定着した。種類もいくつかあり、チョコレート柿（Caqui chocolate）という品種まで出回っている。トマトももちろん、日系人のおかげで味や形の改良された品種が流通している。そのなかで柿のように甘いトマトが「柿トマト」として売られている。ナスやキュウリは従来のブラジル産品種とは異なる、小ぶりでおいしい日本産品種が「日本の」という形容詞が冠され流通している。リンゴは、周知の日本の品種「ふじ」がブラジルへと導入されたもので、その名が使われている。これらは、その名称から日本人移民により持ちこまれたことが誰の目にも明らかで、その貢献も広く認知されている。

このほか、アマゾン地域のアグロフォレストリー（森林農法）はたいへん注目されている。アグロフォレストリーとは、自然の植生を模倣し、畑から常に収穫が得られるように作物を組み合わせて栽培し、そのサイクルを繰り返す農法のことをさしている。トメアスー移住地を中心として、戦前アマゾン地域へ渡った日本人移民の伝統を受け継ぎつつ、戦後移民が新しく発展させ、二世が商業的に成功へと導いたもので、世代を超えた日系文化の創造だといわれている。そのアグロフォレストリーによる産物であるアサイー（Açaí）やカカオは、ジュースをはじめチョコレートなどが日本でも知られている。

このように現在でこそ、日系人の貢献により食生活が豊かになったブラジルだが、初期日本人移民は、さまざまな困難に直面した。野菜不足に悩んだ日本人移民は、手に入る材料を利用してさまざまな創意工夫を凝らした。梅干しがなかったことから前記の花梅を考案したが、梅干しがある現在でも、花梅は広く流通している（写真2）。パパイア（mamão）やシュシュ（chuchu 隼人瓜）といった身近な食材で代用し漬物も作っていたが、この伝統は現在も受け継がれている。この漬物つながりでいえば、同じようなことが他の日本人移住先、たとえばカナダでも起こっていた。戦時中日系人が強制収容された際、その収容所（ニューデンバー）の中でタクアンを懐かしみピクルスからヒントを得て漬物を作っていた。そのダイコン漬けが、収容所の名前を冠して「デンバー漬け」として受け継がれている。日系人が出版しているレシピ集の中にその作り方が紹介されている[5]。さらにいえば、ハワイにおける「スパムむすび」も日系人による創意から生まれた食べ物で、現在ではス

写真２　スーパーで売られている花梅

写真３　スパム缶詰

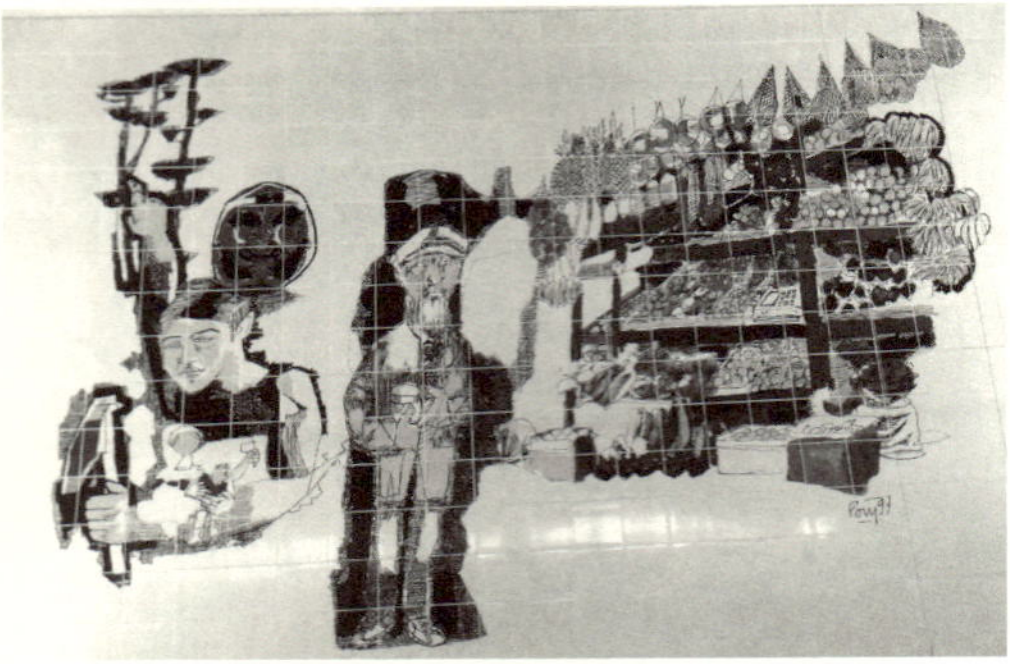

写真4　日本人移民を顕彰した壁画

パム缶詰（写真3）にその写真が掲載されるまでに一般化している。

話をブラジルにおける日系人の貢献に戻そう。その貢献は、野菜や果物の名称に残されているだけではなく、公的な空間における記念壁画としても顕彰されている。その好例がパラナ州クリチバの市営市場にあるフードコートの壁画である。著名な地元画家ポチー（Poty）の作品で、同市営市場の顔役だった日本人移民を中央にすえ、右には彼の店先、左にはよく知られたブラジル移民募集ポスターになぞらえたパラナ州開拓移民の姿を描いている（写真4）。

コーヒー農園における小作農の仕事を経て土地を購入し自作農となっていった日本人移民は、二世の進学とともに都市近郊へと移動し、近郊農業で活躍するようになる。その結果、公設市場や露天市において日系人の姿が際立つようになった。一九八〇年代に始まるいわゆるデカセギ現象以前は、この市営市場も日系人がその大半を占めていた。もちろん現在でも大勢の日系人が働いているが、その貢献を象徴的に伝えている。

3　日本食の価値転換と変容——揶揄の対象から尊敬すべきお手本へ

二〇一三年、和食はユネスコの無形文化遺産に登録され、今でこそ刺身や寿司は広く受容されている。しかしかつてはブラジルにおいても、日本食レストランといえばほとんど日系人が利用するだけで、非日系のブラジル人客は限られていた。それどころか、ブラジル人からは「ジャポネース・コーメ・ペイシェ・クルー!」(Japonês come peixe cru!日本人は生の魚を食べるぞ!)との言葉を浴びせられ、格好な揶揄の対象だった。それゆえ、魚そのものを避ける二世すら大勢いた。

こうした状況に転機が訪れるきっかけは、アメリカ合衆国上院栄養問題特別委員会報告書、いわゆる『マクガバン・レポート』だったといわれている。一九七七年に出されたこの報告書の中で、アメリカ人の慢性病は肉食中心の誤った食生活がもたらした食源病であることを指摘し、それを改善するための理想的な食事は日本食であると提言したのだ。この「健康的な日本食」という謳い文句が日本型食事と寿司ブームの起爆剤となっていった。そして、健康に高い関心をもつアメリカのエリート層のなかで日本食が広がると、それは飛び火してブラジルの上層階級にも伝播していった。その兆候が顕在化するのは一九九〇年代以降のことである。こうして、それまでは揶揄や軽蔑の対象であった日本食は、尊敬すべきお手本へと価値転換が起こった。

(1) 日本食の広がりとローカリゼーション

日本食初心者は、最初から寿司をつまむわけではない。ブラジルの場合は、手始めに鉄板焼き、そして天ぷら、焼きそば、この順になる。ここまではすんなりと進める。そして、その後に勇気を出して、寿司や刺身ということになる。生の魚に抵抗がある人は、やはり躊躇する。そして当然のことながら、当初は Sushi や Sashimi と言われても誰もわからない。そこでメニューには、括弧書きで説明がなされていた。たとえば、以下のとおりである。

Sashimi（Fatias de peixe cru variados）「刺身（生魚のスライス盛り合わせ）」

Sushi（Arroz com fatias de peixe cru）「寿司（生魚のスライスのせご飯）」

もちろん現在では、こうした説明は不要で、誰もがそれは何かを理解している。ちなみに、Bentô（弁当）や Teishoku（定食）も現在では説明書きなしで使われているが、それぞれ以下のように表記されていた。

Uma refeição individual servida em uma caixinha「小さな箱に入れられた一人用の食事」

A tradicional refeição é formada por diversas porções, com geralmente três itens fixos: "gohan"（arroz）, "missô shiru"（ou outro caldo）e "tsukemono"（conserva）「ご飯・味噌汁・漬物を基本としたさまざまなおかずからなる伝統的な料理」

日系人の間での基本品目である「ゴハン・ミソシル・ツケモノ」の三品がそのまま音訳で使われていることも、その浸透度合いをうかがわせる。

（2）ポルトガル語語彙への受け入れと造語

こうした日本食に関する料理名をはじめとした日本語音訳表記が進んでいることは、その受容が進んでいることを示し、ポルトガル語語彙としての採用も確認できる。サンパウロにあるポルトガル語博物館展示では、外来語としてポルトガル語に入った言葉が紹介されており、日本語は一一語確認できる（二〇一三年時点）。そしてその中に「酒（saquê）」と「寿司（sushi）」が含まれており、この二つはブラジルで広く認知されていることがわかる。

そのほか、ポルトガル語辞書には載らないものの、明らかに日本食から取った造語がみられる。ブラジルではヤキソバ（Yakissoba）が大流行し、日本食レストランにおいて食べるだけではなく、非日系人が調理し、家庭において自分で作る人たちも増えてきている。ある意味で、寿司以上の広がりを見せている。そんななかで、Yakissobateria なる店舗が登場した。語尾の -teria は、何々屋の「屋」を表す接尾辞で、文字どおりなら「ヤキソバ屋」という意味になる。ところが、このヤキソバ屋のメニューを見ると、「焼き飯・トンカツ・カレーライス・ラーメン・中華丼・ベントウ・スシ・ギョウザ etc.」とあり、要するに日本食屋さんである。つまり、人気のある日本食の一つであるヤキソバの名を冠した、日本食屋なのである。

これはヤキソバに限らない。Sushi を店舗名に冠したレストランは数多くあるが、その多くは日本でいう寿司屋ではない。そこでのヤキソバやスシは、いわば日本食の代名詞として使われており、そうすることで客にわかりやすく訴えているのだ。

(3) 流行としての日本食と味のローカリゼーション

日本食の流行はどこまで進んでいるか。日本食が提供される場所を調べてみると、その人気の高さがわかる。一つは大規模書店内のカフェ、そしてもう一つはバーベキューレストランや量り売りレストランである。

サンパウロ市内ダウンタウンにあるリブラリーア・クルトゥーラ(Livraria Cultura)は、日本でいえば紀伊國屋書店や丸善にあたる大規模書店である。おそらくブラジルで一番大きな書店の一つである。その書店内のカフェでは購入前の本を手にして、コーヒーを飲み、軽食をとることができる。サンドイッチやパスタ、ケーキなどが並んでいる。そしてそこには、今では何とパックに入ったスシまで置かれている。スシを食べながら本の品定めができるわけである。日本にそのような場所はあるだろうか。少なくとも私には覚えがない。

シュラスカリーア(churrascaria)は、シュラスコというブラジル風焼肉を提供するバーベキューレストランで、ブラジルではその数が一番多いといわれてきた。ところが、今では日本食レストランがその数を上回ったらしい。そして、そのシュラスカリーアでも、スシが必ずといっていいほど用意されている。スシのないシュラスカリーアを探すのが難しいくらいである。また、サラダ類から魚や肉、パスタからスナックおよびデザートまで、あらゆる食べ物を取り分けたその重量で支払う仕組みの、ポルキロ・レストラン(Restaurante por quilo)とよばれるレストランがブラジルではたいへん人気がある。そのポルキロ・レストランにおいても、スシは間違いなく置かれている。つまり、スシだけを食べるのではなく、食事の中にスシがいわばおかずのようにして、常連食として入りこんでいるのだ（写真5）。

こうしてブラジル人の食生活の一部となった日本食、とくにスシは日本のそれとは少し、あるいはかなり、その様相を異にしている。シュラスカリーアで提供されるスシの多くは、フルーツのり巻きやスシ・テンプラである。そのほかにも、スイーツ・スシやチョコレート・スシ、スシ・ピザなどがあり、日本人にはなじみがないものが多い。

写真5　ポルキロ・レストランで取り分けた料理

これがはたして寿司か、という疑問を抱く人もいるであろう。しかし、こうしたスシを食べておいしいと思う人が大勢おり、それで十分に商売が成り立っている。今やスシ（Sushi）と銘打てば何でも売れる時代が到来している。それゆえに、日本食レストランにもスシ表記があふれている。店舗の名称もSushi Bar, Sushi Home, Sushi Train, Sushi Library などスシ・オンパレードである。つまり、日本食を食べたことのないブラジル人にとっては、それがブラジルのスシであるか、日本の寿司であるかは、あまり関係がないのだ。自分にとっておいしければそれでよいのだ。そして、スシはあくまでも食事の一部で、いわばおか

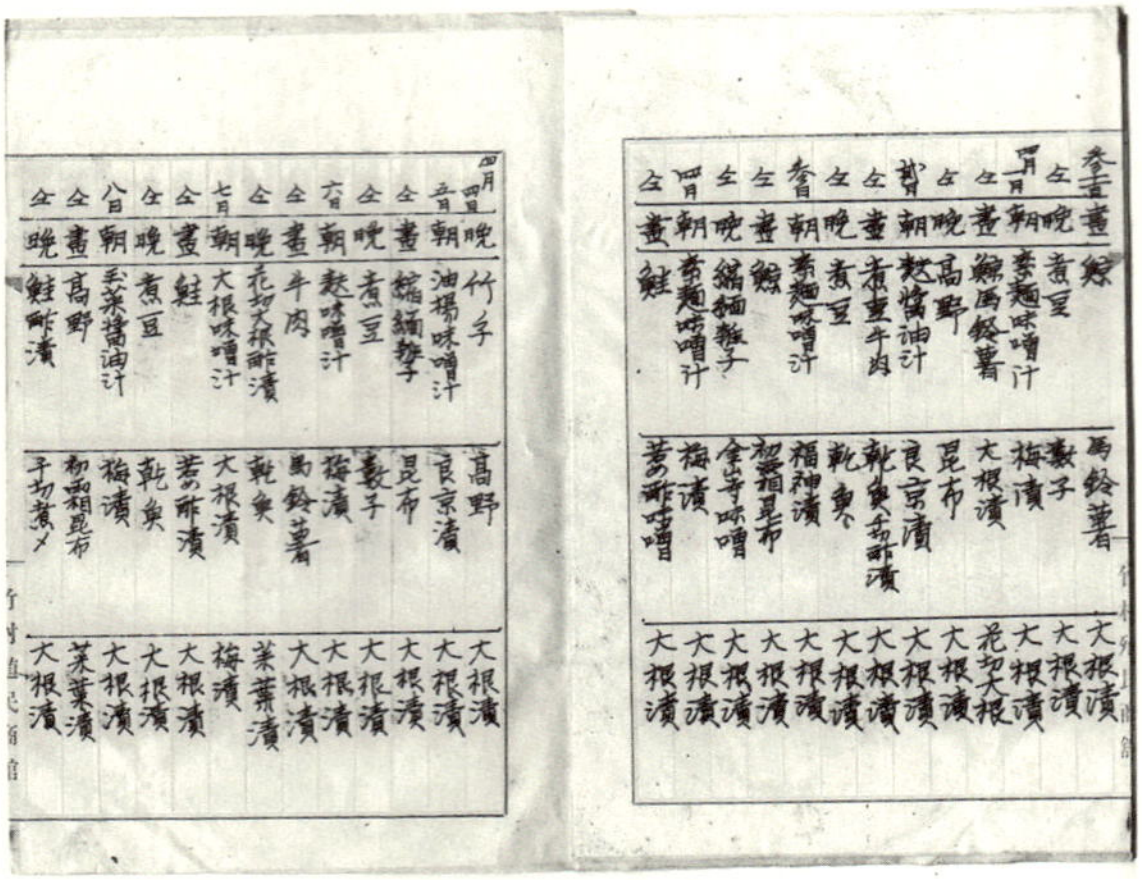

写真6　移民賄献立表　年代不詳
（高知県立歴史民俗資料館蔵）

ずやデザートである。メイン・ディッシュではないのだ。ここが日本の正統派の寿司と違う点である。

4　日系人は何を食べてきたか

日系人は何を食べてきたかを考えるうえで、ここに一つ興味深い資料がある。移民船における賄《まかない》献立表である（写真6）。戦前において南米へ渡った日本人移民は、四〇日から六〇日かけての船旅を経験した。その移民船で出された食事の献立である。年代は不明であるが、戦前であることは間違いなく、三月一日から四月一九日まで五〇日間の朝昼晩三食の献立が記載されている。一食当たり三品が基本であるが、二品の日もある。そのうちの一品は一目瞭然、「大根漬」である。他の漬物のこともあるが、圧倒的に大根漬である。そして、一日に一食は三品のうち二品が漬物である。そして次に多いのが味噌汁で、一日に一回朝の食事で提供される。

この献立から推測するに、日本人の基本的な食事は、ご飯・漬物・味噌汁であったことは間違いないだろう。そしてこのことからも、現在にいたるまで日系人の間でこの三品が日本語のままで伝えられているわけが、十分うなずけるのである。

5　伝承と変容

日本の伝統的な食事は、しっかりと日系人に受け継がれている。その一方で、現地の環境に適応する形で、さまざまな変容も起こっている。そして、日系人とは別ルートで入った日本食は、独自の発展をとげている。ブラジルにおけるスシ人気とその広がりを目の当たりにすると、本家と分家の関係を思い起こす。本家は本家としての本道を進み、分家はクリエーターとしてその創造力を発揮する。スイーツ・スシやチョコレート・スシは寿司ではない、日本食ではないと言ってもらちがあかない。否定をしたところで、どんどん広がりを見せており、また本家にできない魅力を開拓しているわけで、クリエーターとしての仕事を認めるべきであろう。本家はクリエーターが真似のできない本道を極めるのみである。ちなみに、スイーツ・スシは、目をつぶって食べてみると、私には想像していたよりおいしかった。日本にも甘いおはぎがあり、甘い寿司があってもおかしくないのかもしれない。

バーベキューレストランや量り売りレストランでのスシを見て感じるのは、これは「いいとこ取り」の発想だということだ。何でもよいもの、好きなものは取り入れてしまおう、一緒にしてしまおう、という発想である。固定観念にとらわれないという側面もあるが、これは日系人というよりも、ある意味ブラジル人的発想かもしれない。このことを考えた際に思い出したのが、同じサンパウロで見た招き猫である（写真7）。

写真7　サンパウロの日本人街で売られていた招き猫

土産物として売られているが、日本人的な発想からはとうてい思いつかないものである。招き猫であるはずが、そこにはダルマも、打ち出の小槌も、七福神でさえも、一体となって同居している。日本人からすると受け入れ難いが、たいへん面白い。異なるものでも、よいものならば一緒にしよう。これこそが「いいとこ取り」オールスターであり、ポルキロ・レストランの発想に通じている。要するに、受け手側や客側のうれしいやおいしいが大前提で、受け手が喜ぶことが一番大切なのである。

〈注〉

（1）[Evelin 1996]。人間開発指数（ＨＤＩ）とは、国連開発計画（ＵＮＤＰ）により国の開発度合いを測るための指標として一九九〇年に考案されたもので、平均余命・教育・所得に関する複合統計からなり、この三つの側面に関する達成度を示している。

（2）コロニア（colônia）とはポルトガル語で、英語のコロニー（colony）にあたり、自作農集団地いわゆる「植民地」をさす。また、第二次大戦後ブラジルの日系人は、自分たちのコミュニティ、日系人社会をコロニアとよぶようになった。そしてそこで使われるポルトガル語混じりの日本語をコロニア語とよんだ。

（3）［斎藤 一九八二］。斎藤は幼い時（一九三四年）に家族とともにブラジルに移住した一世。

（4）注（3）文献、一六八頁。

（5）［Japanese Canadian Cultural Centre 2011］。

〈参考文献〉

斎藤広志　一九八二「ブラジル日系人の食事」『週刊朝日百科 世界の食べもの56　南アメリカ1　アマゾニア、ブラジル』朝日新聞社。

佐藤初江　一九九七『実用的なブラジル式料理と製菓の友』サンパウロ：宮本書店。

Evelin, Guilherme 1996 Berbulíndia é aqui, *VEJA*, 1996.6.26.

Fajans, Jane 2013 *Brazilian Food: Race, Class and Identity in Regional Cuisines*, London, New York: Bloomsbury Academic.

Japanese Canadian Cultural Centre 2011 *Just Add Shoyu: A culinary journey of Japanese Canadian cooking*. Toronto: Japanese Canadian Cultural Centre.

第Ⅲ部

日本における「国民料理」

第*1*章　「日本料理」の登場
——明治〜昭和初期の文献から

東四柳祥子
Higashiyotsuyanagi Shoko
食文化史・比較食文化論

本章では、近代国家成立時の明治大正期の日本にフォーカスし、これまでに継承された伝統を重んじながらも、異国の食文化に多くを学び、これからの「日本料理」のあり方を模索した先人たちの思考の系譜を解き明かすことを目的としている。とくに日本の近代は、開国後に交流が始まった諸外国との比較を通し、新しい時代に根ざした「日本料理」の定義の構築に挑んだ画期でもある。なおこうした自国料理創出へのまなざしは、日本における国民料理誕生の萌芽となり、伝統と異文化の融合を軸に、新しい「日本料理」の洗練と一般化に目を向ける先人たちの動きにも拍車をかけていった。

いっぽう近代とは、出版物を通じて、国民国家形成に必要な知識や情報が社会で享受された時期でもある。よってここでは、啓発・普及に貢献したと思われる出版物（おもに料理書）の主張に焦点を当て、国民料理として議論された「日本料理」創出の経緯を詳らかにすることを主題にすえたい。

1　語られた「日本料理」の特質

日本の書籍の中で、「日本料理」という言葉が初めて登場するのは、一八八〇年代である。『日本支那西洋料理独案内　附礼式及食事法』（一八八四年）、『日本西洋支那三風料理滋味之饗奏』（一八八七年）、『西洋朝鮮支那日本料理独案内』（一八八九年）などの料理書の中で、「西洋料理」

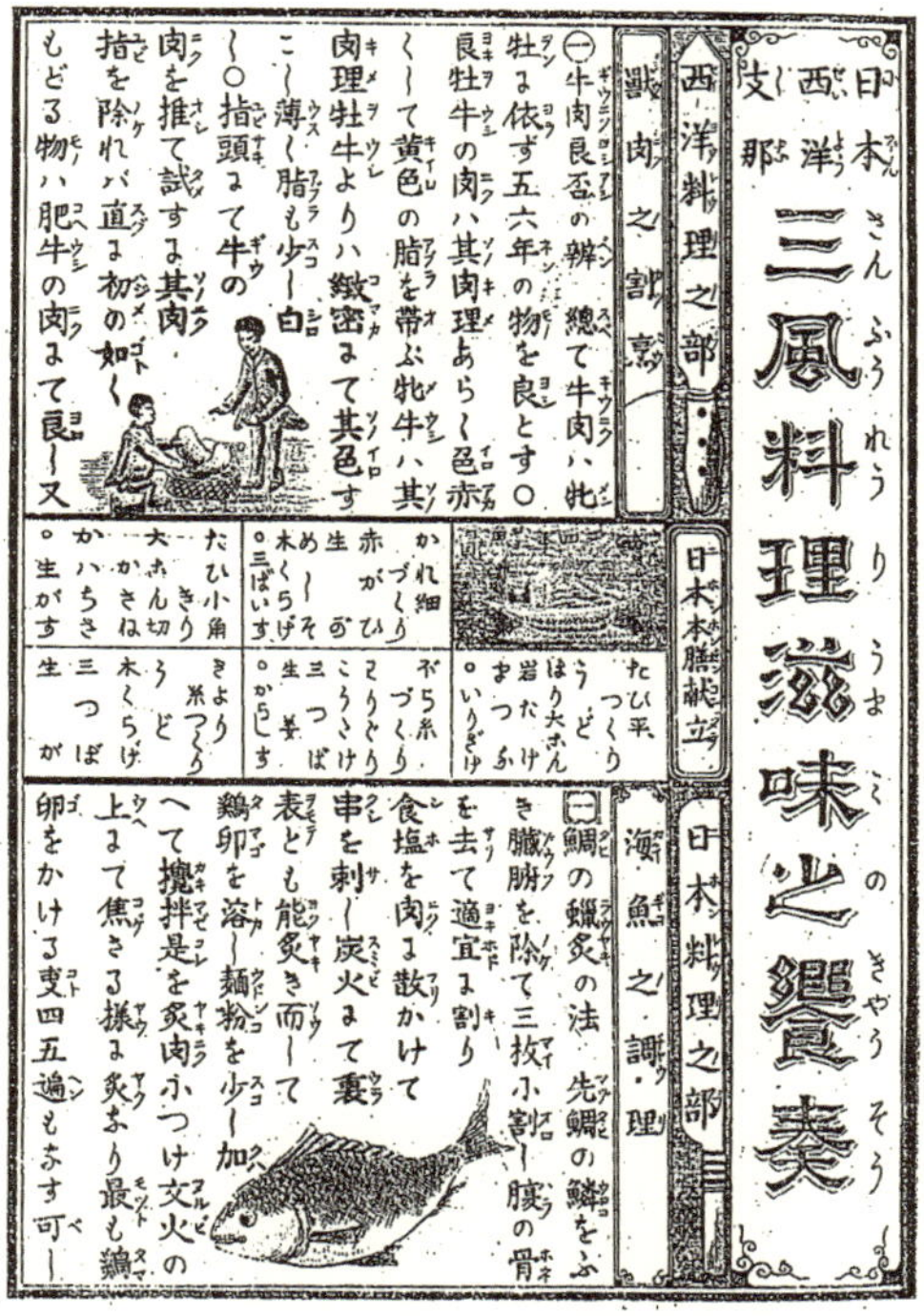

図1　日本料理と西洋料理
出典：『日本西洋支那三風料理滋味之饗奏』1887（国立国会図書館蔵）

「支那料理」に対し、「日本料理」と称した分類が登場する（図1）。なおこの時期の「日本料理」の記述は、江戸期の料理書からの焼き直しであり、新たに著されたものではなかった。つまり、もともと存在していた料理に、他国料理との区別の必要上、「日本」という名称を付したにすぎない。

さらにこの時期の「日本料理」には、異国の料理と比較して、鍛錬が必要なものというイメージがあったことがわかる。たとえば『西洋朝鮮支那日本料理独案内』を編纂した飯塚栄太郎は、「日本料理」は労力と時間をかけなければ、「好結果」を得られない料理であるとの考えを示している［飯塚 一八八九］。なお「日本料理」会得の難しさにふれる記述は、家内領域の食事作りに従事する女性たちを読者対象とした書籍の中でも論及された。

一八九〇年代に入ると、「日本料理」の特質について詳述する料理書が相次ぐようになる。たとえば『素人料理 日用惣菜之栞』（一八九三年）所収「第一章 日本料理の沿革」では、江戸期までの古術口伝に則りながら、「日本料理」習得の必須要件に、「取合せの心得」をあげている［川辺 一八九三］。とくに取合せを重視する「日本料理」の趣向は、この時期の料理書において、ことさら強調された。なかでも『賓客饗応年中雑菜日用料理案内』（一八九四年）の著者・清楼軒主人は、「献立とは取合《とりあはせ》の事なり」と語り、献立の心得への通暁こそが「日本料理」熟達の要であり、味、色、形、調理法、食感、季節の取合せを吟味し、食事作りに向き合うべきとする考えを明らかにしている［清楼軒主人 一八九四］。

またここでの献立は、四季別に旬の食材の組み合わせ方を明記した四季献立というスタイルで展開するが、そのほとんどは江戸期の料理書にみえる四季献立の引用を「日本料理」として紹介したものであり、ここでもまだ江戸料理書の内容を「日本料理」と呼称していた傾向が指摘できる。

なお四季献立は、同時期の女性読者対象の書籍においても採用された。たとえば『婦女手芸法』（一八九三年）には、裁縫同様、「料理献立の術」に精通することが重視され、本来「客式」の「日本料理の献立」は、「大抵自家に於てはよくし難き」「割烹家専門の業」によるものであるが、「一家の主婦たるもの」もその習得に努めるべきと打ち出されている［須永 一八九三］。いっぽう『料理手引草』（一八九八年）の著者・下田歌子は、気候、取合せ、賓客の健康状態などに応じた献立作成をうながし、彩りや切り方などの取合せのバランスにも丹念に気を遣いながら、美しく仕上げることを指示している［下田 一八九八］。

つまりこうした記述からは、明治前期の「日本料理」イメージには、江戸期同様、見栄えと季節感にこだわる料理ととらえる印象があったことがうかがえよう。さらにその習得の難しさが強調される状況から見てとれるように、プロの料理人たちの世界で研鑽が繰り返されてきた高尚な料理と考えられていたことも付記しておきたい。

2 主婦と「日本料理」

ではなぜプロの料理人の世界で共有された知識や技能の習得が、主婦たちに期待されたのか。当時の書籍から、その状況を繙いてみると、この時期の主婦たちは仕出し屋に頼らず、経済的な惣菜や酒肴の調理に励むことが課題とされ、自らが抱える使用人たちを適切に指導することが求

図２　明治期の主婦と使用人
出典：河鍋暁斎画、『素人料理年中惣菜の仕方』（1893）所収（味の素食の文化センター蔵）

められる状況にあったことがわかる（図２）［東四柳 二〇一三］。それゆえ女性読者を対象とした書籍では、生活レベルを考慮しながら、不意の来客時に対応できる経済的な客応料理のみならず、飯と汁に煮物や焼物、平《ひら》などのおかずを組み合わせた伝統的な食事形式に則った日常食の実践が推奨された（また使用する調味料には、塩、味噌、醤油、酢、いり酒などの伝統食品が列挙され、だしの取り方から魚や野菜の煮方、漬物製法などが習得すべき基本事項として紹介された）。

しかし、一八九〇年代中頃より、これまでの取合せや季節感の配慮に加え、健康面への影響を考慮した料理の重要性について説く家政書や家庭向け料理書が増加する。つまり新しい「日本料理」イメージを構築する動きは、プロの料理人のための料理書というより、むしろ女性読者を対象とした書籍で展開するようになる。たとえば『新編家政学　下巻』（一八九四年）所収「日本料理法」では、近代以降に導入された衛生学や西洋医学に学んだ食事作りのノウハウが詳述されている〔山崎　一八九四〕。つまりここでは、消化のよさ、滋養分、衛生面を考慮しながら、調理に向き合うことを薦める姿勢が貫かれており、従来の見た目重視を脱却した新しい「日本料理」イメージが切望された様子がうかがい知れるのである。

3　二つの「日本料理」改良論

さて家庭内からの改良が本格化していくなか、興味深い新日本料理論を展開したのが、村井弦斎と山方香峰であった。

写真1　村井弦斎とその妻・多嘉子（平塚市博物館蔵）

明治期のベストセラー小説『食道楽　秋の巻』（一九〇三年）には、生理面、衛生面ともに、日本よりもはるかに研究が進んでいる西洋料理に範を求めた著者・村井弦斎の主張がみえる（写真1）。村井の言葉を少し紹介するならば、「是れから先も益々奮て各国料理の粋《すゐ》を抜かなければならん、世界中の料理を日本化して日本風の西洋料理を作り出さなければならん、それには何うしても西洋料理を土台として日本料理や支那料理の長処を其中へ混化して行くのが得策だらうと思ふネ」とあるように、西洋料理や中国料理の「長処」を反映させながら、自国料理を発展させることの必要性が説かれている［村井 一九〇三］。

しかし、村井が描く「日本料理」イメージについては、食事法において、少々否定的な見解も示されており、次のような主張も確認される。

> 僕は日本風の食事法を以て最も有害なものと思ふ、何となれば日本料理は酒を飲む為めに出来て居るので飯を食べる為めで無い、その証拠に副食物《さい》の事を酒の肴と云ふではないか、中には爾《さ》うで無いものもあるけれども重《おも》なる日本料理は酒の肴だ、その肴を一度に四つも五つも並べて主人と客は小さな盃でチビ〳〵と酒を飲みながら三時間も四時間も膳の前に坐つて居る、実に野蛮風な食事法と云はねばならん［村井 一九〇三］。

このように異文化との接触を通し、自国料理を客観的な目でみつめる動きがみられるようになるのも、一九〇〇年代以降の特徴といえる。実際、開国後に富国強兵をスローガンに掲げた近代日本国家は、新しい食生活モデルの範を西洋諸国に求めるようになる。そして本質的に異なる西洋食文化の理解に思案した結果、たどり着いた技法が、日本の食材や調味料で折衷化を図るという試みであり、やがて考案された種々の折衷料理が定番化の途をたどっていくことになるのである。

いっぽう村井の主張を引き継ぎ、自論を展開したのが山方香峰である。山方が手がけた『日常生活 衣食住』（一九〇七年）所収「日本料理」には、日本、韓国、中国の料理を日本人の味覚に合うようアレンジし、「日本趣味」として定着させた料理を「日本料理」と定義する著者独自の声が示されている。

同書で山方は、「将来の日本料理」として、前掲の村井の主張に依拠しながら、酒肴よりむしろ惣菜料理の発達が著しい中国料理とは異なり、日本では「料理は凡て酒飲みの口に可様に出来て居る」とし、「酒を飲まぬもの」には「少しの趣味」もなく、「飯の菜は何でも腹に埋まればよい、旨い物は酒の上で喰べるもの」という「誤つた理窟」が通用していたことが、「日本料理」の問題点であると言及する。さらに山方は村井の考えを継承しながら、「吾人の希望は許《かく》の如く、従来淡白のみを主として滋養を主とせざりし日本料理の欠点を改め、嗜好と営養とを両立せしめ、又酒席の下物として発達せしものを夏飯《かはん》的料理となし、こゝに日本料理将来の原則を定めんと欲するなり」と語り、中国料理や西洋料理との折衷料理の提案のみならず、「日本料理の営養分を倍加する手段」「新なる邦人の嗜好に従ふもの」として、「肉類の利用」にも興味を示している〔山方 一九〇七〕。

実際同書が出版された一九〇〇年頃には、さまざまな肉類の料理法を収録する家庭向け料理書も増加する。日本人の味覚に合わせたレシピが方々で模索されるなか、村井弦斎の妻である村井多嘉子も、自著『弦斎夫人の料理談』第二編（一九〇九年）において、醤油や味噌など日本人になじみのある調味料で調味した「牛肉の日本料理」を数種紹介している。ともあれ、こうした料理書執筆者たちの数々の提案もまた「日本料理」イメージの改変に大きく寄与していったものと思われる。

また山方は前掲書において、「日本料理特色の保存」と称し、重視すべき特徴に、「一　配膳の方式なり」「二　器具の清潔及美麗なり」「三　食味と器具の色の配合なり」「四　食味の色の配合なり」「五　食味の独立なり」「六　魚肉蔬菜の配合なり」「七　色味の淡泊なり」の七点を掲げている。なかでも「食味の色の配合」こそ、「尤も日本料理の特色として見るべきもの」であり、「日本料理の殆んど美術的一面を具ふる特性の一」と評価する。取合せを重んじ、美的感覚にこだわる目線は、これまでにあげた著者たちの主張とも共通するものとなっている。

4　批判された美観重視主義

一九一〇年代になると、今度は「日本料理」の特質を冷静にみつめる著者が登場する。海軍軍人・市川節太郎は、自著『東西接待法要訣』（一九一二年）所収「日本料理献立」において、異文化受容にともない、変貌をとげつつある「日本料理」の様相についてふれながら、外観美に過度に固執する「日本料理」の伝統に疑問符を投げかけている［市川 一九一二］。

とくに大正期に入ると、「日本料理」への批判的なまなざしは、家政書などの女性読者向け書籍において、一層熱を帯びることとなる。たとえば『日常衛生若き婦人の心得』（一九一七年）や『家庭実修女子大学』（一九一八年）では、おいしさや滋養面、衛生面などより、美術的な技巧や体裁に執着しがちな「日本料理」の特質をはっきりと否定している［吉岡 一九一七、石上 一九一八」。

なおこうした「日本料理」批判論は、種々の随筆の中でも展開されるようになる。政治家・尾崎行雄は、自著『咢堂漫筆』(一九二三年)所収「日本料理の特色」において、「一見した所では、日本料理ほど綺麗に美しいものはなからう。支那料理、トルコ料理は、いふに及ばず、フランス料理といへども、その見かけは日本料理に及ばない」と比類なき「日本料理」の美しさを評価しながらも、「併し食つて見ると、見かけほどにうまくないのみならず、滋養分はドコの料理にくらべても最も少ない。元来日本料理は、目を相手にして作つたもので、舌を目的にしたものではない」との主張からもうかがえるように、「支那」や「西洋」に比べ、美味しさや滋養に無関心になりがちな様子を懸念する考えをみせている[尾崎 一九二三]。いっぽう同時期に『美味求真』(一九二五年)を著した美食家・木下謙次郎も、「日本料理に付ての苦情」と題して、「日本料理は「食味の上にも、栄養の上にも主義として徹底したるものを見出し得ず」「兎角に料理が小巧粉飾により外観を衒《てら》はんとする矯揉の痕《あと》多く」と、外観美重視に走りがちな「日本料理」の特質に明確な苦言を呈している[木下 一九二五]。

さらに同時期の家庭向け料理書の中でも、「日本料理」への批判は盛りあがりをみせるようになる。たとえば『栄養料理法』(一九二三年)を著した料理研究家・一戸伊勢子は、同書所収「従来の日本料理」において、美観重視主義に拘泥しがちで不経済な「日本料理」を非難し、「食品自然味の無視」「調味料の用ひ方順序」「材料の使ひ方を考へない無駄多き料理」「外観美と過度の技巧」といった改良すべき四つの短所について詳述している［一戸 一九二三］。とくに一戸は、これまでの「日本料理」に「食品本来の味」を生かす料理法がなかったことを憂い、新たに導入された科学的知見に基づきながら、「養分があつて美味しく、且つ経済的で消化吸収のよい」食事作りをめざすことが、今後の課題となりうるとの自身の考えを打ち出している。

5 提案された「日本料理」レシピ

さていったんここで、料理書で使用された「日本料理」の語彙範囲に迫ってみたい。一九〇〇年代には、「日本料理」と冠した日本初の家庭向け料理書『日本料理法』（一九〇七年）が出版される（図3）。同書には、著者・赤堀峰吉らが主宰する赤堀割烹教場考案の家庭料理レシピが食材別に採録されている。なお同書の緒言には、「健全な料理」に欠かすことができない「料理の三訣《さんけつ》」として、材料の精選、冗費の防止、調味の塩梅が掲げられている［赤堀ら 一九〇七］。また近代以降、家庭生活に入りはじめた牛肉や豚肉など肉類の付焼、塩焼、酢味噌和え、佃煮、味噌漬といった折衷料理のレシピも多数収録され、バターなどの乳製品は使用せず、醤油、味噌、酢、味醂、酒、粉山椒、鰹節などの伝統調味料を用いつつ、家庭にある調理器具での実践をうながす配意もみえる。

さらに一九一〇年頃より、家庭向け料理書のみならず、女性読者を対象とした諸種の書籍においても、自国料理の改良を叫ぶ具体的な提案が散見されるようになる。たとえば、家政書『女子座右之銘』（一九一二年）では、「日本料理」の「四要素」として、「一　眼に見て味の美を感ずること」「二　実際食して味の美なること」「三　精神を爽かにすべきこと」「四　滋養を供給すべきこと」をあげている［小出　一九一二］。つまりこの時期には、眼で楽しむ特徴を固持しながら、新鮮な食材の使用やおいしさへの配慮のみならず、消化のよさや滋養分に注意を払うなど、健康面への影響にも言及する書籍が増加する。昨今、体に優しく、健康的とのイメージが定着した「日本料理」であるが、これまでの種々の主張を総括しても、近代以降に新しい特徴として見直されたことが改めて確認できよう。

さて新しい「日本料理」のあり方が方々で議論されるなか、大正期に入ると、「日本料理」と冠する料理書の中で、食材の使用にも幅がみられるようになる。たとえば、石井泰次郎著『日本料理十二ヶ月』（一九一四年）には、「明治の出版本は益《やく》に立ぬ物多し」「料理店職人の寝そべつて楽しみに見る白人《はくじん》（素人《しろうと》に非ず）の書いた料理本は只一時の流行品《はやりもの》」などとこれまでの料理書を揶揄し、日本の家庭にそくした月ごとの模範献立のみならず、重視すべき儀式料理の解説なども収録されている［石井　一九一四］。

著者の石井泰次郎とは、旧幕府諸藩料理師

図３　『日本料理法』（六版 1912）
（味の素食の文化センター蔵）

範・宮内省大膳職庖丁師範を務めた石井治兵衛の嫡男である。國學院大學の前身の私塾で学んだ後、家職を継ぎ、大日本割烹学会の創設、全国同盟料理新聞社の料理顧問などを務め、近代以降のわが国の食文化発展に大きく貢献した。なお石井家は四條流の流れを汲む家系ゆえ、父・治兵衛は、明治期までの料理の沿革、由緒ある料理流派の系譜、さらには伝統的な饗応献立や配膳図を収録した『日本料理法大全』（一八九八年）を完成させた傑物である[1]。

こうした家系ゆえ、息子・泰次郎の『日本料理十二ヶ月』もまたおもに日本の食材や調味料を使用することを前提に、煮物や和え物、焼き物、蒸し物といった古来の調理法をベースに提案されたレシピが主たるものとなっている。ちなみに同書で西洋の食材を使った折衷料理としては、バターを使った「松茸のけんちん蒸し」、ジャガイモやイチゴを使った「いちご和の馬鈴薯」といった奇妙なレシピがわずかに登場するのみであった。

しかし、同時期に赤堀峯吉らによって出版された家庭向け料理書『家庭日本料理法（四版）』（一九一九年）には、さまざまな西洋食材の使用が認められ、「蛤のスチー煮」「蛤のカレー煮」「人参サラダ」「長芋コロッケー」「豚肉のコロッケー」など多くの洋風日本料理ともいうべき折衷料理が含まれるようになる。さらに広島で発行された『折原式日本料理独学』（一九二〇年）においても、「芋のバター焼き」「ハム飯」「グラスカスター」「まかろにの仕方」「トマトソース」「野菜スープ」「鮭ケーク」などといった折衷料理や西洋料理が「日本料理」として紹介されている。つまり大正期には、地方出版の料理書においても、「日本料理」の範疇に西洋の食材や調理法を包括する傾向があったことが、ここで理解されるのである。

6　行事食へのまなざし

女性執筆者で初めて「日本料理」という用語を冠した料理書を著したのは、奈良女子高等師範学校教授・越智キヨである。越智は、自著『家庭日本料理』（一九二二年）において、伝統的な饗応献立、日常献立のみならず、食材別のレシピ考案や「経済的保健食料」に則った献立例の提案、さらには行事食、栄養学に関する知識を詳述することで、体系的な料理書の執筆に尽力した。

さらに越智は「食物は必ず心に影響する」と題し、行事食を家族で共有することの大切さを強調しながら、三二種の行事食についての解説を試みている。また「食物は種々な意味を持つて居る。其の意味を充分に達するには、よく食物と云ふものに就て研究を積む必要がある」と語り、家庭団欒の礎となる行事食への理解が、家庭文化成熟の要になるとの想いも吐露している〔越智一九二二〕。

なおちょうどこの頃に起こった生活改善運動においても、「暦及び年中行事の統一」は課題とされた。それを受け、生活改善運動の概要をまとめた『生活改善の栞』（一九二四年）においても、太陽暦を重んじ、全国共通の「暦日」を設定することが国民的意識の統一につながるとする議論があったことが示されている〔生活改善同盟会一九二四〕。

実際、行事食のレシピや献立が家庭向け料理書において記載されるようになるのは、一九一〇年代以降である。しかし、こうした「意味を食べる」ことの意義を強調する越智の主張は、これまでの料理書にはない新しさがある。食物と心の関係に着眼し、行事食を重んじる習慣を新たな家庭文化として定着させようとした越智の主張は、近代日本の食文化を語るうえで重要な転機であったともいえるだろう。

7　再評価された「日本料理」

さて大正から昭和への転換期になると、翻って「日本料理」を再評価する著者たちの主張が相次ぐようになる。たとえば、福沢諭吉の弟子であり、『時事新報』の記者であった波多野承五郎は、自著『古渓随筆』（一九二六年）の中で、料理は「生地《きじ》料理」と「味附料理」に大別できるとし、材料にわずかに手を加えるだけで完成する「生地料理」に、「日本料理」と「英国料理」をあげている。さらに波多野は、干物や乾物を多用する中国料理に比して、「割高」である「日本料理」は「新鮮なる、良い材料」を使うことが求められるため、世界の料理の中でも「一番贅沢だ」と主張している［波多野 一九二六］。

「日本料理」の長所として、新鮮な食材を生で食べる文化を評価するようになるのも、この時期の特徴である。著述家・市島春城もまた自著『春城筆語』（一九二八年）において、「日本料理は芸術として世界の番附のドンナ地位にあるものか。魚類の如き、或は野菜なども、生《ナマ》で食ふ習慣があるので、直ちに原始的の料理であると一概にケナスけれども、生を其まゝ食ふのは原料が生で食へるほど新鮮でもあり美味でもあるからである。調理を経ずウブで食ふのも味の佳いもので、よい原料のある処の誇りとすべきものである」と語り、世界に類をみない日本の生食文化を称賛している［市島 一九二八］。

さらに諸外国の料理を批判しながら、自国料理の魅力を評価する主張は、一九三〇年代よりますます活況を帯びるようになり、種々の書籍において声高に叫ばれるようになる。たとえば、東京のガイドブックとして出版された『コンマーシャルガイド』（一九三〇年）には、「日本の一国はもつともつと共通の標準を濃厚にしなければならない運命に在る」と、国を挙げて、新しい「日本料理」の共通イメージ構築が期待されるとの著者の想いがみえる。また「日本料理」の評価されるべき特徴として、「潔癖」と「様式の美術化」をあげ、とくに「ヂヤパンの膳と椀と陶磁器の配合には蒔絵がちらつき、淡彩の筆が紬着されて、箇々の型が複雑に変化して居て内容の外の匂ひの芸術がある」と論じながら、優美な食器を用いて楽しむ「日本料理」の風雅な趣きを称揚している［コンマーシャルガイド 一九三〇］。

なお器との調和を重んじ、視覚に訴えるスタイルを貴ぶ「日本料理」の特質については、前述の市島も「料理の材料は其体裁や形や色彩にも大関係がある。五味さま〴〵のものがうまく盛られて、それが器物とも調和してゐるので快よく味はれるのである」と礼賛し、外国の料理は「趣致」を欠いているが、こうした「風流」もまた「料理に欠き難い大切な要件」であり、「元来料理は舌に訴へるだけのものでなく、眼にも鼻にも喉にも佳なるものでなければ発達したものとは云へぬ」と、美観を重んじる特質を讃美する姿勢をみせている［市島 一九二八］。

いっぽうこの時期は、第二次世界大戦参戦への途上にある時期でもあったため、西洋料理受容へのまなざしに懐疑的な著者も現れている。昭和期の歴史家・竹越與三郎は、自著『日本の自画像』（一九三八年）所収「時代と日本料理」において、「その国その国に料理といふものはある。外国料理を採り入れるといふことはいゝけれども、日本のやうに西洋料理といふものが無制限に押出して、何処でも西洋料理で仰（「抑」の誤りか）へて行くといふ国は何処にもない。今日日本主義なんといふことを言ひますが、どうしても日本料理がホテルや倶楽部を占領しなければならぬ。それにはホテルや倶楽部に合ふやうに料理の改良進歩を工夫しなければならぬと思ふ」と言及し、社交の場で幅を利かせていた西洋料理にとって代わる「日本料理」の進展を望む想いを披瀝している［竹越 一九三八］。

こうした種々の主張からは、昭和期を迎え、批判されがちであった美観重視主義や生食を重んじる趣向が「日本料理」の個性として認識され、他国に誇るべき長所として再評価する動きがあったことが理解されよう。またこうした「日本料理」への称賛や自負への目覚めこそ、「日本料理」の魅力探しに奔走した日本人がようやく連綿と受け継がれてきた伝統の強みに気づきを得、その特質の独自性を打ち出す画期となったと思われる。

8　まとめにかえて

開国後、諸外国の影響を受けつつ、新たな定義構築が求められた「日本料理」。その歩みには、いつも批判と評価を繰り返しながら、家庭料理の世界から国民認識の統一に努める試行錯誤の歴史があったといえないだろうか。

一八八〇年代以降、献立や取合せを重んじ、見た目のよさに配慮するというイメージが強かった「日本料理」が、おもに女性読者を対象とした書籍の中で主婦の教養としての理解と習得が期待されるようになる。実際この時期には、新政府がスローガンに掲げた富国強兵政策のもと、料理法や献立作成に精通した主婦の育成が時代の課題として切望されたことを受け、経済的な調理の実践を指示する料理書も方々で刊行された。こうした流れのなかで、客応・日常食共に、経済性のみならず、季節感や取合せを考慮するという伝統的な発想を反映させることが求められ、新時代に沿った家庭料理の創造が期待されたことは、これまでにみてきたとおりである。

一八九〇年代に入ると、今度は「日本料理」に西洋から導入された衛生学や西洋医学を反映させる動きが顕在化する。とくに食の安全や消化のよさなどもまた「日本料理」の進展に必要な条件として認識されるようになり、これまでの伝統を受け継ぎながらも、諸外国の料理との融合をめざすことが力説された。いっぽう「日本料理」と冠した家庭向け料理書も出版され、西洋の食材を使用する折衷料理の考案なども散見されるようになり、「日本料理」の語彙にも広がりがみられるようになっていった。

さらに一九一〇年代以降は、生活改善運動の躍進とともに、家庭文化としての年中行事を重んじる主張に同調し、行事食の意義を強調する料理書執筆者も登場する。料理書を通し、「意味を食べる」ことの意義を家庭へ浸透させようとした想いは、現代にも通じる「日本料理」イメージをつくりあげる契機になったともいえよう。

そしてこの歩みにおいて、新時代を生きる人びとの牽引に努めた書籍こそ、近代料理書であると筆者は考えている。とくに国家の基盤たる家庭を切り盛りする女性読者を対象とした家庭向け料理書の出版こそ、国民料理としての新しい「日本料理」イメージを、広く社会に浸透させる意味でも大きな歴史的意義があったはずである。プロの料理人の世界とは異なる家庭料理の世界から、ナショナルスタンダードを描こうとしたこのタイミングこそが、国民料理としての「日本料理」構築の画期であったとはいえないだろうか。

いっぽう美観主義の良否を問いながら、批判と評価を繰り返してきた「日本料理」論も、一九二〇年代後半以降、再び諸外国にはない「日本料理」の魅力や独自性に目を向ける主張が相次ぐようになる。とくに美しい盛りつけを楽しむことはもちろんのこと、新鮮な生食文化を貴び、優美な食器との調和を味わう趣向こそ、「日本料理」の強みであると再評価する機運が高まりをみせはじめる。なお対外的に誇示できる「日本料理」のあり方へのまなざしもまた「或国にどの位の美味い料理があるか、料理があるばかりでなく、それに依つて衣食し得る程度に維持せられるか、かういふことがその国がどの位の文明の高さを有つて居るかといふ物差になる」［竹越 一九三八］との主張からもうかがえるように、自国の威信を高める手立てとして、この頃より注視されはじめるのである。

〈付記〉

本稿は筆者の博士論文『家庭生活とナショナルクイジーンの創出 近代日本における近代性と伝統性』（二〇一八年提出）所収「第五章 創造された日本料理～概念化の表出とその意義～」の一部に基づいた研究報告であることを申し添える。

〈注〉

（1）同書収録の「日本料理」として紹介されたレシピは、そのほとんどが江戸期の料理書からの引用であり、新規に考案されたものとはなっていない。しかし、時代の風潮への考慮からか、同書にはわずかながら西洋料理、中国料理の調理法も収録されている。

〈参考文献〉

赤堀峰吉・赤堀吉松・赤堀菊子 一九〇七『日本料理法』実業之日本社。
赤堀峯吉・赤堀菊子・赤堀みち子 一九一九『家庭日本料理法（四版）』大倉書店。
飯塚栄太郎編 一八八九『西洋朝鮮支那日本料理独案内』改良小説出版舎。

石井泰次郎　一九一四『日本料理十二ヶ月』広文堂書店。
石上録之助　一九一八『家庭実修女子大学』大文館。
市川節太郎　一九一二『東西接待法要訣』画報社支店。
市島春城　一九二八『春城筆語』早稲田大学出版部。
一戸伊勢子　一九二三『栄養料理法』アルス。
尾崎行雄　一九二三『咢堂漫筆』大阪毎日新聞社。
越智キヨ　一九二二『家庭日本料理』六盟館。
折原範締述　宮田喜多編　一九二〇『折原式日本料理独学』宮田出版所。
川辺新三郎　一八九三『素人料理　日用惣菜之栞』三盛堂。
木下謙次郎　一九二五『美味求真』啓成社。
小出新次郎　一九一二『女子座右之銘』女子裁縫高等学院出版部。
コンマーシャルガイド社編　一九三〇『コンマーシャルガイド』コンマーシャルガイド社。
下田歌子　一八九八『料理手引草』博文館。
須永金三郎　一八九三『婦女手芸法』博文館。
生活改善同盟会編　一九二四『生活改善の栞』生活改善同盟会。
清楼軒主人　一八九四『賓客饗応年中雑菜日用料理案内』此村黎光堂。
竹越與三郎　一九三八『日本の自画像』白揚社。
波多野承五郎　一九二六『古渓随筆』実業之日本社。
東四柳祥子　二〇一三「明治期における家庭向け料理書誕生への道程」（『梅花女子大学食文化学部紀要』

第一号所収）梅花女子大学食文化学部。
村井弦斎　一九〇三『食道楽　秋の巻』報知社。
村井多嘉子述　石塚月亭編　一九〇九『弦斎夫人の料理談　第二編』実業之日本社。
山方香峰編　一九〇七『日常生活　衣食住』実業之日本社。
山崎彦八　一八九四『新編家政学　下巻』長島文昌堂。
吉岡弥生　一九一七『日常衛生若き婦人の心得』泰山房。

第2章　日本料理の「文法」と境界線の拡大
――料理人「湯木貞一」の視点から

髙橋拓児
Takahashi Takuji
日本料理研究

1　はじめに

そもそも日本人は、日本料理の境界線を広げることには何のためらいもなかった。しかし、相対的に均質的な民族構成から成り、先人の歴史文化を重んじる国民性は、過去の食に関する「文法[1]」を大切にし、知恵をもってそれぞれの時代における政治・経済の要求に沿うように変容させ、長期にわたって積層的な食文化を形成してきた。都《みやこ》と地方との文化交流、他国との交易を進めながら、その地域独特の食文化を創りあげてきたのである。さらに現在、日本料理は急速なスピードで海外に進出している。これは、日本料理店の出店数や日本産品の輸出量の急速な増加をみれば明らかである[2]。

本章では、この「日本料理とは何か」を主題に論じるわけであるが、じつは平安時代で区切っても、江戸時代で区切っても、日本料理は説明がつく。また、京料理や加賀料理、熊本料理などというワードをもってくると話は一層複雑になるが、これも一つの日本料理の型として、まったく矛盾することなく存在する。つまり、時代で分類しても地域で分類しても、そのX軸Y軸が交差したところで、日本料理は成立するのである。その現在進行形の日本料理の定義をいかに設定するか。今回はサブタイトルに掲げたように、料理人「湯木貞一」[3]、「日本料理の真髄はお茶にあり」と言い切って、「懐石料理」を茶のフィルターを通して完成させた方の視点から考えていきたい。すなわち「湯木貞一」の時代で区切り、「日本料理　吉兆」という屋号のとおり、地域性の意味合いを極端になくして「日本料理」とした、名実ともに日本の代表としての料理体系を基準に設定する。そのうえで日本料理の「文法」なるものを解説してみたい。さらに、湯木貞一の料理世界、その思想を、彼の代表的な一二カ月の料理、茶会記から探っていく。最後に、日本料理はいかにしてその境界線を越え、次世代につなげていけるのか、考察してみることとする[4]。

これまで日本料理について科学的解説を行う機会は多かったが、今回初めて文化の側面から論じるにあたり、私の料理人としての立場、すなわち実体験をともなった検証を行いたい。その際、写真などの要素は排して、言葉の力で読み手の想像力を喚起したいと思う。

なお、本章で扱う「日本料理」は、プロの料理人による、料亭・料理屋料理を想定したものであることを最初にお断りしておく。

2　日本料理の「文法」とは何か

（1）日本料理は日本語の狭義の文法には忠実なものである

たとえば「私は鯛を造りに引く」「私は真名鰹を味噌焼きにする」と口にする。主語の後に述語ではなく、先に修飾する語（以下「修飾語」と略記[5]）が入る。ちなみに英語であれば先に述語がきて、「私は何をするか（造りに引く）、何に対して（鯛を）」となる。日本料理では、この日本語の語順のように、自分がどのような調理をしたかより、何を調理したかが一番重要になるのだ。

なぜなら、それは魚といっても一種に限定されないからである。鯛もあれば、平目、虎魚、あこう、鱸、石鯛、甘鯛もある。これらはすべて白身の魚であるが、味も違うし、身の硬さや香りも違う。イカにしても、紋甲イカ、ヤリイカ、アオリイカほかさまざまある。また、産地による違いもある。淡路であっても、愛媛、明石、外海の和歌山、壱岐、対馬と、それぞれに鯛は存在するけれど、すべてが違い、型も異なる。もちろん雄雌の違いもある。

当然ながら、食材が違ってくれば、それを調理するのに用いる庖丁も変わってくる。たとえば二キロ余りの鯛なら尺もいらない庖丁だが、五キロクラスになってくると尺一寸の庖丁が必要になる。庖丁は長さだけでなく厚み、重さも違ってくる。つまり、「鯛」と言われても、どこのどんな鯛かによってすべての技巧（道具を含めた）が違うわけで、その条件に合わせて、一つずつ関係を構築してきたのが日本料理ではないか、と思うのである。

さらに進めるなら、魚には季語がともなっている。四月の鯛であれば桜、六月の鱸であれば青葉、一二月の甘鯛であれば雪となる。逆に、鯛が出せるのは四月の桜鯛か一〇月、一一月の紅葉《もみじ》鯛となり、五月には出せず鱸に代わっていく、ということもある。

つまり、日本料理の構造自体が先に素材ありきであり、調理をする料理人の主体性は本来欠如していることになる。料理人が、対峙する自然物に対して、定義づけされた選択肢の中からどのようにアプローチするかがつねに問われているのだ。膨大な量の細かい定義を身につけ、一つの目的物に対してあらゆる角度から可能性を探り、それにもっともよい結論を見つけ出すのが料理人の一番の任務である。その思慮の深さと、それに基づき一定期間継続することで形成された優れた技術によって、趣向性の高い料理が完成するといえよう。多くの「引き出し」をもち、その食材に対して高度なアプローチをすればするほど、優秀な料理人といわれるのである。

ここに、料理を提供する対象者が加わるとさらに関係は複雑になる。たとえば「私は西澤様用に鯛を薄造りにする」という調理と、「私は鯛を西澤様用に薄造りにする」という二つの調理があるとする。これは意味がまったく異なるものである。前者は、何の食材を調理するかが決まっておらず、西澤様の特性によって食材を決定した調理である。後者は鯛がすでに決定しており、それを西澤様のために調理することを意味する。前者の一例をあげるなら、西澤様はご高齢で歯が悪く、鯛を厚く切ると噛み切れないので薄く引いて食べやすくした、ということである。後者の一例は、今朝、すごくいい明石の鯛が揚がったので、ぜひとも常連の西澤様にたっぷり召し上がってほしい、ということである。

さらに食材（種類、産地、雌雄、重量、型等々）だけではなく、誰と誰が食べるのか（人）、どういう個室で食べるのか（場所）、昼か夜か（時間）など、要素や条件を加えていくほど、修飾語は増えていき、長い文章となってくる。そして、客の期待を上回るアプローチができれば、大きな満足につながるのである。

このような日本料理の受動的構造の複雑性それ自体が、日本料理の文化を高めているといえよう。それは店の常連客数に比例し、客のプロファイリングが進めば進むほど、料理屋は高度な解釈ができ、日本料理は高められていくわけである。逆に、受け手もそれを理解し呼応する能力があるかを、つねに問われることとなる。すなわち今までの日本料理は、室町時代でも戦国時代でも江戸時代でも、優秀なパトロン（たとえば貴族、将軍家、有力武将、豪商など）の存在によって、高い次元の要求に応えるために高度になっていったのである。

これまで述べてきたように、日本料理の狭義の文法とは、基本的には料理人と一つの食材の関係のみがまず定まり、その確定した状況の中で、それをどのように組み立てていくのか、その各論的解釈であり、西洋料理の文法とは明らかに異なる、日本料理の真骨頂だと思う。

（2）日本料理の広義の文法には一貫性がない

今回、日本料理を論ずるにあたり、「日本料理すなわち懐石料理」と定義している。それでは、この「懐石料理」の構造とはどのようなものであろうか。

そもそも「懐石料理」に含まれる食文化は、奈良時代以降の料理の系譜の多くを所持している。つまり、もともと唐様式や有職料理、精進料理、本膳料理、茶懐石といった形式をふみ、前時代の様式美を残しながら体裁を整え、型を守りつつも攻めつづけてきたのである。ゆえに、その「文法」には一貫性がみられず、これまでの時代における「料理の集大成」という表現がなされることが非常に多い。現時点で生きている、茶懐石を基本にした「懐石料理」は最たる例で、じつは「文法」はバラバラである。利休の時代から松平不昧公、さらに昭和初期の北大路魯山人、湯木貞一までを含めて「編集した」、という作業だと私自身は考えている。

基本的に、懐石料理は「数寄屋造りの茶室」で食するのであるが、成立は安土桃山時代である。その空間で、たとえば掛け軸は鎌倉時代○○和尚の書、作庭は明治になされ、食器は昭和初期で、茶碗は江戸末期のものを用い、最初の盃の酌み交わしは平安時代の酒礼の名残という、まさに時代も様式美も目まぐるしく変化していくわけである。当然ながら、時代が違えば政治、経済も違うところに、それぞれの文化が成り立っているはずなのに、それらを並列し、「珍しきもの、面白きもの、趣深きもの」として、国内外を問わずその当時の食文化に貪欲に取りこんでいった。つまり境界線を越える越えない以前の問題で、むしろ本質的には越境し放題で、必然性は乏しいものなのである。

このように、現在も存在し、食文化の集大成ともいえる「懐石料理」であるが、基層概念は入り乱れ、日本における一二〇〇年の歴史の大冒険となってしまっているといえよう。その整合性をとるために、「趣向」「妙味」「取り合わせ」なる言葉が持ち出される。非常に高次元の「取り合わせ」をするというところで、日本料理を創り出してきたのだ。神式、仏式にかかわらず、その具体的産物から抽象的なイメージを取り出して共通項を探り、亭主の好みや新解釈で仕立てて客人をもてなす。そこには、客人に対する多くの配慮があり、その大きさ、深さ、さらに自然との調和、それらがうまくかみ合ったものこそ最大限の「趣向」とされ、その日の亭主の伝えたい想いをくみ取っていただきたいための食事でありお茶である、と締めくくる。いわゆる「茶の湯」とよばれる神秘性で濾過する、というのは、このようなシステムだと考える。それが「懐石料理」であり、ここでいうところの日本料理の広義の文法である。

こういった日本料理の広義の文法はたいへん流動的なもので、つねにゆらぎ、動くものであろう。しかし、先に述べた狭義の文法はまったく変わることがない。これは私自身が三〇年近く料理に携わってきた実体験である。すなわち、先に献立を作るというより、やはり素材と向き合い、それに対して何をするかが決まる。もしくは「西澤様用に」とか「春に」とか、そういう修飾語によって変化させるという方式（文法）は一貫しているのである。

3　「茶」を日本料理の真髄と言い切った湯木貞一

（1）湯木貞一と「茶」

「茶」――これは湯木貞一の料理における真の核となった。

すでに注でも記したが、湯木貞一にとって最初の大きな「茶」の世界との出会いは、修業時代に同僚の勧めで読んだという松江藩主・松平不昧公の『茶会記』である。「始めからしまいまで、季節のことばかり」というこの本に強烈なカルチャーショックを受け、その後の自身と料理との関係を方向づけられたともいえよう。実際、「日本料理はいつも季節を意識しなければならんと思い、季節の風情を料理に織り込むことに目覚めて、料理する喜びを知ることができるようになりました。そのころからですね、料理は楽しいものだと思い始めたのは。それまでは家業だから、という気持ちが先だったのです」と述懐している［湯木 一九九一］。

表千家への入門は昭和一二（一九三七）年秋、湯木貞一が三六歳の時で、即中斎宗匠の第一号の弟子だったという。以来、生涯にわたって「茶」をよくし、「茶」のある人びととのまじわりを楽しんだ。もちろんそれは、吉兆という料理屋の商売にも強く結びついていたわけである。今は昔の感だが、「大正から昭和初期には、財界で成功したら、お茶に魅力を感じられるような風潮があった」といい、「新橋の師匠に三味線を習い、小唄を習う、というのが『紳士のたしなみ』だった」のだ。そうした時代、錚々たる財界人、文化人との「茶」を介した交流が、湯木貞一の料理世界と、吉兆という料理屋の格を高めていったことは間違いないといえよう。そして、時代が移り変わり、「紳士のたしなみ」も変わってしまうなかでも、「なんとかお茶を残したい」と願いつづけ、「わが志は『茶のある料理』」と記している［湯木 一九九一］。

このように、「茶」を真髄として中核にすえたことで日本料理をきれいにまとめた湯木貞一の視点は素晴らしく、日本料理に与えた影響は非常に大きかったと思う。本節の以下では、湯木貞一という人物が考える懐石料理の構造について解説することとしたい。八寸・造り・煮物・焼き物・蒸し物・御飯など、様式美としてもそれぞれ違う時代に成立したものが、献立では順序よく並列に配置されている。それらの意味を彼の目線で個別に検討してみよう。

(2) 季節をめでる一二カ月の代表料理

ここに代表的な、吉兆における湯木貞一の一二カ月の料理を掲げ、そのいくつかについては詳しくみていくことにする。彼の意図した「趣向」「妙味」「取り合わせ」を味わっていただきたいと思う。

【一月　正月の膳】

お正月にはお客様の縁起を祝してお屠蘇と吉例のお重組料理。数の子、黒豆松葉打ち、田作り。取り皿は永楽作舞鶴向付。

お正月の膳というと、お屠蘇とお重組の料理（祝いさかな三種）の取り合わせを誰もが当然に感じるであろうが、じつはよくみていくと面白いことがわかる。用いられている取り皿「舞鶴向付」は大正時代、楽家一六代・永楽即全の作である。作者はどちらかというと禅に近い方で、千家十職なので、茶の湯、禅との結びつきが非常に強い。一方、お重組料理やお屠蘇は節会《せちえ》で、奈良時代の宮中の宴に由来する。当然、塗りの器にすべきところ、神仏を混合し、あえて京焼の器をもってきている。その心は——もちろん京焼は一つの接点ではあるが禅の要素が強い作家で、大正時代の人を奈良時代の節会にもってくる。あたかも、「舞鶴」を作らせたから、お正月でめでたいから、というところに接点をもたせるわけである。

【二月　立春大吉厄除炮烙】

節分の趣向。壬生《みぶ》狂言の「炮烙割」にちなんで木槌で炮烙の蓋を割ると、壬生狂言と朱書きした奉書が出てくる。その奉書の下には松葉を敷き詰めた熱々の炮烙に焼き蛤と海老が並んでいる。

これも解説すると、壬生狂言は鎌倉時代、京都のものだが、そこに蛤と海老を合わせている。どちらも京都にはないものだから、この意匠で海老と蛤を食べる必然性はまったくない。これは、節分の趣向ということで取り合わせて、伝えたいイメージをその焼き蛤と海老に刻んでいるのである。だから主体は焼き蛤と海老ではなく、ある素材に対し、これを炮烙に入れて蒸し焼きにしたらおいしいだろうという料理人の発想と、なんとなくお客さんを喜ばせてあげたくて、二月だから壬生狂言をもってきた、ということなのである。

【三月　春草文蓋向】

尾形乾山作の蓋向に春若芋、平豆、椎茸など野菜の焚き合わせを盛りこむ。春の野辺に遊ぶような風情。

これは、よい取り合わせである。「春草文蓋向」ということで、春の草、すなわちワラビやゼンマイ、菜の花といったものが写し出された蓋付きのお向に、料理が盛られている。この器は尾形乾山作なので江戸時代。盛りこむのは春若芋、これは長芋で、昔からあるものだ。平豆は明の時代に中国から入ってきたので江戸時代。椎茸も昔からある。焚き合わせは鰹節と昆布を使うが、鰹節も江戸時代に確立している。器から素材まですべて江戸時代で並んで整合性がとれ、たいへんにきれいに仕上がっている一品だと思う。

【四月　摘草籠】

「柳桜をこきまぜて」の古歌に倣い、長い柄付きの朱塗竹籠に山桜と青柳を添える。
「摘草籠」というのは、朱塗りの竹籠の柄に山桜と青い柳を巻いて添え、四月なので竹の皮を切って敷き、その上に料理を盛りつける。主題は古今和歌集から、「見渡せば柳桜をこきまぜて、都ぞ、春の錦なりける」という歌が引かれている。京都の歌なので本来は京都でしか通用しないものを、吉兆の全店で出している。もちろん、東京に行って京都の風情を楽しむ、という考え方もできる。趣向として表現することで春であることが強調され、皆さんに「もう春ですよ、京都では桜は満開になっていますよ」というような、そういうミクロの世界から、遠い京都のマクロのものを見せる、という空間の拡大によって美しい現象として昇華させている。

【五月　栄螺《さざえ》壺焼】

浜辺の鄙びた手料理を、お座敷で楽しめるようにした趣向である。栄螺の身だけを細切りし、春野菜と伊勢海老の頭で引いた出汁とともに火に乗せる。

【六月　加茂禊前菜】

上賀茂神社の御手洗川の禊行事からの趣向で、幣を開けば揚げ昆布、川海老が梶の葉とともに出てくる。小皿には縮れ蛸、莫大。

【七月　前菜　朝顔棚】

朝顔棚の趣向である。皿にスモークサーモンを盛り、その上に朝顔棚をのせ、朝顔の蔓と葉を絡ませる。朝顔型猪口にはイクラ粕漬、大根おろし。青唐辛子油いため。小芋の胡麻和えに煎り豆叩き。器は魯山人作織部四方皿。

【八月　蓮の花向付】

三枚の蓮弁それぞれに三種の料理を盛り、大きな蓮の葉で包んである。竹串で止めた蓮の葉を開いた時の美しさは格別である。

これは、大徳寺の縁高という春慶塗りの二五センチ角ぐらいの入れ物に皿を入れて水を張り蓮の葉を浮かべる。その葉に氷を敷いて並べた蓮の花びらの上に料理を盛りこむ、というスタイルである。いわゆるお盆の料理であり、器も大徳寺の縁高で蓮だから、これはもう精進物を出すのに決まっている場面だが、吉兆では時にお造りを盛っていたこともあった（基本的には精進料理）。ちなみにこの八月の料理では、蓮の八寸を出した後に造り三種（生臭もの＝神事）、茄子田楽（精進もの＝仏事）、鮎の塩焼き（生臭もの＝神事）と続き、神事・仏事がめまぐるしく入れ替わる。

器も、塗りの大徳寺の縁高であれば、お造りは青交趾（京焼）、茄子田楽は明時代の芙蓉手の染付、鮎は再び京焼に戻って野々村仁清手の笹皿、というあたりの定番アイテムがある。

【九月　仲秋の真味】

鱧と松茸のお椀。秋の真味の出会いもの。器は時代物の芒文様煮物碗。

【一〇月　重陽の佳節】

被せ綿の菊を立てた有職折敷高坏。奥の高坏はスモークサーモンに柚子。中は鶉と葱、真名鰹。前は海鼠《なまこ》と海鼠腸《このわた》、銀杏を割山椒切りの橙に盛る。いずれも金泥を引いた竹の皮にのせる。

【一一月　前菜　柿栗秋趣】

樹皮で作った時代物の箕を使い、葛屋は宗達風にして、柿や栗の葉、松葉を散らして深秋の趣に。葛屋には子持ち鮎昆布巻き、厚焼き玉子、諸子、小鯛蕪漬。木の葉皿には栗の渋皮煮と海老のいが揚げ。柿蓋物には若狭鯖と人参の白和え。

【一二月　春待時】

八〇種〜一〇〇種もの珍味佳肴をお重に詰める。さまざまな組重に料理を体裁よく詰めるのは熟練を要する仕事である。

このように趣向がこらされるが、先の「広義の文法」でも述べたように、時代も様式も、非常にあちこち行ったり来たりし、それぞれが意味をもつ料理の羅列になってくるわけである。ただここで取りまとめていえるのは、やはり「季節感」ということであろう。先述のごとく、湯木貞一自身も季節の風情を料理に織りこむことに目覚め、料理する楽しみを見出したと述懐しているが、まさに日本料理は「季節の料理」なのである。

(3) 嵐山の茶会記から探る

次に昭和二四(一九四九)年一一月の嵐山における口切の茶事について、みていきたい。会記については資料1として掲げる。

この茶会は、錚々たる方々を客人として招き、張り切って自身のもつ重要文化財クラスのものを出す、というような会で、亭主は湯木貞一、四八歳の時に催している。客人である松永耳庵、畠山一清、五島慶太、平田佐炬《すけのり》、斎藤利助の各氏[6]は、いずれも財界人であり名だたる茶人ということで茶への造詣が深く、非常に目利きのできる方々である。

嵐山吉兆の茶室が使われ、「嵐山、嵯峨野の秋、十一月の趣向」という設定で、料理はもちろんであるが、すべてが「嵐山」「十一月」という主題に沿って進んでいく、「趣向」という高度な取り合わせの妙を楽しむ会である。

【寄付《よりつき》】

床には、雲華上人の自画賛図「口切や近江のかぶら嵯峨の柿」が掛けられている。これはわざ

資料1　会記

客　松永耳庵、畠山一清、五島慶太、平田佐矩、斎藤利助

【寄付】

床　雲華上人自画賛　口切や近江のかぶら嵯峨の柿

【本席】

床　継色紙　伝小野道風

釜　野々宮　道仁

炉縁　如心斎判　栗

香合　交趾　菊蟹

炭斗　時代さざえ籠　灰器　長次郎

【中立】

床　利休在判　竹花入　隋流書付

花　水木　岩根椿

水指　木地曲

茶入　神楽岡　中興名物

茶杓　元伯共筒　銘嵐山

茶碗　志野　銘広沢

建水　尹部　蓋置　青竹

【続き薄茶】

茶器　唐物独楽

茶碗　釘彫伊羅保　銘秋の山

替　ノンコウ在印　黒四方　銘綾錦

【料理】

向付　ノンコウ割山椒　鯛糸造り　阪本菊　山葵　煎り酒

汁　色紙かぶら　むすび干瓢　大徳寺納豆

わざ買い求めたもので、口切の茶事の時に、近江のかぶらがよくなり、嵯峨野のほうでは柿がなってきたということで、まず本日のテーマが設定される。このテーマがのちに出される料理と呼応するわけだが、それについては後述する。

【本席】

本席に入ると床には継《つぎ》色紙《しきし》が掛かっている。小野道風による平安時代の古筆で、重要文化財。これとリンクするのが釜で、西村道仁作「野々宮」は

椀盛　時代青漆千鳥蒔絵椀　穴子豆腐　のし海老　小袖玉子　柚子
焼物　乾山粒菊画手鉢　柿ふろふき　絞り生姜
強肴　呉須赤絵花鳥鉢　鶉丸　生湯葉　針生姜
箸洗　長寛好竹溜塗松葉蒔絵椀　のし梅　針山葵
八寸　砧青磁シノギ二段菊平鉢　からすみ　占地　むかご　銀杏　松葉打
浸し物　絵唐津沓鉢　酢蟹　かや輪切
香の物　黄瀬戸炬鉢　奈良漬

『源氏物語』の野々宮から銘をとっており、『源氏物語』は平安時代だから、床の小野道風と時代がそろう。この日の一番大きなテーマであって、これを見ていただきたいというようなところがあるわけなのだ。

【中立《なかだち》】

中立してから、床に掛かっているのが「利休在判」、利休の作った竹の花入れを出してくるということで、時代は少し新しくなってくる。

そこで、また一番出したいところが茶碗であり、志野焼の、銘を「広沢」という。つまり広沢の池からとったもので、嵐山からほど近く、その広沢の池を、嵐山を見ながら連想させるという趣向である。この茶碗も重要文化財指定がされており、ある程度緩急をつけて、よい物と、そこそこよい物とをメリハリをつけて出し、何を主役にもってくるか、目利きの人たちにわかるように、高度な取り合わせをしていくわけである。

【料理】

まず出されるのが向付「ノンコウの割山椒」。ノンコウは楽家三代道入《どうにゅう》のことで、江戸時代初期である。向付というのは、料理が始まって、その割山椒に入っている糸造りなど食べた後でも、ここに焼き物を置いたりしてずっと取り皿として使う。そのため向付の器には一番よい物をもってくるのである。この「ノンコウの割山椒」は、釉薬が真っ黒く掛かって非常に重々しく、冬の訪れを予期させる風情がある。また山椒が割れる時期は冬なので、銘の響きも来たるべき冬を連想させる。すなわち、これから冬がくるというのは秋を惜しむ心であり、名残の秋を楽しみましょうというテーマがここに加わっているわけである。

さて、次の汁のところにある「色紙かぶら」は寄付の掛け軸とつながり、「近江かぶら」を色紙かぶらに切って汁にする。そして客人は床の掛け軸を覚えておいて、色紙かぶらが出た時に、「これは近江ですね」という話がなされる、という高尚な趣向である。

続く椀盛は、時代物「千鳥の蒔絵椀」。時代物はだいたい高台が高いので、そこに穴子の豆腐、のし海老、小袖の玉子を入れて供する。

焼物は、器は乾山の菊柄の手鉢、これで取り分けをして出てくる。ここも寄付の軸とつながり、「柿ふろふき」には嵯峨野の柿を使う。このようにさりげなく入れておいて、柿のふろふきを食べる時に、「ここは嵐山ですよ」という印象を与えたり、色紙かぶらを食べた時に、「ああ、近江のかぶらをわざわざ取り寄せてくれはったんや」という話題が出て、話の花が咲くというような仕立てを、初めの寄付と最後の料理のところで、結びつけておくのである。

強肴は呉須赤絵、明の時代に中国から来たもので、鶉丸《うずらがん》、生湯葉、針生姜を盛る。箸洗《はしあらい》で長寛。八寸は、珍しく杉板ではなくて砧青磁を使い、これも大陸からきた器である。つまり、ノンコウ、乾山と、日本で作られた器と、中国、朝鮮から入ってきたものとを入れて、いろいろな時代と場所をすべて変えて一つの献立にし、最後は浸し物の絵唐津（九州）、香の物の黄瀬戸といったもので締めていくわけである。

これの面白いところは、あるテーマを設定し、それに客人が気づくということの趣向であって、おいしいものを食べたということもあるが、それらが混然一体となって「妙味」といわれるものを成立させるのが、この献立の一番大切なところである。だが反対に茶のフィルターを通して料理を構成すると、一期一会の言葉どおり一回しか使えない。二度目は種明かしされていて何も面白くないからだ。そこが懐石料理の非常に難しいところだと思う。

4　日本料理の境界線の拡大――結びにかえて

実際、今のわれわれが作る懐石料理はルーチン化しており、いつかの時点で「懐石料理」が「化石料理」になるのは明白で、過去に実在した○○料理と同様、いずれは皆から必要とされなくなる運命にある。そうならないために、極論からいえば、「茶」による濾過方式、いわゆる編集をかけなければよい。構造そのものに手をつける必要があるだろう。そして、この編集方式を超えるものを見出して核にすえ、「茶」という存在を現在化させ、今日的アイデンティティを生み出すことが重要だと考える。われわれは、これまで継承してきた美意識を維持しつつ、現代にマッチする生産性、経済活性化を重要視した新しい食文化を創造するのである。

一つのソサエティや一つの価値観に縛られることなくこの問題を考えるとき、忘れてはならないことがある。先に述べたように、日本料理はけっして能動的ではないのである。あくまで受動的に創造しながら、狭義の文法を保守し、広義の文法を破り、離れる。つまり、その時代の政治、経済、文化を正しく読み取って、文法自体を刷新する勇気が求められているのだ。

こんにちの日本は、肉を食べる文化に席捲され、三〇分も畳に坐れない人がほとんどで、家に床の間はなく、掛け軸の作者は知らず、急須も使わず、ましてや抹茶碗などあるはずもない。日本の伝統文化愛好家は高齢化が進んで、その商品群も売れ行きが伸び悩み、二〇二五年には三分の一に減るともいわれる。日本の文化を支える伝統産業が、いまや埋没しつつあるのだ。この現状を直視し、近年の海外インバウンドによる日本料理好景気に甘んじることなく、その先を見すえたい。

ならば、先に述べた「茶」の編集方式を超える日本料理の新しい様式はあるのか。実際に創造できるのか。私はおそらく可能だと考えている。これまでの歴史もそれを物語っている。政治が変わり、経済が変わり、時代が動くとき、食文化も大きく変わってきたからだ。先細り経済の中、あるポイントを超えたときに受動的な変革の時代がくるだろう。あらゆる文化活動はそちらにシフトし、日本人の調整能力を発揮して時代に適合する因子を探り、パズルのように新しい文化価値を組み立てていく。具体的な方向は訪れる時代の様相に左右されるため、現時点ではまったく察しがつかない。しかし、そういった危機こそが大きく日本料理の境界線を拡大させていくのだと確信している。つねに安住することなく、必ず訪れる危機にも対応できる未来の料理人を育てていくことが、いまの私たちの最重要課題である。

〈注〉

(1) 本フォーラムでの発表時、言語学の見地から阿良田麻里子氏より、「文法」というより高度な「文章作法」(たとえば起承転結とか韻を踏むなど)なのではないか、との指摘をいただいた。これに対し、コーディネーターの西澤治彦氏(本書編者)は、「文章作法」とした場合、文章はあとに残るが一期一会は消えていくものだからむしろ口語であって、料理は会話ではないかと述べている。

(2) 農林水産省の調査によると、海外における日本食レストラン数は二〇一五年七月時点で八万九〇〇〇店にのぼり、二〇〇六年の二万四〇〇〇店、二〇一三年の五万五〇〇〇店から大幅に増えている。

(3) 湯木貞一(ゆき・ていいち)。吉兆創業者。一九〇一-一九九七。神戸の鰻・かしわ料理、仕出し料理屋「中現長」の跡取り息子として生まれる。父の店で修業時代の二五歳の時、松平不昧公の『茶会記』を読みカルチャーショックを受ける。以後、季節の風情を料理に織り込むことに目覚め、料理する喜びを知る。三〇歳で独立。三六歳で表千家に入門し、八六歳の時相伝をいただく。「世界の名物、日本料理」を合言葉に、「茶のある料理」を志し、貫いた[湯木 一九九二]。「松花堂弁当」の発案者でもある。一九八一年紫綬褒章受章、一九八八年文化功労者。同年大阪・平野町に湯木美術館を設立。

(4) じつは私は修業時代、東京吉兆に勤めていて、最後の一年間を湯木貞一氏の秘書として過ごさせていただいたことがある。この時、彼は九一歳。大阪と東京を行き来され、月半分あまりの東京でのご滞在中は、まさに寝食を共にしてお世話させていただいた。滞在時はすべて吉兆の料理を召し上がるので、筆者もともに年間一七〇回くらい、結果的に吉兆の季節の献立のほとんどを食べつくす、という有難い生活を経験したわけである。

（5）文法的には「目的語」というべきであるが、ここでは「修飾する部分が増えていく」という文脈にあわせて、「修飾（する）語」との表記を用いている。

（6）松永耳庵：「電力の鬼」として名高い松永安左エ門。号「耳庵」。財界人であり政治家であって茶人である。畠山一清：荏原製作所創立者。号「即翁」。実業家であり政治家、茶人である。畠山記念館を創設。五島慶太：東急の創業者。美術品コレクターとしても知られ、五島美術館を設立。平田佐矩：平田紡績社長、四日市市長も務めた。歌人・俳人でもある。斎藤利助：俳人であって茶人。地方の豪商。なお松永・畠山・五島の三氏は湯木貞一の著書にも登場している（「数寄者咄――大正、昭和の茶のある人々との交流」［湯木　一九九一］）。

〈参考文献〉

奥村彪生　二〇一六『日本料理とは何か』農山漁村文化協会。

髙橋英一　二〇〇九『懐石入門』柴田書店。

辻嘉一　一九六八『懐石傳書』婦人画報社。

日本料理アカデミー監修　二〇一五『日本料理大全』シュハリ・イニシアティブ。

原田信男　二〇〇五『和食と日本文化』小学館。

湯木貞一　一九九一『吉兆料理の心　世界の名物「日本料理」』（『卒寿　白吉兆』別巻）主婦の友社。

湯木美術館編　二〇〇二『吉兆　湯木貞一のゆめ』朝日新聞社。

総括

「国民料理」という視座から見えてきたもの

西澤治彦
Nishizawa Haruhiko
文化人類学・中国研究

1 はじめに――日本から見た「世界の料理」と、アンダーソンの四類型

世界の「国民料理」を対象とする、今回の企画を進めていくうえでの一つの大きな悩みは、どの料理を扱うかであった。八人の発表者（しかも最後の二人は日本料理なので実質六人）という限られた数で、世界の料理を扱うことはとうてい、不可能である。すべての国家に自他共に認める「国民料理」が存在するわけではないにしても、現在の地球には国連加盟国だけでも一九三カ国も存在するからである。仮に一九三回の発表の機会があったとしても、これを行う意義はあまりない。

農山漁村文化協会出版の『世界の食文化』シリーズ（二〇〇三～八年）は、世界の食事文化を網羅するという画期的な企画であった。全二〇巻の大型企画であるが、基本的には「国民国家」をベースとしている。東アジアからは韓国、中国、モンゴル、東南アジアからはベトナム・カンボジア・ラオス・ミャンマー、タイ、インドネシア、オセアニアからはオーストラリア・ニュー

ジーランド、欧州からはスペイン、イタリア、フランス、イギリス、ドイツが、それ以外の地域からはインド、トルコ、ロシア、アメリカが選ばれ、それ以外は「アラブ」・「アフリカ」・「中南米」（上記三冊の巻内では国別もあり）・「極北」といった地域の括りでなんとか世界をカバーしようとしている（それでも北欧や東欧、カナダ、日本は割愛せざるをえなかったようである）。合計すると二〇カ国、四地域となっている。選から漏れた国の人からは、「なんでわが国の○○料理がないんだ」という意見が出そうであるが、大方の日本の読者からすれば、東南アジアがやや詳しい印象をもつほかは、親しみの度合いという点ではほぼ妥当な選択ともいえる。言い換えると、これが現代の日本人にとっての「世界の料理」の分類ともいえよう[1]。

さて、本企画では、対象とする国民料理を選ぶに際し、日本人にとっての親しさではなく、ベネディクト・アンダーソンが *Imagined Community*（一九八三年。邦訳は『想像の共同体』）において提示した、国民国家の形成とその展開にみられる四類型を念頭においた。すなわち、アンダーソンは国民国家が形成される類型として、①南北アメリカのクレオール・ナショナリズム、②フランスに代表される下からのナショナリズム、③西欧の周辺地域で模倣された上からのナショナリズム、④アジア・アフリカにおける新しい波、と四分類し、時間的に①から④へと連鎖的に展開していくとした。フランス革命（一七八九年）の前に南北アメリカを先駆者（アメリカ一三州のイギリスからの独立は一七七六年、ブラジルのポルトガル王国からの独立は一八二二年）とした点が特筆される。なお、アンダーソンの分類では日本の明治維新（一八六八年）は③のモデルとなる。

いうまでもなく、「国民料理」の形成は、国民国家の形成と同様、その土地の自然環境、そこに住むエスニック集団や言語集団、宗教、歴史的な要因などにより、それぞれ個別の展開をしており、決して同じ法則でもって同じフェーズを経ながら同じように展開していくわけではない。その意味では「再現性」のない、一度限りの出来事でもある。この多様性も、「国民料理」をとらえていくうえでの難しさの一つである。それでも、議論のために、おおざっぱにいくつかのタイプに分けることが有効であろう。

そこで、アンダーソンのモデルに従い、①からアメリカ料理、②からフランス料理、③から日本料理、④からインド料理を最終的に選んだ。ただし、発表の順番はプロトタイプとしてのフランスを先にし（アメリカの一三州の独立とフランス革命とは一三年の違いなので、この時間差に大きな意味はない。むしろ中央集権的なフランスと植民地アメリカという違いのほうが大きい）、日本料理は第三回で別途、扱うこととした。

2 フランス・アメリカ・インドの事例が示すもの

この結果、何が明らかになったか。フランスの場合、実態としても、また彼ら自身の自覚としても、さらには国外のイメージとしても、国民料理としての「フランス料理」は存在するといえる。それどころか、フランスは「革命（国民国家）」だけでなく、「料理」をも、普遍性を武器に世界に輸出した国であり、フランス料理は、フランスの国民国家形成において、まさに王道であることが再確認された。またその過程において、料理書に加え、料理をめぐる言説がいかに重要な役割を果たしたかが指摘された。

アメリカの場合、アメリカ国内において「アメリカ料理」なるものがあるとする立場と、ないとする立場、さらにはそれを作ろうとする動きがあったことが紹介された。そこに我々は、ヨーロッパに対する対抗文明としてのアメリカの建国の理念を垣間見ることができる。そして何をもってアメリカ料理とするかは、誰がどのような立場で定義するかによって異なっていたことが明らかにされた。アメリカ料理の形成は、まさにアメリカという国家の歴史と連動しながら展開してきたのである。

イギリスの植民地から一九四七年に独立したインドは、国民国家形成の歴史が非常に新しいだけでなく、言語集団や宗教コミュニティ、さらにはカースト制度などが複雑に錯綜し、目下、まさに多様性をベースに「インド料理」を形成しようとしている過程であることが報告された。カレーもイギリスの植民地支配を経て世界に普及したものにすぎず、インド料理の共通項となっている訳ではない。

フランス料理なるものの存在は、フランス人のみならず、日本人も認めるところである。しかしアメリカ料理となると、日本人には否定的な意見が多い。その一方で、インド料理なるものは、日本人の感覚では存在する。したがって、アメリカにはアメリカ料理なるものがあるとする見解がある一方で、インドには実はインド料理なるものはないという報告は、ある種の驚きをもって迎えられた。換言すると、フランス料理はフランスにあって世界にもあるが、インド料理は日本にあってインドになく、アメリカ料理はアメリカにあって日本にない、ということになる。この「パラドックス」が意味するものは、国民料理というのは、内側と外側とでは、違って見えるということである。

アメリカやインドの事例は、国民国家にとって、コアとなるものは、国境、国籍、国語(公用語)、国軍などであるが、「国民料理」は必ずしも不可欠なものではないということを示している。従来の国民国家論において、国民料理が議論されることがなかったのは、これが理由とも考えられる。もちろん、「国民料理」は、「国民国家」という枠組みができて初めて自覚される概念ではある。こう考えると、アメリカにアメリカ料理がなくて当然ともいえる。なぜならアメリカは州の連邦国家であって国民国家ではないという見解もあるからである。だとすると、むしろ問題とすべきは、国民料理の有無よりも、州境と地方料理とが重ならない点と、エスニック集団の移民の時期の差がアメリカ料理の形成にどのような影響を与えてきたのかという点であろう。

さて、アンダーソンの四類型に話を戻すと、①の先駆者としての南北アメリカは、こと国民料理に関しては、必ずしも先駆者ではなかったことになる。もっとも、国民料理を否定する言説は、ある意味で、先進的といえなくもない。②のフランスは、まさに国民国家形成とフランス料理の形成は同時進行で起こった。第一回では③の事例を扱わなかったが、予想では①のフランスに倣《なら》って、国民料理の形成に熱心に取り組んだことになる。日本の事例のように、当初はラベルの張り替えが行われるものの、その後、日本料理のありようを巡ってさまざまな議論が交わされ、それを反映した料理書が刊行されていったことを考えると、大方においてこの図式は正しいといえそうである。そして④の場合は、国家建設を開始した時期が遅かったため、いまだに国民料理をいかにして形成するか、といった議論がなされているのが現状である。これらの諸国の動向は同時代の出来事であるだけに、国民料理形成に熱心であるかのように映る。

まとめるなら、①は別として、②を頂点として、③から④にかけて、（多少のデコボコがあるにしても）国民料理の形成がなだらかに「模倣」されていった、ともいえよう。これには、歴史地理的な要因のほか、独立国家となった時期の差が大きく関係している。アメリカの独立からインドの独立まで、実に一七一年もの開きがあることを考えれば、その間にさまざまな展開が起こりうるのは当然のことではある。逆にいうと、歴史のある①や②の国民料理であっても、すでに一〇〇年以上の時間が流れており、その間も変化しつづけている。それゆえ、世界の国民料理の研究は、過去の歴史的な研究と同時代の研究に分けられるものではなく、常にその変化をとらえつづける必要がある。

3　国民食と国民料理、誰のための料理なのか

第一回では、このほか、国民食と国民料理の定義をめぐって議論がなされた。最大の疑問点は、国民食と国民料理とを明確に分けることが可能なのか、という問題である。言い換えれば、

両者を分けて考える意味はどこにあるのか、ということでもある。字義からいうと、国民国家を自称する限り、国民食は存在するし、国民料理も存在することになる。理論的には一九三（国連加盟国数）の国民食があり、国民料理が存在することになる。しかし現実には国民国家の枠を超えて共通する料理も多く存在し、必ずしも一九三の特徴的な体系をもった料理が存在するわけではない。今回の企画で問題としたいのは、厳密な字義としての国民料理ではなく、特徴的な体系をもった、具体的には世界で広く認知されている、○○料理がどのようにできあがったかである。これを今回は国民料理と呼ぶことにし、各国でよく食べられる国民食とを概念上、区別した訳である。

しかしながら、実際には、日本にはないアメリカ料理がアメリカにあり、日本にはあるインド料理がインドにはない、という「想定外」のことが報告された。加えて、国民食は国民国家の枠を超えて共通するものが存在しうるし、同様に○○料理も国民国家の枠を超えて共通しうる。では初めから主要な○○料理を対象とすればいいではないか、と言われそうであるが、もし「○○料理」という括りでとらえてしまったら、その存在を自明の理としてしまうであろう。そうではなく、国民国家に焦点を当てたからこそ、アメリカ料理やインド料理のようなパラドックスが見えてきたと考えている。こうした○○料理と国民料理の齟齬こそが面白いのである。したがって、国民食と国民料理を概念上、区別することは依然として有効であり、必要であると考える。

現代の日本の例でいうと、ラーメンやカレーは日本の国民食といってよいが、では国民料理かというと、意見の分かれるところであろう。この問題は、ナショナリティとシチズンシップの区別を導入することによって解決できる。すなわち、料理が帰属する「国籍」（ナショナリティ）と、外来の料理で市民権を得たもの（シチズンシップ）との違いととらえることができる。ラーメンやカレーは外来のもの（ナショナリティは中国やインド）であるが、すでに日本で市民権を得ており、日本の国民食となっている。しかし、これがナショナリティを得るまでには、天ぷらのごとく、さらに長い年月を要しよう。一時期、外食産業で流行った「無国籍料理」あるいは「多国籍料理」も、この区別に従えば理解しやすい。

ところで、ある国の料理が越境していく場合、（少なくとも当初は）料理体系としての国民料理ではなく、アイテムとしての国民食であることが多い。それがやがてその地で市民権を得ていく。これは第二回（本書第Ⅱ部）のテーマにつながる問題である。

国民食と国民料理を議論していくと、新たな問題が浮上する。それは国民食にしろ国民料理にしろ、誰が誰のために作った料理なのか、という問題である。その契機となったのが「ソウルフード」の位置づけはどうなのかという問いである。この問いは、料理の形成には、ボトムアップとトップダウンという二つのベクトルが存在するということを導く。ソウルフードは個人的なものであり、国家が関与する領域ではない。その上位に位置するのが「家庭料理（おふくろの味）」であろう。その上位に位置するのが国民食であり、さらにその上位に国民料理が位置する、という入れ子式になっているといえる。一般に、ソウルフードや「家庭料理（おふくろの味）」、さらには国民食は下からのベクトルで形成され、国民料理は上からのベクトルで形成されると考えられるが、実際には、国民料理にも下からのベクトルがありうるし、国民食にも上からのベクトルがありうる。

ここにジェンダーが関係してくる。ソウルフードなり、「家庭料理（おふくろの味）」を作るのは多くの場合、女性であり、「国民」が日々、家庭において食べるべき料理を「国民料理」と呼ぶなら、その主な担い手は女性ということになる。レシピを集め、自国の料理を形づくっていくうえで、女性が大きな役割を果たしてきたという事例は少なくない。

なお、この場合のトップダウンは、Official（Nationalism）とほぼ同義で、英語表記はアンダーソンの造語である。対するボトムアップはUnofficial（Nationalism）となる。アンダーソンはこの用語を国民国家建設の類型（②のフランスが「下からの革命」によって、③の明治維新が「上から国家建設」のごとく）として使ったまでで、国民料理の形成に対してではない。国民国家建設に関しても、この分類が妥当かは議論の余地があり、ましてや国民料理の形成に関してだと、単純すぎる二分法といえよう。現実には、トップダウンの高級料理に男性の料理人がかかわっていたとするなら、ボトムアップのベクトルには女性による家庭料理という側面があることを忘れてはならない。

4　越境する地方料理と国民料理化

第二回では、視点を変えて、国境を越えていく料理から、国民料理の形成過程をみてみた。料理が移動するには、①人の移動（移民・観光移動など）と②物の移動（交易・外食産業）の二つがある。国境を越えていく料理がホストカントリー、および母国にもたらすものとは何か。

中国料理の場合、料理は主に広東系の移民によって越境していった。しかも華僑が輩出した清末においては、中国はいまだ国民国家を形成しておらず、国民料理としての中国料理なるものも存在しなかった。ゆえに、海外に出ていったのは、広東料理というあくまで地方料理であった。同様に、南米への日系移民が携えていったのは日本の各地の地方料理や家庭料理であったし、アメリカへのイタリア移民の場合も、イタリア南部の地方料理であった。興味深いのは、中国料理や日本料理に限らず、それらが現地においてクレオール化しつつ、その国の国民食へと展開していったことである。

日本には日系ブラジル人の増加にともない、少数ながらブラジル料理店が存在することから、「ブラジル料理」なるものがあると思われがちである。しかし広大な国土と多様なエスニック集団からなるブラジルには、各地方によって多様な料理があるだけで、国民料理としてのブラジル料理なるものが形成されているわけではない。この点は、独立の時期はインドよりも一二五年早いにもかかわらず、いまだに国民料理の形成過程にあるという点では、インドと同じ情況といえる。このことは、独立の時期の早い遅いだけで国民料理の形成を論じることはできないということを意味している。これは北米にもいえることであるが、国土の広さと、繰り返される移民の波という要因も大きい。日本人の移住者が日本料理を持ちこんだのは、そのようなブラジルのサンパウロ州を中心とする一地域であった。

アメリカにおいてチャプスイが定着しなかった理由はさまざまあろうが、それが家庭料理に入りこまなかったからとも考えられる。逆に広東料理が東南アジアで定着したのは、家庭料理に入りこんだからともいえる。もっとも、これには移民の総数の差も影響していよう。日本において洋食やカレー、中国料理が国民食化しているのは、外食のほか、家庭料理化しているからだともいえる。また、世界食になりやすい国民食には、共通してプラットフォームが存在するからである、との指摘もなされた。また、「国民食」が海外にもたらされる段階では、（日本のラーメンのごとく）往々にして本来備えていた階級性、社会的な意味づけが希薄になっていることが多い。

海外に越境していった料理は、イタリアのごとく、それが本国の国民料理形成にフィードバックされる場合もあった。中国料理や日本料理に関しては、こうした現象は起きなかったようである。

越境する料理という問題は、単に国境を越えるということではなく、エスニック集団や文化をも超えていくということである。文化としての「料理」を考えるうえでは、フレデリック・バルトの「エスニック集団の境界」論（一九六九年）が参考になる。すなわち、エスニックな区分は、地理的、社会的な隔離によってその境界を維持してきたわけではなく、逆に境界を横切る人の流れがあるにもかかわらず存続するものであるということ、換言すると、文化的な差異はエスニック間の接触や相互依存にもかかわらず存続する、という指摘である。国民食や国民料理について議論する場合でも、バルトの提示したエスニック集団の視点は当てはまる。すなわち、料理という文化が越境し、その国の料理に溶けこんでいようが、エスニックな差異は依然として維持されているからである。その一方で、アメリカのように多民族国家の場合、エスニック集団を起源とする料理が「アメリカ人全体の料理」として普及している現状を理解するには、新たなモデルが必要とされよう。

5　料理の名付けと、地名料理の誕生

「地中海料理」という視点は、料理の名付けの問題を提起することとなった。これは、人はなぜ料理に名前を付けるのか、という根源的な問いの一部をなすものでもある。おそらく最初は名もない料理であったが、やがて料理に名前を付けていくようになる。それは他の料理と識別したり、同じ物を作る際の再現性が求められるからであろう。名前を付けることによって、レシピに残され、定番化されていく。家庭料理には名前がなくとも、外食産業では不可欠となる。

料理の名前は、初期の段階では素材なり、調理法などを組み合わせたものが多い。中国の例でいえば「炒飯《チャオファン》」、日本の「肉じゃが」など。数字や遊び心を加えたものとして、「八宝菜《バーバオツァイ》」や「親子丼」などがある。「東坡肉《トンボーロウ》」のように人名を入れることもある。そして地名を付けた料理というものが出てくる。この場合、都市名（北京ダック、札幌ラーメンなど）や地域名（加賀料理、南インド料理など）のこともあれば、フランス料理や日本料理のごとく、国名が付けられることもある。重要なのは、都市名までは単品であるが、地域名から上位は、料理の集合体に転換するこ

とである。これ以外のカテゴリーとしては、エスニック集団に由来する名称がある。狭くは、ニューオリンズのケイジャン料理、広くはユダヤ料理などがある。こちらも料理の集合体である。料理の集合体に名前を付けることにより、共有感覚が生まれてくる。これが食のローカリズムを生み出し、ネイションレベルであれば、食のナショナリズムを生み出すこととなる。「肉じゃが」ではナショナリズムは生まれないが、「京料理」「日本料理」というと、ローカリズムやナショナリズムが付随してくる。

集合体としての地名料理の場合、地域名、国名、さらには国境を越えた括りという、三つのレベルがある。国民国家が成立する以前は、地域名しかないが、国民国家の成立により、これが国レベルまで昇格する。広東料理の一品目であった「海南鶏飯《ハイナンジーファン》」が、シンガポールでは「シンガポール・チキン」として国民食となっているのもこの一例であるし、一地方料理としての福建料理から国民料理としての「台湾料理」への昇格も同様である。このように、各地の地方料理を統合して中国料理、イタリア料理なるものが概念として、そして実体としても創り出される。その一方で、地中海料理や、東南アジア料理、ヨーロッパ料理というように、国民国家の枠を超える括りを我々は行っている。例えば、モンタナーリの『イタリア料理のアイデンティティ』（二〇〇九年）は地方の多様性を抱えたイタリアという括りであるが、『ヨーロッパの食文化』（一九九三年）は、ＥＵによるヨーロッパという政治的な括りを強く意識した概説となっている。その内部の人間からすると異論はあるにせよ、それでも国を超えるレベルで括りたがるということは、国民国家単位で料理を呼ぶことの「不適合性」が背後にあるといえよう。

6 「政治的主張」としての「国民料理」

これまで、限られた事例ではあるが、国民料理という視点から世界の料理の成り立ちの一端をみてきた。その多様な展開には、国民国家の形成時期ばかりでなく、国土の広さと生態環境、エスニック集団の多様性、移民国家であるか否か、植民地支配の有無など、多くの要因が複雑に絡んでいる。その一方で、国民料理の形成にみられる、共通した構造のようなものもあるように思える。以下、私なりに国民料理の形成にみられるダイナミズムをモデル化してみたい。

「国民料理」のベースとなるものが半ば自然発生的に歴史的に形成されていたとすれば、それを「プロト国民料理」と呼ぶことができよう。これを時期で分けるならば、「プレ国民料理」となる。これはいわば、無意識レベルで存在している。これが意識化されていく過程が「国民料理」の形成といってよいであろう。「プロト国民料理」が「国民料理」として自覚され、やがて他者からも認知されるためには、何らかの契機が必要となる。対外的には、異質な料理との出合いが刺激となることが多い。内在的には、家庭やプロの料理人の努力、料理書の刊行、メディア、食糧統制や学校給食など、さまざまな要因が複雑に絡み合っている。これらは、換言すれば、ロジャース・ブルーベイカーがいうところの「政治的主張」ととらえることもできよう。

歴史的なものとしての料理が実在していると考えると「本質主義」的なアプローチとなり、政治的主張で作られると考えると「構築主義」的なアプローチとなる。しかし、感覚として、この両者はどちらか一方が正しく、一方が間違っているともいえない。この矛盾を解決するには、図1のごとく、過去・現在・未来という時間軸を導入することである。

「〇〇料理」の形成は、日々の料理を創意工夫しながら作るという営みによって支えられる。今日の営みが蓄積されていくと、実体をもった歴史となっていく。この際、ベクトルとしては、ボトムアップもあれば、トップダウンもありうる。レシピやグルメのレベルでいえば、言説化が行われていく。あるいは、地域社会にとっては郷土料理、家族にとっては家庭料理、個人にとってはソウルフードなどとなって身体化されていく。

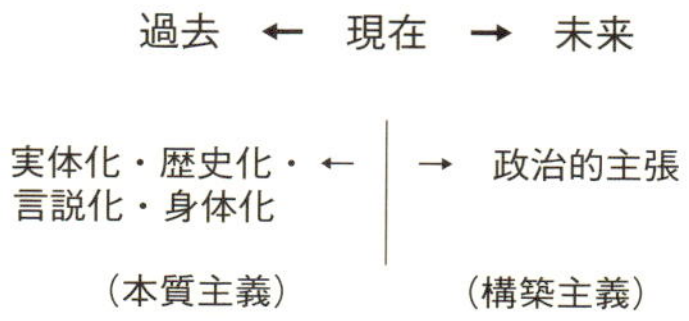

図1 国民料理形成の時間軸モデル

一方、政治的な主張は未来に対して行われるものである。しかしながら、ある程度の時間を経てこれが実体化されていかないと、それは見えてこない。つまりこれには長い時間がかかるということである。もっとも、歴史化の過程で現実に起こっているのは、ネイション・ビルディングの主張により、まったく新たなものを創造しているのではなく、過去の遺産を「再編成」していくことが多い。したがって、ベクトルは実は未来を向いているのではなく、現代から過去を見る視点が混ざりこんでいる。

フランス料理の場合は、政治的主張がなされたのが一八世紀末と古く

（その起源をたどればさらに遡りうる）、それゆえに長い蓄積があり、自他共に認める実体を形成してきたといえよう。「アメリカ料理」の場合は、建国の歴史は古いが、大陸の移民国家ということで、現在も形成過程にあるともいえる。「日本料理」の自覚的な形成は明治以降であり、「インド料理」の形成が開始されたのは、第二次大戦後の独立後のこととなる。「中国料理」の場合、王朝の歴史は長いが、実は「国民国家」としての歴史は非常に浅い。したがって、「中国料理」なるものが自覚されるのも清末民初のことであった。このように、「国民料理」の形成には、地政学的、歴史地理的な条件の違いのほかに、自覚的な、つまり政治的主張をいつ始めたのか、というスタートの時期の違いも大きな影響を与えているといえる。

次に問うべき問題は、政治的主張が歴史化されていくにはどのような過程を経る必要があるのか、またその担い手は誰であるのか、という点であろう。中国や日本のように「プロト国民料理」とも呼ぶべきものが存在している場合、「国民料理」への転換は比較的、短期間で容易になされることが予想される。いずれにせよ、実体化や歴史化の過程におけるレシピやグルメに関する言説が果たす役割は、政治的主張を実体のあるものにしていく上で決定的な役割を果たしてきた(2)。新興の独立国であっても、「〇〇料理」と国名を冠した料理書を刊行することが、国民料理形成のスタートとなる。

国民料理を政治的主張ととらえると、どの社会階層がそれを主張するのか、という問題が問われる。フランスの場合は、新興のブルジョワジーが主導権を握ったといえよう。このことは社会の階層化と料理の洗練との関係を指摘したグディーの問題提起［Goody 1982］と通底している。インドは目下、国民料理の形成過程にあるが、アパデュライ［1988］が指摘しているように、その主要な担い手となっているのが都市の中産階級の主婦らである。

このように「国民料理」を政治的主張ととらえるならば、当事者が自覚していれば、他者から見て「〇〇料理」なるものの際立った特徴がないように見えても、その存在を認める必要がある。内側の人間にとっては差異が存在するのかも知れないし、そのことは他者が決めることではない、ということになる(3)。その一方で、この方向を推し進めると、類似した料理体系が「〇〇料理」として、実体とは別に名称だけが細分化されていく可能性もある。つまり、今後は一九三の国民料理が名称として生まれる可能性がある。そうなれば、人びとはようやく、料理を国民国家単位で名付けることの不都合に気がつくであろう。

今回の企画では、アンダーソンのモデルを使った。その後、ナショナリズム研究はさまざまな展開をみせているが、アンダーソンの研究は、同じく一九八〇年代に刊行されたゲルナーやスミスと並び、個別のナショナリズム研究というよりも、国民国家群がなぜ成立したのか、というメカニズムを解き明かそうとした点において、やはり古典的な研究と言わざるをえない。しかしながら、これらの研究者は国民料理にはさほど意識を向けることはなかった。その後、Billing の *Banal Nationalism*（一九九五年）以降は、ネイション・ビルディングの過程における料理の側面に注目が集まるようになってきている(4)。とはいえ、論客の多くは政治学者や社会学者であり、料理そのものの研究というわけではない。

7 見えてきた課題

今後に残されているのは、生態学的要素や調理の技術などの観点から世界の料理体系を分類し直し、それと現存する国民料理との関係性を詳細に探っていく作業であろう。国民料理とは何かを突き詰めていくと、「〇〇料理」を特徴づけているのは、いったい何なのかという問題になる。それは①食材なのか、調味料なのか、調理道具と調理法なのか、技術の洗練度なのか、器と給仕法なのか、それとも②その背後にある文法なり型なり、コンセプトなのか、さらには③自覚・精神なのか、という問いでもある。①は客観的に分類できそうであるが、②になると見えないだけに難しくなり、③になると、もうお手上げとなる。他者に認知されている「〇〇料理」は①〜②に独自性があり、政治的主張としての「国民料理」は、③に基づく。[5]

こうした関係になっていることを承知したうえで、国民料理を研究していく際に、アンダーソンの四類型に加えて、生態学的、および歴史地理的なモデルを提案したい。生産業態で分けると、狩猟採集経済、および工業化社会はこの際、除外して、A農耕社会（Agriculture）、N遊牧社会（Nomadic）の二つに大別できる。Aはさらに、A1大陸国家とA2島嶼国家に分けることができる。ヨーロッパ、インド、中国などの大陸国家の場合、内部に多様性を秘めながら、緩やかに共通項があるともいえる。それゆえに、一八世紀以降のヨーロッパのごとく、国民国家群に分裂していくことになると、細分化されやすい。逆にインドや中国のように統合を保とうとすると、内部に大きな多様性を抱えこんだままとなる。日本のような島嶼国家の場合、大陸と比べてボーダーが明確なぶんだけ、料理体系も統一されやすく、国民料理に転化しやすい。Nの遊牧社会は、さらにN1モンゴル・中央アジアとN2中近東とに分けられよう。遊牧社会は農耕社会との交易なしには存在しえないが、独自の料理体系をもっていることは間違いない。これらの地域が国民国家を形成していく過程で、料理がどのようになっていくのかは今後のさらなる研究が待たれる。

もう一つの指標は政治経済的なもので、E帝国（Empire）と、C植民地（Colony）という分類である。この関係は古代にも存在したが、ここでは近代以降を扱うこととする。これは後述するイマニエル・ウォーラスティーンの「近代世界システム論」と通底する問題で、E帝国とC植民地は、中核と周辺と置き換えることもできよう。Eの帝国も、中華帝国のごとく大陸を基盤とするものをE1、大英帝国のごとく島嶼国家の場合E2と分けることもできよう。E帝国も時代によって交替していくように、Cの植民地も長い歴史がある。モンゴル帝国が衰退し一五世紀中葉に大航海時代が到来すると、新大陸が「発見」される。この新大陸をC1とし、一九世紀以降のアジア・アフリカの植民地はC2と分ける必要があろう。

新大陸の場合、後に大量の移民が押し寄せることになるので、移民国家という側面が強くなる。C1はさらに、アングロ・アメリカ（北米）とラテン・アメリカ（中南米）とに分けることができ、その後、両者は異なる展開をとげることになる。C1の場合、大陸国家ということも関係するが、絶え間ない移民の流入により、料理もクレオール化し、「国民食」は存在するものの、[6]「国民料理」なるものはいまだ形成過程にあるともいえる。

C2も、大別してアフリカとアジア（中東・インド・東南アジア）に分けられよう。いずれも、独立後の料理に関しては、宗主国の影響を受けることがある。アフリカにおける国民料理形成に関しては、Cusack［2000］による概括的な研究がある。アフリカの場合も、南北アメリカ同様、イギリスやフランス、スペインといった宗主国との関係が色濃く影響しているものの、それぞれの展開のありようは、国民国家によってさまざまである。とはいえ、誰が担い手となるか、料理書の重要性と女性のかかわりのほか、アメリカ在住のアフリカ系の人びとの活動の果たす役割など、共通した特徴も備えている。東南アジア（インドシナ）の場合、文字どおりインドと中国の影響に加え、植民地の宗主国との関係や、イスラームの影響などが国民料理の形成に深くかかわってきたことが推測される。もしこの点を加えるなら、R宗教（Religion ユダヤ・イスラーム・ヒンドゥー・仏教など）という要素を付け加える必要があろう。[7]

アンダーソンの四類型は、国民国家形成の時期による分類であるが、このモデルは歴史地理の要素を導入している。大きな違いは、生業の違いのほか（アンダーソンモデルではN遊牧地域が落ちてしまう）、大陸国家であるのか否かの要素を取り入れること、帝国と植民地化の時代を区分することにある。アンダーソンによれば、①南北アメリカと、④アジア・アフリカの新興の独立国とを分けているが、南北アメリカもアジア・アフリカも植民地という点では共通している。違いは、その時期と、大陸国家か否かにある。南北アメリカを先駆者としたのは卓見であるが、新大陸の特徴は、やはり大陸国家であることと、広大な土地ゆえに大量の移民を受け入れることになるという、その後の歴史的な展開にある。南北アメリカにクレオール食はあっても、明確な輪郭をもつ「国民料理」が存在しない理由はこれで説明がつく。一方、インドに国民料理がないのは、植民地からの独立が新しいからだけでなく、大陸国家ということも大きい。この点では、インドと比較するべきは、同時期に独立したアジア・アフリカ諸国ではなく、中国であろう。

A農耕社会のなかでも、大陸と島嶼ではそのありようは大きく異なる。フランスと日本における国民料理の形成過程を比較すれば、両者の違いは形成の時期だけではなく、歴史地理的な要因も大きいことがわかる。もっとも、大英帝国のごとく、島国であっても世界各地に植民地をもっていた場合には、大陸間の食材の交易を促すなど、決して孤立していたわけではなかった[8]。

最後に、大きな問題としては、近代を巡る問題群がある。これは大英帝国の食とも関係する。ウォーラスティーンは、「近代世界システム論」のモデルを提示し、あまた存在する国民国家群を構造的に把握しようとした。すなわち、一六世紀の西欧を中核として誕生した大規模な地域間分業体制が、やがて全世界を吸収していった、とする歴史観である。世界システム内で優位に立つ中核（当初は西欧、後にアメリカ合衆国へ）とその周辺という考え方は、植民地主義の問題に繋がるものであり、「国民料理」の形成を考える上でも避けて通ることはできない。近代世界システムに自らを適応させているのが「国民国家」であるとするならば、国民国家の形成と並行して、「国民料理」なるものが作り出される力学とは、いったい何なのか、という問いがなされてしかるべきであろう。

また、「国民国家論」が「近代化論」でもあるならば、「国民料理論」も「食の近代化論」につながるのか、という問題も生じる。アーネスト・ゲルナーが唱える近代化論としての国家形成に従い、「一つの近代」に収斂していくというモデルで「食」の問題をとらえていいのか、という問題である。これは食のグローバル化の問題ともつながる。「世界料理」なる概念や実体はいまだ形成されていないが、「世界食」なるものは明らかに形成されつつある。これは国民食と国民料理の関係に似ていて、フード・アイテムはたやすく国境を越えていくが、料理の体系そのものは、簡単には越えることがないということとパラレルな関係にある。しかしながら、今後、調理法や給仕法を含めた、料理の体系そのものが越境し、融合し、「世界料理」なるものが生まれる可能性は否定できない。その場合、現状の「国民料理」はその過渡期のものにすぎないのか、という問題が出てくる。「国民料理」の形成が地方料理の標準化をもたらしたのなら、グローバル化は「国民料理」の標準化を促していくのか。

今回の事例報告で明らかになったように、「○○料理」と「国民料理」は、重なることもあるが、重ならないこともある。両者は決してパラレルに発展はしてきていない。では、世界の料理を「国民料理」の視点から見ることの意義はどこにあるのか。実は、「国民料理」なるものは人類の歴史のなかできわめて新しい括りであり、この概念、およびその実体が、どのようにして生まれたのかを考える意義はある。さらにいえば、「国民料理」なるものは、本当に全ての国民国家がもたなければならないものなのか、という問いもあってしかるべきであろう。数十年か数百年後、どうしてあの当時は皆、懸命になって国民料理なるものを作ろうとしていたのだろうか、と思い起こされる時がくるかもしれない。その時のためにも、現状を現在の視点からとらえ、記述し、分析しておく意義はあろう。

8 結びにかえて――日本料理の行方と世界料理

日本における「国民料理」の事例は、大まかにいってアンダーソンモデルに当てはまるといえよう。もっともその過程を主に料理書の展開から見ていくならば、西洋料理や中国料理を鏡としながら、日本料理の進むべき道を模索した先人らの努力があったのである。その際、料理書の対象がプロの料理人である男性から家庭の主婦へ転換したことの重要性の指摘は、国民料理の形成における女性の役割という点で、世界の事例と共通する部分があるといえよう。その一方で、料亭においては、男性の料理人による技術の洗練と、それを支える富の蓄積の問題が指摘された。これも、日本の場合に限らず、普遍的な現象といってよいであろう。

急速な勢いでグローバル化が進む今日、日本は寿司やラーメンという国民食を世界に発信してきた。それはもはや世界食となりつつある［川邉 二〇一七］。しかしながらこれらはフード・アイテムであって、料理体系としての日本料理ではない。今後、日本料理の文法や精神までもが、世界に広がっていく可能性はあるのであろうか。思うに、それはかつてフランス料理がやったことであり、けっして不可能なことではないであろう。それは偏狭な食のナショナリズムなどではなく、世界料理に対する日本料理の貢献といってもよいであろう。

日本食の普及にともない、世界各地の研究者らによって、「国民料理」あるいは「日本のアイデンティティ」としての日本料理が研究対象となりつつある。[9] 今後は、外からみた「日本料理」という視点にも目配りしながら、日本料理の今後のありようを考えていく必要があろう。

〈注〉

(1) しかしながら、日々の生活では、この分類を用いることはなく、我々にとっての大分類は、依然として「和食」「洋食」であり、これに「中華」が入る「和洋中」であろう。近年はこれに東南アジアやアフリカの料理などが「エスニック料理」という括りで加わっている。同様のことは中国語による分類にもいえ、総称としての外国料理をさす「西菜」「中餐」などの語彙を受けて、清末に中国料理をさす「華菜」「中餐」などの語彙が生まれ、今日でも中国人はまずこの二分法で世界の料理を大きく分けている(詳しくは拙稿[二〇一九]参照)。この分類法は、世界の料理を日本人や中国人がどのように認識し、違いを分別しているかという、興味深い問題につながる。アメリカやヨーロッパ、あるいはインドやアフリカ、中南米から見たら、また別な括りがあり得るはずである。

(2) 国民料理の形成と関連して、料理書の研究も盛んになりつつある。デンマーク料理では Gold [2007]

があったが、近年の研究では、アメリカ料理ではElias［2017］が、西洋における料理書一般の歴史研究としてはNotaker［2017］などがある。

（3）例えば、ヨーロッパの例でいえば、一般の日本人は、デンマーク料理、アイルランド料理、あるいはブルガリア料理というものがあるということを、実感することはあまりない。これらの国々は農文協の『世界の食文化』シリーズにも収録されていない。しかし、*Danish Cookbooks*（2007）、*A Little History of Irish Food*（1998）、*Bulgarian National Cuisine*（2001）といった料理書の存在は、当事者にとってそれが存在することを表象している。アイルランドの場合はやや控え目であるが、ブルガリア料理の場合は、書名にNational Cuisineを打ち出しており、より積極的である。

（4）例えば、Ichijo, Atsuko & Ranta, Ronald［2016］や、Ichijo, Atsuko［2017］など。

（5）現実には、①の食材、調味料、調理法、給仕法なども、地域を越えて共通している部分が多いし、歴史的にも変化しているので、これで分けることは難しい。②の文法、型、コンセプトも、文法に則って新たな食材や調味料、調理法を取り入れたりした場合、見た目や味では違った料理と映る（例えば、割烹で出されるホタルイカの紹興酒漬けは日本料理といえるのか、ワサビを使ったフランス料理はどこまでフランス料理なのか、など）。③の自覚の問題は、日本における洋食店にも存在する。とある洋食店に入り、食後、ウエイターに何料理の店なのかと聞いたところ、「フランス料理です」と強い口調で答えられたことがあった。この場合、出された料理の何をもってフランス料理と言えるのかと議論しても意味がない。これは突き詰めると、シェフの自覚の問題になるからである。

（6）例えば、メキシコにおける国民料理形成に関しては、すでにPilcher［1996］や今泉裕子［二〇一七］らによる論考があるし、ペルーにおける中国料理や日本料理に関しても、山脇千賀子［一九九六］

や柳田利夫［二〇一七］などの研究がある。

（7）これらのモデルは、整合性のある類型論にはならないが、さまざまな要因を可視化する意義はあろう。現実には、国や地域によってこれらの諸要因が組み合わさっており、その組み合わせの総数は類型論の枠を超えてしまう。たとえば、フランスをA1・E1とするなら、イギリスはA2・E2となるし、モンゴルはN1・E1、中国はA1・E1となる。インドはA1・E2からのちにA1・C2となる。北米はA1・C1から後にA1・E1となる。東南アジア・アフリカはA1・C2と、日本はA2（E2）といった具合である。これに宗教のRの要素を加えていってもいいが、複雑すぎて類型論にはならなくなってしまう。

（8）植民地経営と世界規模の食材の交易は、帝国を含めた個別の国民料理の形成においても大きな影響を与えてきた。大英帝国を例にした砂糖を巡る古典的な研究としては、ミンツ［1986］があるが、最近の著作としてはコリンガム［2017］がある。彼女は大英帝国の形成に伴い、大陸間で塩鱈、砂糖、茶、小麦、米、トウモロコシ、家畜などの食材の交易システムが確立され、いかに現代のグローバルな食を形作ってきたのかを歴史読み物的に叙述している。

（9）概説としては、Cwiertka［2006］が、米に関してはOhnuki-Tierney［1993］が、茶に関してはSurak［2013］が、ラーメンに関してはクシュナー［2012］およびソルト［2014］などがある。近年の論集では、Niehaus & Walravens eds.［2017］、Stalker ed.［2018］がある。なお、英語で書かれた日本の家庭料理のレシピ集としてはHachisu［2012, 2015, 2018］がある。日本の農家に嫁いだアメリカ人女性の書いたもので、生産者寄りであるが、日本の家庭料理の精神や文法がしっかりとふまえられている。外から見た現代の日本料理の輪郭を知るうえでも、興味深い。

〈引用・参考文献〉

アンダーソン、ベネディクト（1983：原著刊行年、以下同様）（白石隆・白石さや訳）二〇〇七『定本 想像の共同体――ナショナリズムの起源と流行』書籍工房早山。

クシュナー、バラク（2012）（幾島幸子訳）二〇一八『ラーメンの歴史学――ホットな国民食からクールな世界食へ』明石書店。

ゲルナー、アーネスト（1983）（加藤節監訳）二〇〇〇『民族とナショナリズム』岩波書店。

コリンガム、リジー（2017）（松本裕訳）二〇一九『大英帝国は大食らい』河出書房新社。

スミス、アントニー・D（1986）（巣山靖司・高城和義他訳）一九九九『ネイションとエスニシティ――歴史社会学的考察』名古屋大学出版会。

ソルト、ジョージ（2014）（野下祥子訳）二〇一五『ラーメンの語られざる歴史』国書刊行会。

バルト、フレデリック（1969）（内藤暁子・行木敬訳）一九九六「エスニック集団の境界」青柳まちこ編・監訳『「エスニック」とは何か――エスニシティ基本論文選』新泉社。

ブルーベイカー、ロジャース（佐藤成基・髙橋誠一・岩城邦義・吉田公記編訳）二〇一六『グローバル化する世界と「帰属の政治」――移民・シィテズンシップ・国民国家』明石書店。

ミンツ、シドニー・W（1986）（川北稔・和田光弘訳）一九八八『甘さと権力――砂糖が語る近代史』平凡社。

モンタナーリ、マッシモ（1993）（山辺規子・城戸照子訳）一九九九『ヨーロッパの食文化』（叢書ヨーロッパ）平凡社。

モンタナーリ、マッシモ（2009）（正戸あゆみ訳）二〇一七『イタリア料理のアイデンティティ』河出書房新社。

ローダン、レイチェル（2013）（ラッセル秀子訳）二〇一六『料理と帝国――食文化の世界史紀元前2万年前から現代まで』みすず書房。
荒井隆宏　二〇一四『荒井隆宏のペルー料理』柴田書店。
石毛直道監修　二〇〇三～九『世界の食文化』全二〇巻＋別巻、農山漁村文化協会。
今泉裕子　二〇一七「メキシコの国民料理形成とデ・レオンの料理書における「チレス・エン・ノガダ」の位置付け」『会誌　食文化研究』No.13、五五‐六四頁。
宇田川彩　二〇一五『アルゼンチンのユダヤ人――食から見た暮らしと文化』風響社。
川邉信雄　二〇一七『「国民食」から「世界食」へ――日系即席麺メーカーの国際展開』文眞堂。
西澤治彦　一九八六「書評 Jack Goody: *Cooking, Cuisine and Class: A Comparative Sociology*」『史境』一三号、歴史人類学会。
西澤治彦　二〇〇一「中国料理とアメリカ料理」『しにか』二〇〇一年五月号。
西澤治彦　二〇一九「『中国料理』はいつ生まれたのか――『申報』に見える料理の語彙の分析を通して」岩間一弘編『中国料理と近現代日本』慶應義塾大学出版会。
廣田功　二〇〇六「一九世紀におけるブルジョワ料理の展開――ブルジョワ料理から国民料理へ」*Revue japonaise de didactique du français* Vol.1, n.2: 48-66.
廣田功　二〇〇九「『近代フランス料理』確立の社会文化史的意義（特集一九世紀の再評価――一九世紀の可能性）」『19世紀学研究』（3）、四一‐五七頁。
柳田利夫　二〇一七『ペルーの和食――やわらかな多文化主義』慶應義塾大学出版会。
山脇千賀子　一九九六「文化の混血とエスニシティ――ペルーにおける中華料理に関する一考察」『年報

社会学論集』九号、関東社会学会、四七‐五八頁。

Appadurai, Arjun. 1988 How to Make a National Cuisine: Cookbooks in Contemporary India, *Comparative Studies in Society and History*, 30-1.

Billing, Michael 1995 *Banal Nationalism*. Sage.

Cook, Ian and Philip Crang 1996 The world on a plate: culinary culture, displacement and geographical knowledges. *Journal of Material Culture*, 1(1): 131-54.

Cusack, Igor 2000 African Cuisines: Recipes for Nation-Building? *Journal of African Cultural Studies*, Vol. 13, No. 2, pp. 207-225.

Cusack, Igor 2004 Equatorial Guinea's National Cuisine is simple and tasty. *Arizona journal of Hispanic cultural studies* 8: 131-148.

Cwiertka, Katarzyna 2006 *Modern Japanese Cuisine: Food,Power and National Identity*, Reaktion Books.

Elias, Negan 2017 *Food on the Page: Cookbooks and American Culture*, University of Pennsylvania Press.

Gold, Carol 2007 *Danish Cookbooks: Domesticity & National Identity, 1616-1901*, the University of Washington Press.

Goody, Jack 1982 *Cooking, Cuisine and Class: A Comparative Sociology*, Cambridge University Press.

Hachisu, Nancy Singleton 2012 *Japanese Farm Food*, Andrews McMeel Publishing.

Hachisu, Nancy Singleton 2015 *Preserving the Japanese Way*, Andrews McMeel Publishing.

Hachisu, Nancy Singleton 2018 *Japan: the cookbook*, Phaidon Press.

Ichijo, Atsuko 2017 Banal Nationalism and UNESCO's Intangible Cultural Heritage List: Cases of

Washoku and the Gastronomic Meal of the French, in Michael Skey & Marco Antonsich, 2017 *Everyday Nationhood: Teorising Culture, Identity and Belonging after Banal Nationalism*, Palgrave Macmillan.

Ichijo, Atsuko & Ranta, Ronald 2016 *Food, National Identity and Nationalism: From everyday to Global Politics*, Palgrave Macmillan.

Niehaus, Andreas & Tine Walravens eds. 2017 *Feeding Japan: The Cultural and Political Issues of Dependency and Risk*, Palgrave Macmillan.

Notaker, Henry 2017 *A History of Cookbooks: From Kitchen to Page over Seven Centuries*, University of California Press.

Ohnuki-Tierney, Emiko 1993 *Rice as Self: Japanese Identities through Time*, Princeton University Press.

Palmer, Catherine 1998 From Theory to Practice: Experiencing the Nation in Everyday Life. *Journal of Material Culture* 3(2): 175–99.

Pilcher, Jeffrey M. 1996 Tamales or timbales: cuisine and the formation of Mexican national identity, 1821–1911. *The Americas* 53(2): 193–216.

Sexton, Regina 1998 *A Little History of Irish Food*, Kyle Cathie Limited.

Slavchv, Plamen 2001 *Bulgarian National Cusine*. Scorpio vi publishing.

Stalker, Nancy ed. 2018 *Devouring Japan: Global Perspectives on Japanese Culinary Identity*, Oxford University Press.

Surak, Kristin 2013 *Making Tea, Making Japan: Cultural Nationalism in Practice*, Stanford University Press.

総合討論

フランス料理の形成過程

南直人（総合司会・歴史学）　まず、佐伯さん、岩間さん、山田さんからの、フランス料理の海外進出とフランスの政治的支配の関係に関する質問からいきましょう。欧州においてフランス語が外交上の共通言語になっていった過程と、フランス料理が外交儀礼、晩餐会などに出されるようになった過程は対応するのか。「国民料理」は外部との関係の中で形成されたものなのか、という質問です。

橋本周子（フランス文学）　狭義には、フランス料理が戦略的に外交の場で用いられるようになったのは、一九世紀、特にカレーム以降の時代であると言えます。ただ、フランスの料理を含む技芸全般がヨーロッパのスタンダードになってくるのが一七世紀以降のことですので、すでにこの時代から、ヨーロッパ諸国では、フランスの料理人を雇いたいとか、フランス語の料理書が翻訳されるということもありました。でも決定的なのは、カレーム以降と考えてよいと思います。第一帝政期、美食と外交という文脈でよく名前があげられるタレーランは、カレームを雇って意識的に政治に利用したことで有名です。タレーランは、ナポレオンの失脚後もうまく世を渡り歩いて、王権回復後のルイ一八世のもとでも働くのですが、そのルイ一八世に対して、「陛下、私は、命令よりも、鍋が必要なのです」という発言が残っているぐらい、料理を意識していた人です。

森枝卓士（文化人類学）　フランスのワインがステータスを上げていったのも戦略があり、フランス料理が外交の場で使われるようになっていくプロセスと重なると思います。

橋本　ワインに今日のような価値観が付加されるきっかけは、やはり革命が決定的だった。それ以前、ワインというのは、それぞれの土地で脈々と造られ、そこの領地に住んだ貴族が所有する土地に張りついていたものだった。その貴族たちがいなくなった時に、ワインは全て叩き割られたのではなく、新興の富裕層らに買い取られたのです。

村瀬敬子（歴史社会学）　料理書というのは、どのくらいの量が出版されていて、どんな階層、ジェンダーの人が読んだのでしょうか。

橋本　時代によっても変化するので一概には言えませんが、料理書というのは基本的には技術書ですので、特に時代を遡るほど、それを商いにしている専門の人が読むことが多かった。時代が下ると、それを広めるような形の本が出て、男性の若い見習いの人が読むというようになるが、家庭向けのものも少なくなく、女性も読んではいた。

村瀬　ナショナル・キュイジーヌという場合、誰にとってのナショナル・キュイジーヌなのかということが大事だと思うのですが。

橋本　フランスの傾向として、キュイジーヌ・ナショナルという言い方はめったに聞かないのです。ただ、料理と国民性を意識的に関連づけ、ある一定の特徴をもつ「フランス料理」なるものの輪郭を整えていこうとする動きがあったのは事実です。地方や社会階層の多様さ、家庭も含めてそういった多様性を吸収していくような、そういう力が働いていた。ここで重要なのは、「フランス料理」は単にごく一部の高級料理のみを領域とするのではない、ということです。例えばポトフは、家庭料理の代表として言われたりしますが、ではこれがナショナル・キュイジーヌという枠組みから完全にはずれるのかというと、そうではない。高級なレストランで、ポトフがそのままの状態で出てくることはないにしても、少し解釈を変えて出されるということがあるように、そこに再解釈、再統合していくような動きがあったことは、注目しておくべきだと思います。

早川文代（調理科学）　料理書において、味や香りや食感の描写など、感覚の快楽に訴えかけるということも、積極的にされていたのでしょうか。

橋本　おいしさの表現について、フランスは独自の工夫を重ねてきた、とも言えるかもしれません。よく知られているものとして、ワインであればワインの味わいを表現する言葉の体系というものがあります。料理に関しても、「おいしい」といった単語レベルの表現にとどまらず、フランス語は読んでいる人にそのおいしさを伝える表現の工夫というものが得意です。食べ手の言説を膨らませるためには、教養が不可欠だった。例えば、性的な快楽との比喩というか、ちょっと際どいところまで出してきて、それでもって、あるもののおいしさを表現する。ほかにも「演劇におけるラシーヌのように」といった感じで、すでに社会的に認められている文芸ジャンルから引き合いに出して、照応させるということが、特に美食批評の発展初期にはよく試みられたようです。

山辺規子（歴史学）　ミシュランガイドの果たした役割をどうお考えですか。

橋本　私の発表は、高級なフランス料理の話だけをしたように映ったかもしれませんが、フランスの料理は高級な上澄みだけを取ったものという定義の仕方を、少なくとも当人たちはしておらず、多様性がそこに統合されている、しかもそれが高いところで統合されているところにポイントがあると考えています。ミシュランガイドは皆さんご存知の通り、初めは自動車旅行のガイドブックとして二〇世紀に入る頃に生まれたものです。この時代はフランスが、地方というものを発見していく時代です。その地方の料理というものを食べに行く際、道路地図がまさしくパリを中心に網の目に広がるように展開している。全ての道はパリに通じていて、人びとはパリから出発して地方に行くし、その精髄はパリに集まって来て、パリで各地の料理の店も生まれる。したがって、多様性を含む我らが豊かなフランス国土という、すでに近代に入る頃にできあがりつつあった概念を、さらに強化していく役割があった。パリだけに美食があるのではなくて、全ての国土からそこに集まって来ている、というイメージの形成に役立ったと考えています。

インド料理のイメージとスパイス

山本志乃（民俗学）　地方色の濃い各料理、ベンガルとか南インド等を「インド料理」として包摂する必然性は何なのでしょうか。

井坂理穂（歴史学）　国民国家を形成する過程で、地方の料理を含めた「インド料理」のイメージを積極的につくりだそうとした人びとがいた、ということはあると思います。その際に、「インド料理」を厳密に規定せず、ある程度、象徴的で曖昧なかたちで描くことが、国家のあり方に合っていた、ということもいえるかと思います。

松島憲一（植物遺伝育種学）　インドの国民食を考えると、どうしてもスパイスとの関係ははずせないと思うのですが、多種類のスパイスをミックスして使用する「インド的」なスタイルは、どのように形成されたのでしょうか。

井坂　スパイスの使い方ですが、地域や時代によって様々な使い方があります。実は、何人かで進めてきたインドの食に関する共同プロジェクトがあって、そのメンバーの一人が、中世のサンスクリット語の料理書をもとに、唐辛子がインドに伝わる以前のインドのスパイスについて研究しています。近世以前に、どの地域でどのようなスパイスがどのように使われていたのかについては、わからないことが多々あります。近現代に入ると、地方料理のレシピが料理書などを通じて他の地方にも伝わり、その料理のためのスパイスの使い方も共有されるようになります。また、それぞれの料理に合わせたスパイス・セットが出回ったりもするようになります。ただし、そのように広く共有される料理、スパイスの使い方がある一方で、共有されずにその地方やコミュニティの中にとどまっているものもあります。

松島　唐辛子以前の食事ということにすごく興味があって、インドに唐辛子が入る前には、どのようなスパイスを使っていたのかについては、おっしゃる通りわからないことが多いですね。中国四川省や東南アジアを見ても、複数と言っても二、三種類のスパイスとかハーブをミックスする程度です。だから、インドのようにものすごく沢山のものを入れるということに、何か必然性があったのか、文化的にどういう流れでそういうふうになったのか、というのを知りたいと思いまして。

井坂　実は、それほど多くの種類のスパイスを使わない料理もかなりあります。地域や階層によってもスパイスの使い方が異なるところもあるので、インド料理を一様に、沢山の種類のスパイスを入れるもの、と断定することも難しいように思います。

表真美（教育学）　インドの方々が日本やインド以外の国々で提供する「インド料理」が、インドに逆輸入され、それが若者たちに受け入れられ、インド国内に広がることがあれば、宗教やカーストのボーダーがなくなっていくのでしょうか。

井坂　南アジア研究者のなかでも、「還流」という言葉を使って、インドの外で変容した「インド文化」が、逆にインドに戻ってきて影響を与える現象を検討している方々もいます。こうした現象が進めば、インド国内の食における宗教やカーストの境界がなくなるかどうか、という点ですが、確かにカーストなどの境界を超えた「インド料理」イメージが強化されるようにみえるときもあります。ただその一方で、宗教やカーストと食との結びつきが、グローバルな文脈のなかで、改めて意識されることもあります。

池谷和信（文化人類学）　料理書において、一九世紀とか、独立後のインドでカレー料理はどれくらい紹介されているのでしょうか。

井坂　「カレー」という言葉の意味によるかと思います。「カレー」という言葉は、英語では、香辛料で味つけされている料理、特にスープ状の料理をさすのに使う包括的な料理名ですが、インドの家庭ではそれぞれの料理が、それぞれ別の名前で呼ばれています。研究者のなかには、「カレー」というのはヨーロッパがインドの食文化に押しつけた概念だ、と論じている方もいます。

池谷　インドの農村部でフィールドワークをすると、ほとんど毎日カレーで、もうカレー以外に無いのではないかというぐらいです。ですので、カレーをインドの国民料理の共通語として捉えることはできないのでしょうか。

井坂　そのとき先生が召し上がった料理を、現地の人びとがどのように呼んでいるか、全て「カレー」と呼んでいるのか、という話になるかと思います。例えば北インドの家庭に滞在していると、ダールという豆のスープとか、アールー・ゴービーという、ジャガイモ（アールー）とカリフラワー（ゴービー）をスパイスで味つけした料理が出てきたりします。どちらの料理も食材の名前で呼ばれていますが、これらを全て「カレー」という同一の料理、と括ることはできないかと思います。辛島昇先生は昔、インドの料理で香辛料が広く使われている様子を、日本で醬油が色々な料理に使われている様子に喩えていらっしゃいました。そう考えれば、香辛料で味つけした料理も一括りにはできないのではないかと。しかしヨーロッパの人びとが、これらの料理を一括して「カレー」と呼び、その「カレー」という言葉が世界各地に広まったことで、料理名をめぐる混乱が生じてしまったように思います。

アメリカ料理

佐伯順子（比較文化・メディア学）　ヨーロッパと異なるアイデンティティを食文化に求めたというお話ですが、ハンバーガー、サンドイッチなどといった食べ物の普及は、ドイツでいうところのカルテス・エッセンの影響下にあると思うのですが、このようにヨーロッパの影響も強いのではないでしょうか。

新田万里江（アメリカ研究）　「国民料理」を作るというレベルにおいては、ヨーロッパと違うアイデンティティをつくるということがありましたが、もちろん、そのヨーロッパの影響というのはあります。特にフランスとの関係はやはり強く、例えば第三代アメリカ大統領のトマス・ジェファーソンはフランス料理のシェフを雇ったり、ヨーロッパから種などを取り寄せて作物を育てたりしています。一九世紀以降も特にフランス出身やフランスで修業を積んだシェフあるいはフランス料理というのは一つのステータスになっています。

村瀬　アメリカ料理における栄養学や家政学の影響はどのようなものだったのでしょうか。

新田　家政学というのは、アメリカではホーム・エコノミクスといって一九世紀後半に発達しました。当時、おもに東欧からの移民たちのアメリカ社会への同化を促すために「アメリカ料理」をはじめとするアメリカ文化を彼らに教える運動が起こりました。その担い手となったのがホーム・エコノミクスの先生や卒業生の女性たちでした。ホーム・エコノミクスの学者らは、実は占領期の日本、あるいは沖縄にも来ていて、栄養の摂り方やテーブルマナーなどを教えているのです。このホーム・エコノミクスがそれぞれの時代や地域で「アメリカ料理」をどう定義しているのかは私も注目しており、今後、詳しく調べてみたいと思います。

村瀬　アメリカ人なら大きい冷蔵庫を持って、週末には庭でバーベキューをして、コカコーラを飲むといった、そういう自国の料理に対するイメージも持っているのではないかと思うのですが。

新田　確かに、大きな冷蔵庫や庭でバーベキューをするというような文化は、私から見るとアメリカ的だなと思います。そして、そのようなアイデンティティがどのように生まれてくるのかについて考える時に、対外的な側面も重要ではないかと思います。例えば、冷戦期のソ連との科学技術の競争を背景に、ニクソン大統領とフルシチョフ第一書記がキッチン・ディベートと呼ばれる討論をしたことは有名かと思います。ニクソンは、このディベートの中でアメリカ人はこんな冷蔵庫やキッチンを持っていると自慢することで、アメリカの国力を誇示したと言われています。なので、食やそれに関する消費文化の形成も対外的なことと切り離せないと思ったりします。

ソウルフードの位置づけ

長沢美津子（ジャーナリスト）　トップダウンであれボトムアップであれ、その国を象徴する料理になっていくのが国民料理だとすると、その一方で、ポトフのように当事者以外にはあまり広まっていないものがソウルフードなのかなと思うのですが。

西澤治彦（コーディネーター・文化人類学）　ソウルフードは国民食と同義で捉えていいですか。

長沢　私が考えるソウルフードは、その人にとっての個人的なものだと思うのです。フランス人が外に向かって誇りたいのは、たぶんソウルフードではなくて、高級料理なのかな。

小林哲（マーケティング）　ソウルフードは長沢さんが定義されたように、その人にとって大切な料理でいいと思います。ただそれが、一個人の料理なのか、家族の料理なのか、地域の料理なのか、国の料理なのか、というのは人によって全然違うし、今回は国民国家を単位としているので、分けて議論した方がいいと思います。

西澤　確かに少し次元が違う話ですが、ソウルフードという視点は面白いですね。趣旨説明のところで、個人の食に相当する食を私は苦し紛れに「個食」としましたが、ソウルフードとする方法もありましたね。フランス、インド、アメリカにおけるソウルフードってどうなっていますか。

橋本　ソウルフードという発想は、もう一つの視角を与えてくれる言葉だなと思いました。日本の場合、ソウルフードを漢字に直すなら、意味がずれてしまいますが、「国民食」、もっと言うと「おふくろの味」に近いかもしれませんね。フランスの場合、良くも悪くも、戦略的に成功したのは、そういった個人レベルからネイションのレベルまで、地続きであるような感覚を国民全体に共有させたところだと思います。

井坂 「おふくろの味」に当たるものだとすると、まさにどの地域・コミュニティに属しているかによって違ってくる。インドの多様な食のあり方がここでも反映されてくると思います。

新田 アメリカの南部料理は、ソウルフード、もしくはコンフォート（慰めるという意味）・フードというカテゴリーとして広くアメリカ人の中では認識されているように思います。

西澤 そうすると、ケージャン料理に関しては、個人のレベルではなく、エスニックおよびリージョナルな集合体としてのソウルフードというのが存在し得るということですか。

新田 そうですね。南部の出身者でなくても、南部料理はソウルフードであるという理解があるのではないでしょうか。地域料理にソウルフードとかコンフォート・フードというイメージが付与されて、消費されているところが面白いと思います。

国民料理の要件

伏木亨（栄養生理学） 各国の料理がその国の国民料理として認識される条件として、①食材はどのようなものでも自国の料理に仕立てることができる。②味つけの風味は譲れない。③自分が何料理を作っているのかという精神は大事だと思います。つまり、風味と、家族のあり方や宗教など精神のところで、自国の料理というものを認識するのではないでしょうか。

西澤 確かに国民料理を分けているのは、つまるところ食材ではないですね。日本料理のコンセプトで調理すれば、外来の食材も立派な日本料理になる。中国料理の場合もそうですし、料理というものはそういうものだと思います。味つけや風味、確かにこれははずせないと思います。出汁とか、旨みですよね。それから三番目の、自分が何を作っているのかという精神。私は「自覚」と書きましたが、それを意識しているか否かは大きいと思います。風味、味つけと自覚、それを私はコンセプトというふうにまとめた訳ですけども。

伏木　新田さんの発表の中で、アメリカの強制収容所に入れられた日系の人たちの話が大変興味深くて。アメリカは日本人の習慣などを全部バラバラにして、アメリカナイズさせようとした訳です。日本の国民食があるとしたら、これを放棄させようとした。対して日系人たちは、醤油が配られたという話がありましたが、どんな食材でもそれで味をつけて、取り敢えず日本料理っぽくした。あるいは抜け出して魚を獲った。そうして守るべきものを守った訳です。しかも、戦後になると現地の材料を使っているけども、やはり日本的なものを作っている。あの中に、ひょっとしたら我々が議論しようとしている「国民料理というコンセプト」があるのではないかと思いました。

西澤　その通りですね。先程のソウルフードの話に戻りますけれど、やはり日系人にとっては、あれがソウルフードなのですね。我々がアメリカの南部料理を食べても、生活体験がないので、心からそれをソウルフードとして味わうことはできない。強制収容所に入れられた人たちにとっては、まさに心の拠り所、あれこそソウルフードかもしれないですね。

守屋亜記子（文化人類学）「国民料理」の要件の一つとして、独自のコンセプトの有無をあげていますが、今日の発表で取りあげた三カ国それぞれの国民料理のコンセプトについてお教えください。

橋本　コンセプトは定義に近いものだと思うのですけれども、これはすごく難しい。ユネスコの登録の際にも、これを定義しようとして、フランスの美食的食事とか、訳のわからない文言ができていることからも、定義することは当人たちにとっても容易ではなかったのだと思います。ただ、風味と精神というのは大変面白い視点です。風味はとても重要ですが、実際にはその境はギリギリなせめぎ合いだと思います。髙橋さんは、一〇年来、日本料理アカデミーで、日本の料理人とフランスの料理人の交流を進められていますが、向こうの料理人さんが、出汁の文化にすごく感銘を受けて熱心に学ばれたことがあった。その料理人さんが、出汁を用いたものを作ったとする。でも、その割合が、数量的に測ることが仮にできたとして、五五対四五ぐらいになってきた場合、これはフランス料理なのか日本料理なのかとなった時に、最終的に残るのは精神の方になってくると思うのです。

この精神の重要な要素の一つとして、フランス料理の古典を参照しているかどうかが挙げられるかと思います。過去の、例えば、エスコフィエのこの料理をコピーしている訳ではないが、辿るとあの料理にいきつく、インスピレーションを受けている、という意識を本人がもっていたら、それはやはりフランス料理と言えるのであって、同じ食材、同じ調味料を使って「俺流」で作ったら、たまたまカレームと同じ結果になった、というのとは違うのかなと思います（笑）。

西澤　やはり歴史的なものですよね、精神というのは。文法をふまえるということは、歴史の蓄積を参照するということですね。

井坂　私も、精神という観点は重要だと思います。近代以降、インドでは色々な料理書が出版されて、その著者たちは「我々の料理」がどのようなものかを提示しようとしました。その「我々」の単位は、地域であったり、宗教コミュニティであったり、「インド人」であったり、文脈によって様々です。国民国家形成の過程で、「インド人」としての「我々」の料理が議論されますが、この「インド人」を明確に定義しようとすると、排除される地域やコミュニティが出る。そうした状況の中で、「多様性」がナショナル・アイデンティティとして語られるようになります。

少し話がずれますが、この「インド」という言葉は、国民国家インドの枠を越えて、インド亜大陸全体を包括するような意味合いで使われることもあります。こうした語り方は、インドの大国主義ともつながるところがあるので、隣国のネパールやバングラデシュ、パキスタンなどからは、インド料理との違いを強調した「我々」の料理を示そうとする動きも出てくることになります。

新田　料理のコンセプトというのは、時代によっても違いますし、社会状況によっても異なる流動的なものではないかなと思います。これは歴史家カトリーナ・ベスターがその著書『A Taste of Power』で述べていることですが、初期アメリカの「アメリカ料理」のキーワードとなるものは、民主主義、簡素、そして健康であり、その背後にはアメリカの建国の理念が「アメリカ料理」にも反映されるべきである、という考えがあったとのことです。ただし、このコンセプトが他の時代、あるいは多様な人種やジェンダーに属する人びとにとっても普遍性をもつものかというと、そうではないだろうと思います。むしろ、それぞれの個別の状況において、国民料理がどのようなコンセプトをもつものとして定義されるのかを、検討することが大切ではないかと思います。

実体と象徴

南　小林さんから、国民料理には、「実体としての国民料理」と「象徴としての国民料理」の二つがあると思う。フランスには象徴としての国民料理があることは分かったが実体はあるのか、インドには実体としても国民料理はないことは分かったが象徴としてはどうか、アメリカには象徴としての国民料理がないことは分かったが実体はどうか、それぞれ伺いたいという質問です。関連して、藤本さんから、外からの目ということで、中央集権的なフランス料理、地域食の統合を模索するインド、統合を拒否するアメリカといった国民意識の差が興味深かったが、外からの「〇〇料理のイメージ」と、国民の意識との間にギャップがあれば教えてほしい、との質問が出ています。最後に落合さんからも、フランスとインド、アメリカを並べたおかげで、フランスの美食、インドの禁欲精神性、アメリカの実質主義がクリアに対比できた。また、国内のプロセス以外に、国と国との相互関係の中でも国民料理が育まれていく可能性が見えてきた。この点についてコーディネーターのご意見をお聞かせくださいとのことです。

橋本　実体はあるのかということですが、これはあると言えばあるし、ないと言えばない、ということになるのではないでしょうか。外からの目線ですが、特にフランスの場合、「フランスの」という形容詞をつける時点で、外から区別しているのは明らかで、この過程で優越心というのができてくる。ですから外からの目線はあり得た訳です。内外のギャップでいうと、実際にフランス人がどれだけ高級料理を日々食べているかということがある。印象としては、フランス人は日本人以上にレストランに通う機会が少なく、特に高級店に行く機会は驚くほど少ない。なので、フランス人は高級料理を食べていて、机の上にはナイフとかフォークとか一杯並んでいるのでしょう、って言われるのは嫌だと思います。質素で素朴な料理こそが自分らの食だと考える人も多く、スノッブな文化として自分たちの料理が見られているのを嫌がる人も多いと思います。

井坂　象徴として国民料理を提示しようとする人びとは、確かに存在してきたと思います。例えば近年では、経済成長の中で、国外に対してインドの食をソフトパワーとして打ち出そうとする動きもあって、その流れの中で、「インド料理」とは何かが盛んに語られています。そこで強調されるのは、やはり多様性を誇るインド料理のイメージです。ただしその一方で、インド国内においては、ヒンドゥー・ナショナリズムの影響下で、牛肉を食べる人びとが攻撃されるなど、インド料理のあり方に特定の方向づけを試みる動きもあります。

西澤　インド料理の話の中で、インドに対抗する形でのネパール料理やパキスタン料理などの「差異化」という話題が出ましたが、これは一つのキーワードですね。つまり国民国家をつくればつくるほど、差異化していかねばならないという力が働く。逆に、統合する力もあります。インドやアメリカがその例ですね。ヨーロッパも実は、モンタナーリの『ヨーロッパの食文化』（山辺規子・城戸照子訳）を読むと、EU統合の理念の中で、食文化でも実はヨーロッパは一つなのだということを言おうとする、ある種の政治的な力を感じます。

今回は、国民国家に照準を合わせましたが、インドとか、アメリカと比較できる単位は中国であり、それに対応するのはヨーロッパですね。だから、インド（亜大陸）料理、アメリカ料理、中国料理、ヨーロッパ料理っていう組み合わせだと、議論がよりかみ合ったのかもしれません。ただ、ヨーロッパの中でも、やはりフランスは、内では統合を、外に対しては差異化を行いつつ今のフランス料理をつくってきた訳で、やはり特異な立場であることは認めざるを得ないと思います。

落合さんの、国と国との関係の中で、料理ってできあがっていくのではないかというお話ですが、これはおっしゃる通りで、どの国の料理であれ、異文化の影響を受けずに形成したものなどないと思います。国民料理というのは、決して自然発生的に一つの地域で、純粋培養できるものではなくて、常に異文化を受け入れながら、その中でローカライズしながら自分たちのものをつくっていく。そういうプロセスを繰り返していくものだと思います。

日系人の食

津金昌一郎（医学）　ハワイも含め、アメリカに行った移民というのは、罹りやすい病気がアメリカ人に近づきます。心筋梗塞や乳癌が増えたり、胃癌が減ったりとか。ところが、ブラジルへ行った移民のデータを見ると、日本と同じくらい胃癌が多い。この原因はやはりブラジルの日系人は日本人としての生活を守っているからだと推測します。味噌汁の摂取頻度でも、アメリカの日系人はほとんど飲まないけれど、サンパウロの日系人は結構飲んでいる。ブラジルに限らず、ボリビアなど南米の移民は、やはり日本食をよく食べる。また、サンパウロで日本食レストランが最も多くなり、シュラスカリーアで肉を食べる時に野菜やスシが供されるなど、ブラジルの国民食に日本食が大きな影響を与えている訳ですが、その要因は何なのでしょうか。日本人の農業への貢献なのか、あるいはブラジル人が日本文化を好んだのか。

小嶋茂（移民研究）　ブラジルの食に大きな影響を与えている要因は、農業分野での貢献が一番大きいと思いますが、それ以外の分野でも日系人が非常に高く評価されている。これは南米が北米と違うところで、偏見や差別が少なく、日系人に対して非常に親近感を抱いている。その他にも、二〇〇八年の日本人移住百周年記念の時に、その事実が広く周知されましたので、そこがターニング・ポイントだったと思います。リオデジャネイロのカーニバルで、「日本人移住百周年」というのがテーマに選ばれた。日本人よりも歴史が古いドイツやイタリアがカーニバルのテーマにもなったことはない。

山辺　現在、日本には多くの「ブラジル人」がいますが、このような在日ブラジル人は、ブラジルにいる日系人の食に影響を与えているのでしょうか。

小嶋　日本からブラジルに戻った日系人やブラジル人が、ブラジルで日本食のレストランを始めたり、スイーツショップを始めて成功している人が出てきており、影響を与えていると言えるでしょう。

黒木英充（中東地域研究）　ブラジルにおける日系人の食の継承は、レシピ本の出版以外は、個々の家族やレストランを通じたものに限定されるのでしょうか。この方法だと三世代が限界であるといわれますが。

小嶋　日系団体および農協の婦人部が日本食を次世代に伝えるべく、日常的に活動しています。「持ち寄り」と呼んで、一週間とか一カ月に一度、それぞれ一品持ち寄って、皆で評価しあうようなことを色んな所でやっています。

落合雪野（民族植物学）　ブラジルにおける日本食の変化に関連して、日系人自身の自己意識や社会的位置はどう変化していますか。

小嶋　ハワイから始まって、アメリカ、ブラジルと、今は三世の時代ですね。三世の方々で、自分が日系人であるという意識をもっている人がどれだけいるのか、この調査をすることはほとんど不可能です。そもそも日系人がどれくらいいるかという正確な数値もない。私の感覚では、日本で日系人と呼んでいる方々のかなりの人たちは、日系人という意識がないと思います。逆に、外見からはこの人は日系人ではないでしょうと思われる方で、一六分の一、三二分の一しか日本人の血が入っていない人の中に、「私は日系人です。日本の文化に強い関心があって、日本人が祖先であることに強い誇りをもっています」という人がいたりする。血統とは関係なく、日本の文化が伝わっていく可能性が十分にある。日系人という意識をもつ人が少なくなるに従い、日系コミュニティも縮小するでしょうが、日本文化が非日系間でも広がっていく可能性は存在するし、この伝統は消えることなく続いていくと思っています。

家庭料理との関連

石井智美（栄養学）　国民料理となっていく過程において、外食と家庭料理とではどちらが重要でしょうか。それとも両者に役割の差異はなく、食材などの個性の方が大きな要因なのか。

東四柳祥子（比較食文化論）　国民料理成立の背景を考える際、家庭料理として全国的に普及していくということが重要ではないかと思います。例えばインスタント食品とか冷凍食品、レトルト食品などが広く受容されたり、その国の言語で書かれたレシピが家庭料理書に取りあげられたりといった過程があった。アメリカでチャプスイが定着しなかった理由も、外食としては受容されたけれども、家庭料理化されなかったことが理由といえるのではないでしょうか。

岩間一弘（東洋史学）　日系人や中国系の家庭には入っていったけれど、白人系の家庭には入っていかなかった。これには中国料理とか、中国人に対する意識とかも影響しているのではないかとも思います。家庭料理のことで思ったのは、フィリピンでは確かに家庭でチャプスイを作っているという人が結構います。しかしアメリカのマジョリティが家庭でチャプスイを作っているということはなかったので、やはり国民料理化する過程において家庭料理というのは重要ですね。

西澤　ブラジルにおける日系人の料理というのは、明らかに最初は家庭料理からスタートした訳ですよね。それが段々と外食産業のなかで取りあげられるようになり、それが日系人以外の家庭にも広まった、ということになるかと思います。とすると、通常とは逆のベクトルになる訳で、興味深いですね。

野林厚志（文化人類学）　ブラジルにおいてSushiは家庭料理化しているのでしょうか。あと、外来のものが家庭料理化していく過程で、テレビや出版物などのメディアの果たす役割は大きいと思うのですが。

小嶋　日系人の家庭では、日系人の魚屋さんから魚を買って、家で刺身や寿司を作ることは一般的でしたが、今、ブラジルの大きなスーパーでは寿司用の米を売っている。寿司用の米があるということは、それは買う人がいる訳で、日系人だけではなく非日系人の人も買う。ということは寿司や刺身を食べるブラジル人が増えてきている。それと、近年、日本食の流行を受けて「日本食をどうやって作るか」という本もたくさん出版されており、これからは非日系の間でも、日本食がどんどん広がっていくと思います。

料理のプラットフォーム

南　川崎さん、長沢さん、小林さんから、大きなテーマとして、プラットフォームというのが面白いというご意見がありました。

岩間　これは私のオリジナルな考えではなくて、文化人類学者が使っているし、近刊の『中華料理進化論』（徐航明著）の中でも、プラットフォーム料理という言葉で中国料理を分析しています。どういう料理がプラットフォーム料理になりやすいかというと、一つは材料などが入手しやすく、複雑な技術が要らず、家庭でも作りやすいこと。もう一つは、麺料理、餃子、炒め物など、肉・野菜・炭水化物の全てが摂れる自己完結的な料理になっているという印象をもちます。逆に、プラットフォーム料理になれそうもないのは、フカヒレの姿煮とかいった高級料理ですね。

伏木　国境を越えやすい料理っていうのがあるのではないか。ただしそれらはラーメンとか焼きソバの如く、夕食にならない料理です。自分たちの生活の中で、大事な料理ではないものが意外に出ていっていますよね。イタリアだったらピザとかパスタ。それってものすごく食べやすくて、子どもでも味がわかるB級グルメに近いのではないか。反面、家庭の中で作ってきたサンマの干した奴とか、お浸しとか、牛蒡の胡麻和えとか、そういうものがぶれずに残っていて、それが国民料理というものを形成している。だから出ていっている料理というのは実は、国民料理ではないのではないか。

西澤　その理屈は、私の考えにぴったりです。つまり国民食は国民料理の一部にすぎない。それ故に世界に出ていきやすい。逆にアメリカから入ってきたハンバーガーとかも、プラットフォームで、トッピングを変えてもできてしまう。だから、出ていくのは国民食であって、世界食になるのも国民食だけど、国民料理はなかなか世界食にはなり得ない。

小林　料理というのはある意味でシステムというか、食材、作り方、食べ方などが組み合わさってできています。伏木さんが言われた外に出ていった料理は、少ない要素から構成されるシンプルなシステムの料理だと思います。小さなライスの上に何かをのせたら寿司になるといった、非常にシンプルな構造のものがプラットフォーム化しやすいのではないでしょうか。

西澤　巻き寿司も、海苔でご飯を巻けば巻き寿司になる。

小林　はい。もう一つ聞きたかったのは、何をもって中国料理と言うのかです。「炒める」のが中国料理の特徴といいますが、炒めるのは調理法の一つであって、じゃあ煮たり焼いたりした料理はどうなのかとなります。中国料理は、もともと色んな地方料理の集合体です。だから、私たちが中国料理というとき、そこに非常に緩やかなレベルで共通性を見出しているのではないか、それ故に高い汎用性があるのではないか、と思ったのですがいかがでしょうか。

西澤　確かに中国料理とは何なのかというのは、日本料理とは何かに答えるよりもさらに難しい問題です。しかも歴史的に変遷しているので。例えば我々がイメージしている炒め物中心の料理というのは、宋代以降の鉄器が普及し、コークスが発明されて火力が強くなり、植物性油が普及するようになってからのことです。それ以前は鼎で穀物や肉を煮るような羹中心だったわけです。宋代以降も、地域差があり、我々がイメージしているほど中国人は油を大量に使って調理していません。特に江南地方は薄味のあっさりとした単品料理を食べる。餃子にしたって、南方の地域では蒸す調理法が主流です。だから「餃子の王将」が上海から撤退したのも、炒め物中心に中国人がついていけなかったからだと聞きます。中国って国土が広い分、食材も豊富だし、調理法も豊富で、もっとバラエティに富んだ料理ですね。

岩間 火の料理という言い方をしましたが、火偏のつく調理法というのがとても多いのです。中国人にとって料理の腕前というのは火加減が重要です。反対に冷めた料理っていうのは価値が下がります。ですから冷やしソバなどは絶対中国人の接待に使えない。中国料理の特徴は大雑把に言って「火を巧みに使う料理」という言い方はできないでしょうか。

西澤 炒め物に関してはその通りです。おそらく、日本とかタイで中国料理が普及したのは、やはり鉄鍋（「中華鍋」は和製漢語、中国語は「菜鍋」）の普及が大きい。日本の場合、ガスの火力があるからできるわけであって、七輪とかの時代では不可能な料理です。アメリカの家庭でチャプスイが流行らなかったのは、中華鍋に相当するような大きな鉄鍋が、当時のアメリカの一般家庭のキッチンになかったからなのではないかとも思います。

小林 確認したいのですが、中国料理が多様で適応性が高いというのは、中国料理そのものがある意味でプラットフォームである、ということですか。

西澤 いや、中国料理がなぜ世界に広がったかというのは、プラットフォームだけでは説明できないと思います。ラーメン・餃子はプラットフォームですけれど。炒め物は、鉄鍋と油があれば、肉・野菜を刻んでパッと炒めればいいので、プラットフォームと言えばプラットフォームかな。だけど、鉄鍋がなくても、蒸し器でも中国料理は作ることはできます。

地名料理

山田仁史（文化人類学）　食と言語は似ているのではないか。国民料理も国語も、統合の手段となり得るし、他者にレッテルを張る際にも「犬を食う人」とか「コトバを話せない人」といった表現がなされる。移民三世になると、食事も母語も疎遠になっていくというように、それぞれ人間の身体性と精神性とに強く結びついています。それがこのパラレル性を支えているのではないでしょうか。

西澤　その通りです。石毛直道先生も、料理と言語の関係を、方言＝地方料理、民族語＝民族料理、公用語・国語＝国民料理、という図式で示されたことがありました。

赤嶺淳（東南アジア地域研究）　普通、ナショナル・ランゲージと言った時は、日本語では「国語」と訳すはずです。でも、フィリピンの場合、実は国語というのは、これから作ることが憲法で定められています。フィリピン諸島の色んな言語を統合していって、将来フィリピン語というものを作りましょうと。それまではオフィシャル・ランゲージ（公用語）として、英語とタガログ語を使うことになっています。このことからすれば、ナショナルというものは、やはり国家であって、残念ながら国民というレベルでは、フィリピンの場合、まだ存在していません。

国家と国民というのは、非常にややこしい概念で、フィリピンから見るか、日本から見るか、中国から見るか、あるいは近代のイタリアから見るかで違ってきます。多民族国家のフィリピンから見ると、国家が食を規定した場合、それは「国家食」であって、国民食や国民料理とは言えないように思います。

西澤　「国家食」という言葉は初めて聞きましたが、日本語としてなじまない。国家と国民の関係というのは、おっしゃる通りの難題です。確かに、ボトムアップの国民料理ではなくて、トップダウンでそれを強引に国家の料理にしてしまうという場合もある。アフリカの新興国とか、かつての満洲国料理の如く。

岩間　満洲国が一九三二年にできた時に、独立国家として体裁を整えるために、中国料理と差別化する必要があるということで、満洲料理というのを作ろうという動きがありました。例えばジンギスカンとか餃子ですけども。ただそれは日本人が日本語で盛り上がっていただけで、現地の中国人は一切知らなかった。これがまさに国民不在の国民食の例なのかなと思います。

「国民食」という言葉自体は、一九四〇年ぐらいに日本語で初めて使われるようになった。戦時中にある材料で、節約しながら何とか作れる料理ということで、国が普及させた。トップダウンで作っていった料理です。つまり、国民食という言葉自体にそういうルーツがあるので、敢えて国家食と言わなくてもいいのかなと思います。

森光康次郎（食品化学）　地名料理という言葉で、シャンパンとかゴルゴンゾーラなどの産地呼称制度を思い出しました。料理、ましてや国民料理にもこうした制度を作る動きはあるのですか。料理の場合だと、お互いウィンウィンの関係であれば両地域が発展していいけれど、そうでなければどちらがオリジナルかをめぐって摩擦が起こるのではないか。

宇田川妙子（文化人類学）　起こると思います。産地呼称制度は生産者を守り、価値を上げることにも繋がるので、フランスのワインのテロワールをはじめとして各国で起こりつつある。これはそれぞれの土地のオーセンティシティに対する意識の高まりでもあり、その延長線上に、フランス料理や地中海料理などのユネスコ無形文化遺産登録もある。また、イタリアの場合には、外国のイタリアン・レストランに対する認証制度があります。これはオリジナリティやオーセンティシティだけの問題ではなく、経済的な問題でもあり、ミシュランのようなレイティングの問題にも絡んでくるでしょう。

中嶋康博（経済学）　グローバルに流通する加工品も、コーデックス委員会で国際的に規格が定義されています。しかし国民料理に同じような定義ができるのかどうか。ユネスコの無形文化遺産はその一種の試みだと思いますが、アドホックに定義しているという印象をもちます。これをやるには地理的境界をはっきりさせないとできない。価値の保護は国単位でやるものですが、地中海は国家じゃないから、ユネスコの無形文化遺産では踏み込めないだろうと思います。

宇田川　私は、まず、違う種類の国民食や国民料理があるということを十分に認識しておいた方がいいと思います。ユネスコに登録されている地中海料理にも非常に政治的な背景があり、国が強く関わっている。むしろ国が中心になってそれぞれのローカル・コミュニティに声をかけたという経緯があります。一方、下からの動きとしてはスローフード等がありますが、スローフードも全部下からではなく、しばしば国も協力している。イタリアの場合、両者が手を組むこともしばしばあります。

阿良田麻里子（文化人類学）　地名料理だけではなくて、民族名料理もあるのでは。ディアスポラの場合や、多民族国家の場合などです。インドネシアでは民族名を冠したブタウィ料理や、ミナハサ料理などがあります。このほか、パダン料理というのもありますが、これは出稼ぎや母系制で有名なミナンカバウ族の料理で、この場合はミナンカバウ族が集住する都市のパダンの名で呼ばれています。

西澤　なぜ人は料理に地名をつけるのか、という問いは、私も軽い衝撃を受けました。翻って、なぜ料理に名前をつけるのかですね。「東坡肉《トンボーロウ》」のように個人名をつけることもありますが、何々家の料理ってことで、家の名前をつけることもあったかもしれない。その上が地域名、そしてアラブ料理やユダヤ料理などの民族名、その上に初めて国民料理が出てくる。その国を束ねるのがヨーロッパ料理とか、地中海料理という括りですね。

阿良田　民族名と地域名というのは、どっちが上、どっちが下ってことはないと思います。アラブだったら同じ民族名の下に沢山の国がありますし、多民族国家なら一国家内に沢山の民族がある訳で、両者はパラレルな関係です。

西澤　そうですね。上に行ったり、下に行ったりしますね。あと、宗教による括りもありましたね。中国の場合、ムスリムの料理を「清真菜《チンジェンツァイ》」と呼んでいます。

黒木　名付けですが、地名で呼ぶ場合にも、民族名で呼ぶ場合にもやはり理由がある。レバノンに例を取ると、レバノンの料理はアラブ料理とは言わない。それはレバノン人が自分をアラブと考えるかどうかで、これは常に政治的な問題です。小国のレバノン内部にも微妙な地方差があり、それらに地方の名前をつけるわけです。ある地方はキリスト教徒が多かったり、ある所はシーア派が多かったりするけれども、それをキリスト教徒の料理とか、シーア派の料理とは絶対に言いません。これを言ったら、大変な問題になる。なので、地名で呼ぶことによって、自然と紛争を避けているのです。

その一方、レバノンにおいて唯一の民族名のついた料理は、アルメニア料理です。アルメニア人は、二〇世紀初頭、オスマン帝国末期に大虐殺から逃れてきた人たちが多く、その難民が受け入れられて国民化している。ではアルメニア料理とは何かというと、もともと住んでいたキリキア、トルコ南東部の料理の系統です。十字軍時代にアルメニア人がここに王国をつくったのが始まりです。これとアルメニア共和国の料理と比べると、全然違う。地中海性のものとコーカサスの山の方とでは食材や味つけが違ってくる。アルメニア料理といっても二重性をもっている。このように民族名をつけるか、地名をつけるかというのは、常に政治的な問題で決まってくるということです。

西澤　地域名で呼ぶのは、ある意味、平和な解決法なのですね。ところが国名を出すと、とたんに政治性を帯びてくるということでしょうか。世界食となると、また国境がなくなっていく。やはり国民料理というのは、ものすごく政治性を帯びたネーミングであるなと改めて思いますね。

名付けと研究者

新田　敢えて「国民料理」を議論する意味は何かを考えていたのですが、今の議論を聞いていると、何となくヒントが見えてくるのではないかと思います。地名料理という言葉はすごく大事で、その中に国民料理というものも含まれる要素もありますが、そこに入らない、地理的な要素だけでは捉え切れないものがある。民族あるいは国民というカテゴリーの人が、その国を離れて作ったものが国民料理というふうに捉えられることもあります。また小嶋さんがご発表くださったように、和食から離れたSushiがブラジルでも普及しているとのことですが、それは政治的な主張というよりも経済的なメリットがあるということだと思うのです。こういう色々な現象が見えてきた時に、敢えて国民料理という言葉を使うことのメリットは何なのか、というのを考えてみたいと思いました。

藤原辰史（農業史）　純粋な「〇〇料理」というものを根本から疑う発表はどれも重要だと思いました。宇田川さんの「名付ける」という指摘にもハッとさせられました。本来は名付けなくてよいものを、必死に名付けようとする力は何なのか。新田さんの発言や今までの議論と、すごく関わっていると思うのですが、やはり最終的には私たちの問題であって、政治、政治って言うことは簡単ですけど、私たち自身も何かを名付けないと仕事ができない人たちであり、私たちも政治に巻き込まれていると言える訳です。そう考えると、名付けること自体に対して、すごく恐くなってきたという思いがします。例えば、ユネスコにしても、色々なアクターが何か雑然とした食べ物に向かって、名付け合戦をしている訳ですよね。私たちもその政治の場にいることは逃げられないと思うので、どういう名前を、例えば学者のコミュニティなり、何らかのコミュニティなりで付けていくべきか、その時にナショナリズムというのがもっていた本来的な排除の問題をちゃんと考えないといけないと思います。

上野誠（文学）　今の指摘で思いつくのは、例えば、「支那そば」っていう名称に対して、「中華ソバ」と呼ぶべきだ、というようなことがありましたよね。

西澤　研究者の立場が問われるというのは、あらゆる学問に言えることですね。特にフィールドワークを行う人類学は、そういう自問をする訳です。国民料理の研究って、実は料理の研究だけではできなくて、八割がた国民国家論になってしまう。ただそれを前面に出すと政治学の討論になってしまうので、それは控えた訳です。でも、やはりそこに戻らざるを得ないというのが正直なところだと思います。

そういう意味では、第三者から見たら、我々が議論しているこの内容は、日本的な発想に基づく、日本から見た世界の料理でしかないと思うのです。そういう批判は甘んじて受けるしかない。だから、アメリカではアメリカ料理の有無をめぐって議論がなされているとか、ブラジルには国民料理を作ろうという意識もないという話に、僕はちょっと驚いたのです。そういう国もあるのだと。

小嶋　そうですね、例えば、ブラジル関係の展示をして、何かイベントをやろうとなると、じゃあブラジル食を持ってこよう、ということになる訳ですね。そこでパステルとか、スナックのようなものを持ってくる。ところが、一体何がブラジル料理なのかというと、なかなか難しい。日系人もブラジル人ですし、イタリア人もドイツ人もブラジル人になっている訳ですから、イタリア料理もドイツ料理も、日本料理も全てブラジル料理ですってことになってしまう。

西澤　結局、我々は透明人間になれないのです。だから、日本的な文化の発想の中で、このことを議論すること自体が悪いこととは思わない。ただ、そういう制約を自覚した上で議論すればいいし、よその文化から見て、それは日本のナショナリズムではないのかと言われれば、そういう批判は甘んじて受ける、というスタンスでやっていくしかないと思います。

今日、ゲストで、ブルガリアからヨトヴァさん、香港からシドニー・チャンさんがみえています。今日の議論も含め、我々がこのように日本において、世界の国民料理を論じているという、こういう行為そのものがどのように映っているのか、コメントがありましたら伺いたいのですが。

南　本来、オブザーバーの方には発言権がないのですが、司会の権限でお認めしましょう。

マリア・ヨトヴァ（文化人類学）　ありがとうございます。ブルガリアも実は今、日本食ブームです。ブラジルでは、チョコレート寿司があるという話でしたが、ブルガリアでもそれが流行っています。日本から見たら、これは日本料理ではない、という意見もあるでしょうが、これが意外とおいしいのです。同じように、日本で作られているブルガリア・ヨーグルトって、全然似てないですね。でも、日本でブルガリア・ヨーグルトが有名になっているおかげで、ブルガリアがポジティブに見られていることに対して、多くのブルガリア人が誇りに思っています。そういうことで、国民料理と言っても、色々な場所に浸透し、現地に適応した形で定着していくものだと思います。

あと、バルカン諸国の中のブルガリアの位置づけとしては、ヨーグルトはブルガリアのものだと主張し、それぞれの国民料理をめぐってお互いにライバル視しています。ムサカはギリシャが発祥かもしれないがブルガリアでも食べられているので。ラキアというお酒に関してもブルガリアがEUの地域表示制度を利用して登録しようとしたら、マケドニアでも同じお酒があるということで、反対されました。おそらくバルカン地域の政治的な状況の中で、バルカン料理の共通性よりも、それぞれの文化の独自性を主張したくなるのですね。

シドニー・チャン（文化人類学）　私も無形文化遺産にすごい興味があります。実は、去年、中国も中国料理を文化遺産に登録申請しようとしたのですが、色々と問題があった。中国料理を文化遺産にするに際し、あまりテーマがないですね。だから、晩餐会にし、その中で広東料理を二品、江南料理を三品、あと北京料理を一品とかまとめてユネスコに申請したら、うまくいかなくて（笑）。私も、中国の食文化の中で何をテーマにしたらいいか、相談を受けることがあるのですが、新しいアイディアがなくて。中国料理って、やはり皆でシェアして楽しく食べるものなので、その食の裏のストーリーを組み立てればいいかなと考えています。地方や移民の話とか、誰が最初にこれを作ったかとかね。これって民間からのボトムアップの国民食と言っていいかもしれない。

その一方で、中国料理をどのように外に向かって紹介していけばいいか、国によるトップダウンの政策でいうと、まだまだ下手だなと思うことがあります。フランス料理が世界的に広がっていくと、皆フランスのワインを飲んだり、フランス料理で使うチーズやフォアグラも現地のものが一番と買うわけですね。イタリア料理もそうだし、日本料理もそうです。日本料理は香港ですごい人気があり、やはり和牛を食べなきゃとか、魚も築地直送とかね。お酒もどんどん高くなっている。よく、中国料理は色々な所に行って、適応性が非常に高いと言われるけど、適応性があると、中国の農民とか生産者には何のメリットもない（笑）。醤油にしても日本の醤油を使ってしまう。これから中国も、ソフトパワーとして中国の食文化を外に紹介し、宣伝することを考えなければいけないと思います。

料理の越境

西澤　国単位ではなくて、料理を中心に国境を越えていく姿を追いかけた時に、国民料理がどういう姿を現してくるのか、これが第二回の主旨でした。この視点から、お三方、コメントがあれば。

宇田川　地中海料理が登録された時、ユネスコから、それを継承し促進していく主体をより明確にせよという課題が出されました。それを受けて、例えば、ナポリに地中海料理研究調査センターができました。私は、そこで地中海料理の定義について聞いたのですが、彼らからも、各地に根づいた食が様々あるだけで全体を統一する定義はない、という答えが返ってきました。でもユネスコ登録認定によって地中海料理を世界に発信できたとも考えているようです。このときの地中海料理とは何か。これは、内側から見る地中海料理と、外から見るそれとでは違ってくることを意味します。私は、こうした立場や視点の違いを考慮に入れたいと考え、地名料理という言葉を使ってみました。特にイタリアの場合、彼ら自身にとっての地名料理といえば、まずは地域共同体のそれです。しかもそこでは、政治的な問題よりも、人びとが環境・土地の中で育んできた食という意味合いが強い。彼らの食について、国レベルや政治的関心とは違うレベルにまで考察を広げた上で、もう一度、国民料理を考え直していけたらと思っています。

岩間　中国は一国内で何でも完結できてしまうほど大きな国ですので、国民料理や、さらにその越境というものを考えるに当たって、東南アジアからの視点は有効かと思います。地中海料理に対応するのは、やはりアジア料理というのがあり得るのかな。東南アジアの国々は小さいですので、自国の料理を主張するのは難しい。ベトナム料理も日本に入ってきた当時は、中国料理として入ってきて、段々認知されるとベトナム料理になっていった。今の日本にはアジアン・レストランがありますが、日本と韓国と中国を除いたアジア各国の料理が、ごたごたに入り混じっている店になっている。東洋史学の分野ですと、アジア主義が研究テーマになっています。アジアの連帯を模索する思想がどのように作られてきたのかという議論ですが、これと関連づけて、国民料理を超えるものとして「アジア料理」という概念を考えてみることはできないのかなと思いました。

小嶋　私は日系人という視点から移民研究をしていますが、食の問題を考えた時に、「日系人と同じだな」と感じるのです。つまり日系ブラジル人というのは、オリジナルのアイデンティティがあって、ブラジル人ではないけど日本人でもない。その中間な訳ですけれども、それはオリジナルである。その日系人のアイデンティティと、日本食がブラジルに行って現地化していったというのとは、パラレルな関係にあるのではないか。エピソードを一つ。日系人が歓迎会を開いて、ある総領事をすき焼きでもてなしたところ、「これはすき焼きじゃない、私がちゃんとしたすき焼きを食べさせてあげよう」と、総領事が返答したのです。その時、ある日系人が、総領事に「日本のすき焼きとは違うかもしれないけど、これは私たちのすき焼きです」と答えたのです。日本人の視点から見たら違うかもしれないけど、それは彼ら日系人のすき焼きなのです。現地化した日本食というものは、まさに日系人の存在と同じだと思います。

西澤　国民料理はある意味、政治的な主張であると言いましたが、思った通りに動かないのが現実で、実際には様々な要因が複雑に絡み合いながら、なるようにしかならないというところもあります。ただ、国民料理の議論って、日本だけでなく世界的に盛んに行われていて、非常にホットな話題になっています。グローバル化の中で人や物の移動も格段に違うレベルになっている。何か見えないところで大きな力が働いて、世界の料理が地殻変動と言うとちょっと大げさですけど、大きく変わろうとしている、そういう時代に我々は生きている。現在の世界で何が起ころうとしているのかを、国民料理という視点から捉えていく意義はあるのかなと思います。

高級和食業界

山辺　一般の人がイメージする家庭的な日本料理と、料理人が作る「芸術的」で「高度な文化」としての日本料理との違い、共通点は何だと考えますか。

高橋拓児（日本料理研究）　あくまで主観ですけれども、普遍と特殊ですね。基本的に日常の食というのは、毎日食べても限りなく体に健康で、栄養バランスがいい。料理を作って、残りを次の日に食べる。それを加工してまた次の日食べるというふうに、三日は連結させて作っていくもので、一週間ごとに体の調整をしていくような、継続的な料理やと思います。あと非常に際立ったものがなく、それを毎日食べても飽きがないもの。対して、芸術的なものというのは、栄養バランスが偏っていて、うちの店で出すのも、ほとんど魚肉の蛋白質ばっかりで、これ毎日続けたら死んでしまいますよ、たぶん。ですので、何を求めるかが違います。お味噌汁なんかいい例ですけども、皆さん凝りもせんと、同じ出汁パック、同じ味噌を使うて、毎日同じ味噌汁飲んではりますわね。僕とこの店ではあんなの考えられません。

森枝　超高級料理店の世界から、トリクルダウンみたいなことで、庶民に広まっていくということはあるのでしょうか。

髙橋　上が金持ちになったら、トリクルダウンみたいに富が下にも分配されていくようなシステムというのは、料理屋の世界では多分ないと思います。そもそも超高級料理店というのは、あんまり来てもらっても困るんです。仕掛けというか、手の内が明かされてしまいますから。あんまり来てもらっても困るけど、来てほしい（笑）。例えば、六万円の価格帯、三万円の価格帯、一万五〇〇〇円の価格帯やと、一万五〇〇〇円の方が、来る回数が多いですね。値段で相対的に行きにくい所は、あんまり来てもらっても困ると思った方がいい。世界の三つ星のレストランといっても、一回行ったら十分に満足してしまう所って、結構多いじゃないですか。それを日常的に使っている層というのはほとんどない、そういう所かなというふうに思います。

森光　確かに、自腹で最高いくらぐらいの店に行ったことがあるって話になると、六万円という人はそういないですよね。これと関連して、グローバル化の進む現代、日本料理店の日本酒の価格というのは、どう位置づけられると思いますか。

髙橋　グローバルな価格でいうと、日本酒はまだ安い。安いのは困るというところもあります。ワインでいうと、一万五〇〇〇円の料理を食べた時には、同額のワイン代を払うみたいな価格帯の平衡性がある。どういう層をターゲットにプレミア感を出すのか。フランス人ってそのストーリーが上手なので。そういう付加価値の付け方が、まだ日本酒というのはとても下手くそだなって思います。

落合　今回、提示されたような見解は、高級和食業界ではどの程度、共有・共感されているのでしょうか。また、業界をとりまく世間の状況、和食は守るべき伝統である、という見方についてはどうお考えですか。

髙橋　僕が言いたいのは、今後、日本料理を大きく広げていくためには何をすればいいかです。このままやとシュリンクしてしまう。今はなんとか商売できてますけども、どんどん下降していく前に何とか、次の方向性を考えた方がいいのではないかという提案です。だから共有は全くできてません。和食は守るべき伝統であり、尊敬されるべきものであるというイメージは大切です。西洋の料理よりも、和食のスタイルというのは無駄もないですし、環境にも優しい。例えば、西洋料理ですと器やフライパンを洗ったときに油がそのまま下水に流れますけど、日本料理は洗剤を使わなくても、水でさっと洗ったら全部落ちます。先人たちが築いてきた風土に見合った食文化は守るべきであるというふうに思います。

南　フォーラムOBの高田さん、挙手されているようなので、どうぞ。

高田公理（社会学）　髙橋さんのお話、よくわかりました。超高級料亭の日本料理を、やや皮肉な一言で捉え直すと「非国民のための国粋料理や」と呼べるかもしれません（笑）。そういう料亭に出入りしていた昔の政治家は、そこで一定の教養を身につけた。つまり超高級日本料理を前に赤坂あたりの料亭で、それなりの社交を楽しむ能力もあったのでしょう。それが一九八〇年代にたくさんの料亭が潰れて、政治家の教養が地に落ちた。そういう意味で、ここでいう「国粋」は悪い意味ではなくて、日本人がつくり上げてきた「文化の粋」を伝えるメディアとしての「国民料理」やと考えられないでしょうか。日本の「優れた文化の粋」を伝えていくうえで、高級料亭が非常に重要な役割を果たしてたんやということを教えていただいたように思います。

江頭宏昌（農学）　伝統野菜が埋没していく今、料理人の立場から、伝統野菜の将来についてどうお考えですか。

髙橋　伝統野菜って色々ありますけど、使えるのと使えないのがある。京都の賀茂ナスなどはすごい使い甲斐があるというか、お金を取りやすい（笑）。反面、これでなくてもいいやっていう伝統野菜が結構多い。消費者にその価値が伝わりにくく、おいしい料理に転換できない、ストーリー性も出しづらいというものは、消えていっても仕方がないかなとは思いますけど。

江頭　在来作物の多様性を守りたい立場からすると、色々な料理人さんに使ってもらえるよう、何らかの工夫が必要ですね。

上野吉一（動物学）　東四柳さんの発表では、一八八〇年代に「日本料理」という言葉が出てきたということですが、当時はまだ江戸時代から続いている自然観というのが生きていたと思うのですね。しかしその後は、栄養学など西洋的なものが入ってきて、かつての自然観というのは日本の家庭料理の中では薄まっていったとのことでしたが、髙橋さんがお話しされたような、懐石料理という世界では今でもそういう自然観が強く残っているのかなという印象をもちました。なので、伝統的な自然観というのは、家庭料理と懐石料理とでは違った展開を見せたということはできないでしょうか。

東四柳　おっしゃる通りです。近代以降の異文化との接触のなかで、新しい自国料理のあり方を見つめ直していく訳なのですが、自然観も含め、双方のイメージにみる連続性と非連続性の検討は、常に意識しなければいけない部分だと思います。

川崎寛也（調理科学）　京料理と日本料理の関係性ですが、京料理っていうのは、文明の料理だと思っています。日本の色んな所から色んな物を、フードマイレージ関係なく集めるというようなことをした、都市の料理です。それで発達してきているので、多様なものというよりは、もっと効率を求めているような気がします。近年、髙橋さんがされているのは、地方に行って、土地の食材を使い、料理技術も教えてくる。地方の日本料理店の息子さんも、木乃婦や瓢亭などに修業に行き、戻ってきて地方で日本料理をちゃんとやっている。でもそれって、ある種のフランチャイズ制で、京料理が地方で食べられている状態になってしまっている。それをちょっと憂いています。やはり地方の食材をちゃんと使った地方の日本料理っていうのを育てていき、中央から逆にその土地に食べに行くような状態にしていきたい、という話を髙橋さんとよくしていました。

中嶋 かつては政治家が日本料理を庇護していたということでしたが、それは産業人が庇護するように仕向けるのであって間接的ですよね。なぜ産業人が政治家と付き合うかというと、国が産業を管理するような仕組みが出来ていたからで、その産業人は重厚長大産業の人たちだったと思います。しかし、今は多国籍企業とか、ＩＴ産業とか、全く新しい産業が主役になって、それは国家とあまり結び付かなくなった。その人たちがお客さんとして来るようになると、今までのような仕組みが動かなくなる可能性はないでしょうか。

髙橋 そういうＩＴ企業の社長さんが食べにいく店っていうのは、非常にわかりやすい店が多いと思うんですよ。例えば、なかなか予約が取りにくい、七席ぐらいしかないようなお寿司屋さんやカウンター割烹とか。それはもう、誰が食べてもわかりやすいっていうか、別に茶道や絵画などの美術・芸術・芸能の教養はほとんどいらない。この時期やったらこの産地の鯛やエビがうまいなって話で終わってしまうので。この方法では職人の腕以外に全く付加価値がつかないので、儲からない商売をひたすら料理人がやってしまっている。新規創造性という高付加価値をつけて、売るっていうのが料理屋の本質的な手法なので。実際、雇ってる人間が一人二人の店が増えると、食の産業自体の小規模化が進み、自治体の税収も落ち、団体としての機能も弱体化していく。その結果、和食の振興計画が業界内でも全く進まず、国策として扱ってもらえなくなる。資本主義経済では、大企業が政治家と結びついて自他の利益を考えながら、国の機能を整えていくということがありますけれど、料理屋集団は小さいですからあまり聞いてくれません。やっとここまで意見が通るようにやってきたのですが、それが非常に危惧するところです。

藤本憲一（情報美学）　これまでの日本料理が、湯木貞一さん流に代表されるように、茶の精神によって編集されてきたことは、よく理解できた。では、これからの日本料理は、どのような文法・原理を参照先として、構成されていくと考えられますか。例えば、文学・芸術の予備知識がない若者やインバウンド向けに、新しい物語を設定するとか。現状はすでに「インスタ映え」というような、ビジュアル中心主義になりつつあるように思います。

髙橋　それはここにおられる教養とアイディアをもつ皆さんに考えてほしいのですよ。料理人が考えられるようなことではないと思います（笑）。

藤本　これまでの流れでいきますと、「茶」というのが、日本の決定的な美学であったわけです。それを空間・建築プロデューサーらが、わかりやすくビジュアル化して、今や居酒屋もカフェも、全て「和モダン」という趣向で、茶の精神を安売りしていっているのが現状でしょう。それに代わるとしたら、「禅」とか「粋」とかですが、一目ではよくわからない。湯木さんが提示したような、具体的な料理や設えを参照して、トータルな美学というものを完成させないと。これはもちろん、料理屋さんだけに責任を押しつける訳にはいかなくて、このフォーラムなんかで考えていかなくちゃいけない（笑）。

「集合体」としての料理と、その特徴

小林　地名料理のうち、国民料理となると特定の単品料理ではなく、西澤さんが言うところの、共通

性を有する複数の料理の「集合体」となります。その際、国という括りは、料理そのものの共通性という点では地方料理より多様であり、文化人類学的な構造の差異を語るには小さすぎるという中途半端な括りだといえます。こうした状況の中で、国民料理の特徴をどのように表現するか。その一つは、「寿司」や「ラーメン」という典型例によって表現する方法であり、もう一つは、概念として規定する方法です。例えば、日本料理の場合、個々の料理ではなく、全体をどうコーディネートするかという「編集力」に大きな特徴があるというのがそれです。ところで、他の国名料理はどのような方法で、その特徴を表現しているのでしょうか。

西澤 「集合体」という概念は、確かに曖昧で、例えばフランス料理など、「○○料理」と言った場合に、内側の地域から見ると大きすぎる括りだけど、より広域な地域区分から見ると小さすぎる括りです。国民料理ってそういう位置づけで、それゆえに捉えにくい。でも、集合体という括りだと、内側の地域からと国を超えた外側の両方が納まるので、いい概念かなと思って提起しました。

橋本 フランス料理と言っても様々な側面があり、私が今回中心として話したのは高級料理としてのフランス料理です。ある有名な美食家の定義によれば、フランス料理は少なくとも四つある。一つは高級料理、二つ目はブルジョワ料理、三つ目は地方料理、四つ目が農民料理。これ全体を括るフランス料理の特徴を一言で述べよ、と言われても、私には言うことができません。ただ、自分の発表の内容に沿って、一つ目の高級料理というところに限って、ある程度の一般化はできるかもしれないと思います。その際、特徴は次の二つに整理されます。一つは、調理の問題で言うと、やはりソースが特徴だと思います。ソースというのも時代によって変わってきますが、少なくとも一七世紀とか一八世紀、つまりフランス料理が現代に繋がる調理法をまとめていくような時代に、フランス料理の魂という言葉で表現されるようになるのがこのソースです。作り方においても、何でもいいという訳ではなく、特に一八世紀から一九世紀に至る中で、ソースの製法が体系化され、それをベースに新たなソースを作っていくという発想があります。

もう一つは、食事の構成についてではないかと思います。まず前菜があって、サラダとかスープとかがあって、魚料理がきて、肉料理がきて、チーズがきて、デザートがきてというような時系列の展開があります。この輪郭が整えられたのは、一九世紀から二〇世紀になってからですけれども、それまでの長い歴史の中での給仕方法が簡潔化していったものなのです。そういう意味では、いくら簡略化されていても、フランス料理の特徴として受け継がれている。

井坂　インド料理とは何かという話になると、やはり、多様性という言葉が出てきてしまうのかなと思います。共通性を語りたくない人びと、あるいは語りづらい人びとというのが、インドには多数存在するような気がします。インド料理は何かということを、特定しようとすればするほど、そこから排除される人が出てきたり、そこにヒエラルキーが浮かびあがってしまったり、ということがあります。アイデンティティと食との関係が強く意識される場面が多いだけに、共通性を語りづらいような気がしています。

ただ、外からの視点となると、少し話が違ってきます。例えば、都市のミドルクラスの方々と話をしていて、私がインドに長く滞在していると知ると、「インド料理、大丈夫?」と尋ねられることがあります。その時、その人が意味しているのは、香辛料が多いのではないか、辛いのではないか、肉が足りないのではないか、といったことのようです。こうした時には、外からの視点を取り込みつつ、何らかの共通性をもつ「インド料理」イメージが想定されているように思います。

宇田川　イタリア人の知り合いに、イタリア料理って何かと聞くと、たいていトマト、パスタ、オリーブオイルを使ったものなどと答える。地域によってはあまりトマトソースを作らない所もあるのに、外国人にはそう答える。自分たちが実際に食べているものは違うが、そこに矛盾を感じてないことは重要です。例えば、イタリア料理のシンボルであるトマトはアメリカ大陸から入ってきたもので、イタリアで普及しはじめたのは一九世紀の初めです。その間、近代国家形成と共に、産業化が起こり、トマト缶ができて国中に広まってから、まだ一世紀そこそこです。にもかかわらず、彼ら自身がトマトはイタリアの象徴だと言うのは、例えば、アメリカ等へ移民した者たちが、そこでイタリアン・レストランを開き、トマトソースのパスタがむしろ外国で認知されたことが大きい。こうした外からの視線を内にもう一度取り込み、他称と自称とが複雑に往復しながら、その時々に国民料理を作ってきたと言えます。

私が「地名料理」という話をしたところ、先ほど西澤さんから「集合体」という言葉が出ました。国も地名ですが、国民国家の場合、領土のことでもあります。とすると、国民料理とは、領土の料理であるとも言えます。領土とはある種の均一性や境界性をもっており、そのもとでは、自分たちの料理も相手の料理も、均質的にイメージしがちです。しかし本来、土地と料理の関係性にはもっとラフというか、多様な繋がり方があるのではないかと思うのです。国民料理が語りづらいのは、本来の食と土地との結びつきから、その地名が領土化する過程で、複数あった回路が錯綜し縮減してしまったからではないかなとも考えました。

西澤　「集合体」という概念は、提起してよかった訳ですね（笑）。確かに、地名が領土化するというのはいい指摘ですね。

国民食と国民料理

赤嶺　国民国家の議論と国民料理の関係を無理矢理にパラレルに議論するよりも、国民食と国民料理の関係を、実体に基づいて議論したほうが面白いのではないでしょうか。国民国家の成立過程が社会経済的背景によって異なるように、国民料理の成立過程を具体的にたどる作業が重要な気がします。

西澤　私は国民食と国民料理とを区別すべきという考えですけど、研究者によってはこの二つを使い分けていない。しかし、料理とは本来そういうもので、敢えて国民食と国民料理を区別する必要があるのか、という意見もいただきました。確かに、国民料理で切ると、フランス料理とか日本料理は入るけども、じゃあシンガポール料理とか、ネパール料理とかはあるのか、という議論になってしまう。中南米の国々もクレオール料理で片づいてしまう。でも、彼らはあると思っている。なので、国民食と国民料理を分ける意義はどこにあるのかというのは、常に自問しているところです。しかし、国民料理に焦点を当てることによって、いち早く国民料理をつくった国もあれば、目下、形成中という国もあり、古くからある料理も常にリフォームされている。こうした違うフェーズの料理が同居しているのが、現在の状況かなと考えています。そういったことが、国民料理の視点から見えてきたのではないかと思っています。

赤嶺　私の場合はフィリピンを基盤に考えているのですが、幾つか有名な料理があります。例えば、アドボという醤油とお酢で煮込んだ料理です。アドボというのはスペイン語起源のソースの名前ですが、それはスペインにはなくて、中南米から来たスペイン人が持ってきたようです。このようにフィリピンひとつをとってみても、国民国家といっても、移民によって広まった料理があるというように、多様なパターンがあり、なかなか国民料理というイメージ自体が共有されにくい。そういう国もあるということです。

村瀬　誰がどんな文脈で「国民料理」を認定するのかということが重要です。国家なのか、大衆なのか、企業なのか。事例を個別にみていくことで、誰が何のために「国民料理」をつくりだしたのかがわかる。ナショナリズムと結びつくかどうかも事例によって違う。例えば、日本の雑誌やテレビ番組では、「日本料理」は単なるジャンル名で、「家庭料理」の中に「日本料理」や「中華料理」がある。それと戦後の「日本型食生活」や、戦時中の「国民食」もそれぞれ文脈がまったく違う。何か一つの理論で早急にまとめるのではなく、まず具体的に事例をみていくことが必要だと思います。

西澤　おっしゃる通りで、コーディネーターがこう言うのも変ですけど、「国民料理」よりは、「国民食」という括りのほうが、裾野は広がったかもしれません。しかし、叩き台として、批判覚悟の上でそのレベルにスケールをもってきた訳です。

新田　村瀬さんがおっしゃるように、誰が「国民料理」をつくる権威をもつのかという問題は、移民国家であるアメリカの場合を考えていく上でもとても重要です。例えば、初期アメリカの人たちは、イギリスからクックブックを持ってきて、それをベースとしてトウモロコシを加えることで「アメリカ料理」を定義しました。一方、現代のアメリカでは寿司も流行していて、現地の食材（例えばアボガドやチーズなど）を加えて改変した寿司も人気がありますが、これを「アメリカ料理」と考えている人は少ないのではないかと思います。考えてみると、同じように外の食文化を移入してその土地の食材を加えて作った料理なのに、一方は「アメリカ料理」として、他方は「他者」の食文化であると考えられるということが起こっているとすれば、ナショナル・キュイジーヌを認定するゲート・キーパーが誰なのかを考えることが、重要なのではないかと思います。

全体を振り返って

西澤　最後にお一人ずつ、まとめていただきます。考えてもらう間に、私から。茶の湯に代わって、日本料理をつくり替えていくには、どうしたらいいか。宮中で晩餐会がある時などに料理人を大量に派遣する仕事をしている人と知り合いまして、色々お話を伺ったことがあります。やはり一〇〇人を超えると、日本料理では国賓をもてなせない。それは料理人の問題ではなくて、器だというのです。一人一人に盛り付ける器だと最大一〇〇人で、数百人分の同じ柄の輪島塗を揃えることは難しい。しかも季節によって複数、使い分けなければならない。そういう器の制限から、日本料理というのは大量のお客様を同時にもてなすことが出来ないということを聞きました。同様のことは、奥村彪生先生も指摘されたことがあって、大皿に盛りつけるとか、何かその配膳の仕方を革命的に変えないと、日本料理は発展のしようがないということを話されていた。茶の湯とは違うレベルで、何か組み換えの可能性が将来あるのではないかと考えました。

あと、料亭文化が廃れていくというのは悲しむべきことだと思います。近年の日本だと、料亭イコール政治家の談合の場みたいなイメージが出来あがっている部分がある。長崎のある料亭の女将が、東京では料亭は悪というイメージが植えつけられてしまったところがあるけど、地方都市の料亭というのは、クラス会をやったり法事をやったり、普通の人たちが定期的に集まるごく日常的な場なのに、ということを話していました。そういう地方の料亭も、今はホテルとかに客を取られ、非常に厳しい状況にある。ホテルにはない趣のある、料亭文化というものを残していきたいと思います。

髙橋　皆さん、食べに来てください（笑）。理解が進むというのはとても大事なことなので。食べるとか、器を見るとか、書画骨董を学ぶとか。そこから始めないと。何もないところから議論を始めても、全然無理な話で。フランス料理を勉強するにしても、フランスへ行って、器でもリモージュとかアビラントとか、ベルナルドとか見に行って、やっと話がわかると思うので。実体験を伴うフィールドワークも一緒にしたいというふうに思いますので、どうぞよろしくお願い致します。

東四柳　今回の報告は、明治・大正期の人たちが自分たちの料理というものをどのように想起し、それを書籍の中で伝えていったのかという系譜を追ったものでした。日本の近代こそ、今に通じる国民料理形成の画期であったと考えます。今回あまり触れられなかったのですが、そこにノスタルジーと言いますか、懐かしさの共有みたいなものが繋がってこそ、日本人の宝物としての日本料理というものが、本当の意味で定着していくように思いました。

岩間　様々な国の料理の話を聞く中で、一九世紀から二〇世紀にかけてのヨーロッパにおけるフランス料理の立場と、近世から近代ぐらいにかけての東アジアにおける中国料理と周辺諸国との関係というのは、ちょっと似ているところもあるかなと思いました。それぞれフランス料理、中国料理と差別化して、周辺各国が国民料理を作っていったというところがある。その一方で、国民国家としての成り立ちは違うので、異なる部分も多い。フランス料理の場合とも比較しながら、今後、中国料理の歴史を考えてみたいです。それと、国民国家と世界との間に、「帝国」というものも入れて考えると、近現代史がさらにわかるのかなと思いました。

宇田川　発表では触れられなかった重要な点として、経済の問題が残されていると思います。国民料理が形づくられるには、国全体に広まる必要がある。イタリアであれだけトマト缶ができたり、それを買えるだけの経済的な余裕ができたりという意味で、経済は国民料理と密接な関わりがある。人の移動についても、初めは主に移民という形だったが、その後は観光が重要になり、ともに他者の料理を知る重要な機会です。こうした他称と自称との問題にも、経済が深く関係している。

特に最近は、ナショナリズム自体が変容して、国力すなわち経済力とみなされてきており、となると、もはや食は、お金の問題です（笑）。地中海料理の申請についても、かなり経済的な側面が大きいことは関係者皆が認めています。アフリカ諸国で目下形成されている国民料理も、国民の合意などではなく、観光化のために作り出されている側面が大きいと指摘する研究者もいる。グローバリゼーションと言いながらも、そこでの主要なアクターは国であったりもします。そうすると、国がグローバルなフードシステムの中で、自分たちの利益のために、自分たちの食をどうにかしようとしている。こうした経済の視点から、現在のナショナル・キュイジーヌと言われているものを見直す必要もあるかと思います。

新田　私は国民国家という枠組みを使うということに意義はあるかなと思っています。歴史的に国民国家ができたのは、すごく新しいことだし、色んな意味で強い力をもっている。その際、岩間さんも述べた如く、帝国という視点が非常に重要だと思います。時間軸的に、国民国家を相対化する重要なコンセプトですし、今後、注目していきたいと考えています。

井坂　先ほど「認定」をめぐる議論がありましたが、インドの国家形成や現代政治との関係で、インド料理を誰がどのように語るのか、認定するのか、という点は重要です。インド料理を一定の方向に規定しようとする勢力と、それに反発する勢力とのせめぎあいや、インド料理のイメージから特定の要素が排除されたり、周縁化される様子などを、幅広い文脈のなかでみていく必要があります。そうして考えると、インドの国家や社会のあり方を考える上で、国民料理という切り口は、面白い視点を与えてくれたように思います。今後の課題としては、これまで植民地期を中心に研究してきましたので、今度は独立後から現在へと目を移しながら、インドの外部でのインド料理の語られ方と、それがどのようにインド内での食をめぐる議論や動きと連関しているのかを、経済面も含めて、みていきたいと思います。

橋本　国民料理という括り方は、このフォーラムで議論するには必ずしも最適な概念ではないのではないか、といった意見もありましたが、フランス料理を主な研究対象としている私にとっては、最もクラシックなテーマの一つに近いもののように映ります。一言述べるなら、フランス料理そのものは素晴らしいに違いないだろうけれど、やはりそれをめぐる言説の多様さ、豊富さにこそ、その特徴があったのではないか。ただ、特に現代に近づくに従って、内容とその言説のバランスで言うと、言説の方が以前と比べるとやはり弱ってきているのも事実です。そのことが、昨今、フランス料理が自らの危機感を感じていることと、無関係ではないだろうなということを、改めて感じました。

西澤　今のお話を聞いて思ったのですけど、お金を貯めて料亭に食べに行くというのも、日本料理の発展を支えることになりますが、文系の人間としてできることは、言説ですね。我々、文章を書くしか能力がないので。料理の言説を積み重ねていくというのは、実はその料理の底力に比例しているという指摘にハッとしました。我々も、文章で何か日本料理を盛り上げることができたらと思います。

南　最後に皆さんがまとめてくださったので、司会のほうから特に付言する必要もないでしょう。本日はどうもありがとうございました（拍手）。

（整理編集：西澤治彦）

「『国民料理』の形成」を考える文献

執筆者による推薦・解題により構成（各解題末尾に推薦者名を記す）。
※（ ）内は刊行年、サイズ（高さ）、総ページ数。なお、総ページ数のコンマで区切られた数字は別付ノンブル部分。

■アンダーソン、ベネディクト著（白石隆・白石さや訳）『定本 想像の共同体―ナショナリズムの起源と流行』
書籍工房早山（2007：20cm：386, 10p）
国民国家群の起源を論じる上で古典的な著作の一つ。国民国家を近代の産物とするも、その形成を促した国語による出版資本主義に注目し、これによって「国民意識」が共有されることにより、国家という共同体が「完結」するとした。 国民国家が連鎖的に展開していくモデルも提示。原著は一九八三年刊。**（西澤）**

■ゲルナー、アーネスト著（加藤節監訳）『民族とナショナリズム』
岩波書店（2000：20cm：254p）
国民国家群の起源を巡る議論において、アンダーソンの『想像の共同体』と並ぶ古典的な著作。ゲルナーも「国民国家」の成立を近代の産物としつつも、それ以前の「農業社会」と、ネイションを生み出した「産業社会」との対比を強調し、ナショナリズム論を超えて人類学的で哲学的な議論を展開している。原著は一九八三年刊。**（西澤）**

■スミス、アントニー・D著（巣山靖司・高城和義他訳）『ネイションとエスニシティ―歴史社会学的考察』
名古屋大学出版会（1999：22cm：324, 44p）
国民国家を近代の産物としながらも、歴史的には、その前段階としてエスニック集団からなる「エトニ」というものが存在していたとし、そのさまざまな形態や特徴を整理した上で、「エトニ」からネイションへの転換を議論している。その要因を、経済的、政治的、文化・教育の革命に求めている。原著は一九八六年

刊。（西澤）

■オリイ、パスカル著「ガストロノミー（美食）」〔ピエール・ノラ編（谷川稔監訳）『記憶の場―フランス国民意識の文化＝社会史』第3巻所収〕

岩波書店（2003；22cm；pp.389–425）

筆者いわく「国民のアイデンティティの場として美食を通観したのは、本稿が最初」。『記憶の場』という記念碑的著作の一部であることを念頭に読みたい。（橋本）

■ガバッチア、ダナ・R著（伊藤茂訳）『アメリカ食文化―味覚の境界線を越えて』

青土社（2003；20cm；410, 33p）

米国の移民と食品産業の関係について、植民地時代から現代にかけて分析している。食品の生産者にとっても消費者にとっても、エスニック・アイデンティティや他者との関係について考えるヒントを与えてくれる。原著は『We Are What We Eat: Ethnic Food and the Making of Americans』Cambridge, Mass.: Harvard University Press. 一九九八年刊。（新田）

■Diner, H. 著『Hungering for America: Italian, Irish, and Jewish Foodways in the Age of Migration』

Cambridge, Mass.: Harvard University Press（2002; 24cm；292p）

一九世紀の「新移民」の移民前の飢餓の記憶と移民後のアメリカ社会の食文化ついて論じた著作。移民たちの食への志向が「国民料理」にどう影響を与えたかを検討する上で重要な視点だろう。（新田）

■Vester, K. 著『A Taste of Power: Food and American Identities』

Oakland, California：University of California Press（2015；24cm；262p）

本書のアメリカ人がめざすべき食に関する言説の変遷の分析は、誰が理想的な「国民」と想定されてきたのかを考える上で重要な視点である。加えて、これまであまり注目されてこなかった食とマスキュリニティやセクシュアリティについての論考もある。（新田）

■Appadurai, Arjun著「How to Make a

National Cuisine: Cookbooks in Contemporary India」『Comparative Studies in Society and History』30-1（1988）

インドの「国民料理」を検討する際の必読文献。独立後のインドで都市中間層の女性向けに出版された英語の料理書を分析しながら、国民料理の創成過程を考察する。国民料理と地方・エスニック料理が相互に影響を及ぼしながら、ともに形成されていくさまを描く。（井坂）

■コリンガム、リジー著（東郷えりか訳）『インドカレー伝』
河出書房新社（2006；20cm；338, 36p）

ムガル期から現代までのインド亜大陸の食の歴史を追いながら、インド内外の異なる地域の食文化が接触し、融合していったありさまを明らかにする。こうした融合の過程を経ながら、今日知られているようなインド料理が形成されたことを示す。読み物としても面白い。（井坂）

■井坂理穂・山根聡編『食から描くインド―近現代の社会変容とアイデンティティ』
春風社（2019；20cm；391, 4p）

近現代インドにおけるさまざまな個人・集団による食の選択や、それにまつわる模索・対立の事例を考察した論文集。食を通じて現れる人びとの自己・他者認識や、その背景にある社会変容を分析する。食とナショナリズムの関係についても随所で論じられている。（井坂）

■モンタナーリ、マッシモ著（正戸あゆみ訳）『イタリア料理のアイデンティティ』
河出書房新社（2017；20cm；157p）

イタリアの食と料理を、環境や歴史的背景とともに概観しながら、イタリア料理とは何か、そのどこが「イタリア」的なのか、それがどのように形成され変化してきたのかについて、さまざまな角度から簡潔にまとめた書。国民料理の一事例を知るために最適。（宇田川）

■Scholliers, Peter 編『Food, Drink and Identity: Cooking, Eating and Drinking in Europe since the Middle Ages』

Berg：Oxford（2001；24cm；223p）

ヨーロッパ諸国（仏、独、スペイン、ノルウェーなど）における食とナショナル・アイデンティティとの関連を歴史的に考察した論文集。食だけでなくワインなどのアルコール類に関する論考も含まれており、多様な国民料理の様相を具体的に知るための好書。**（宇田川）**

■Moro, Elisabetta 著『La Dieta Mediterranea: Mito e Storia di Uno Stile di Vita（地中海料理—生活様式の神話と歴史）』

Il Mulino：Bologna（2013；21cm；227p）

地中海料理がユネスコ無形文化遺産に登録されるまでの経緯を、イタリアの状況に焦点を当て、歴史的・政治的な背景を含めて丁寧に描き出した民族誌。国民料理ではないが、ある料理が現代社会において表面化していく過程は、国民料理の理解のためにも有意義（なおイタリア語のみ）。**（宇田川）**

■ローダン、レイチェル著（ラッセル秀子訳）『料理と帝国—食文化の世界史　紀元前2万年から現代まで』

みすず書房（2016；22cm；448, 63p）

最も広く食べられたのは、最も力のある大きな国の食である、という観点から全世界の食文化史を通観した大著。第七章では、一九世紀ヨーロッパの宮廷・上流食とは区別される各国の「中流食」が「国民料理」へと発展する過程が論じられる。**（岩間）**

■クシュナー、バラク著（幾島幸子訳）『ラーメンの歴史学—ホットな国民食からクールな世界食へ』

明石書店（2018；20cm；382p）

「ラーメンは日本料理か？」という問いを発して、近代日本における「国民意識」の形成や帝国主義が食に及ぼした影響、第二次世界大戦期・戦後における「国民食」の意味合いの変化などを通史的に論じる。**（岩間）**

■山田均著『世界の食文化5　タイ』

農山漁村文化協会（2003；22cm；284p）

第二章では、現王朝のラーマ一世王から三世王の時代に確立され、五世王の時代（一八六八〜一九一〇年）までに食材・食器・技法なども定まった近代タイ料理

の形成史が、中国料理との関係もおさえながら概説されている。（岩間）

■斎藤広志著「ブラジル日系人の食事」〔『朝日百科　世界の食べもの第6巻　アメリカ・オセアニア・北極圏』所収〕

朝日新聞社（1984；30cm；pp.164–168）

ブラジル各地域の食事を紹介するなかで、別立てで日系人の食事をとりあげている。日本の食品でブラジルにないものはないと言われる食事情と日本人移民とのかかわり、そして日系家庭の食卓に見られる二重構造について解説。（小嶋）

■佐藤初江著『実用的なブラジル式料理と製菓の友　ARTE CULINÁRIA NIPO-BRASILEIRA』

サンパウロ：宮本書店（1997；23cm；432p）

一九三四年の初版以降、一九六三年にはポルトガル語第一版、一九七一年には日葡両語版第一版が出版されており、本書は第一三版にあたる。ブラジルにおける食生活一般に関する指南書であり、食文化生活記録としても貴重な内容が記載されている。（小嶋）

■Fajans, Jane 著『Brazilian Food：Race, Class and Identity in Regional Cuisines』

Bloomsbury Academic（2013；23cm；160p）

ブラジルという国の広大さとその多様性について、植民や移民が与えた影響を食の視点から解説している。食をとおして見る地域の歴史やエスニック・アイデンティティは、食が重要な文化であることをあらためて認識させてくれる。（小嶋）

■Gold, Carol 著『Danish Cookbooks：Domesticity & National Identity, 1616-1901』the University of Washington Press（2007；24cm；220p）

一七世紀から二〇世紀初頭の料理書を丹念に調査し、デンマークにおける国民料理（National Cuisine）誕生の過程を丁寧に繙いている。国民料理としてのデンマーク料理成立のかげで、料理書が中心的な役割を果たしたことを実証した良書。（東四柳）

■Notaker, Henry著『A History of Cookbooks: From Kitchen to Page over Seven Centuries』University of California Press（2017；24cm；384p）

"Cookbooks and Aspects of Nationalism" という章を設け、National Cuisine創出にかかる諸外国事情を、多言語の料理書調査を基に比較考察した好著。国に限定した研究も大切だが、こうした比較の眼も、今後ますますの進展が望まれるように思われる。（東四柳）

■江原絢子・東四柳祥子著『近代料理書の世界』

ドメス出版（2008；22cm；300p）

本書には、明治期から昭和初期にかけて出版された約八〇〇種の近代料理書目録、ならびに特徴的な料理書一〇〇選の解題が収録されている。日本における「国民料理」成立の過程を、料理書から繙く基礎資料として利用されることを期待したい。（東四柳）

■鈴木大拙著『禅とは何か』

角川書店　角川文庫（1954；15cm；226p）

日本料理を語るのに懐石料理ははずせない。懐石料理を語るのに禅ははずせない。大拙は見事に物質と精神を見極め、その両側面から人間の求める難題に論理的にわかりやすい言葉で応えている。（髙橋）

■白洲正子著『世阿弥―花と幽玄の世界』

講談社　講談社文芸文庫（1996；16cm；232p）

能の天才、世阿弥。この著書は、白洲正子が時を遡って世阿弥という魅力あふれる人物に会いにいく旅として描かれている。日本の芸能の美意識、これは日本料理の季節や趣という情緒表現と同質のもので、そこから得られる幸福感は共通している。（髙橋）

■古田亮著『特講　漱石の美術世界』

岩波書店　岩波現代全書（2014；19cm；241, 7p）

漱石の美術批評がじつに面白い。日本のみならず西洋絵画や彫刻が彼の言葉として表現される。懐石料理の客人も文学的に表現する能力は必要であることをうかがわせる。（髙橋）

あとがき

編者　西澤治彦

私が「国民料理」に関心をもつようになったのは、一九九五年にバークレーのカリフォルニア大学に客員研究員として滞在した時のことであった。借りたアパートの近くに、カリフォルニア料理の発祥の地と言われる「シェ・パニース」というレストランがあることを教えられ、何度か足を運んだ。そこで「カリフォルニア料理」なるものの存在を知り、「アメリカ料理」の形成を唱えるアリス・ウォータースのことを知った。残念ながら、多忙を極める彼女に会うことはできなかったが、マネージャーにインタビューすることはできた。ちょうど彼女がエディブル・スクールヤードの活動を始めた頃のことであった。

中国の食事文化も研究の守備範囲にしていた私にとって、「アメリカ料理」なるものが形成されようとしている過程は、まるで「中国料理」が形成されていった過去の過程を、目の前で再現してくれているような面白さがあった。実際、同じ大陸国家として、アメリカ料理との比較は、中国料理の形成の歴史に新たなヒントを与えてくれるものであった。

その時の問題意識はずっと消えることはなかったが、あっという間に二〇年の時が経ってしまった。二〇一六年、食の文化フォーラムで研究テーマの公募があり、長年温めてきた「国民料理」のテーマを提案したところ、これが二〇一八年度のフォーラムのテーマに採択されることになった。それ以降、院生の頃に読んだ国民国家論を改めて読み直し、世界の料理の本を読みあさり、自分なりに国民料理をめぐる諸問題を考える日々となった。勤務先で講義したり、友人とも議論を重ね、議論の枠組みや問題点などを模索していった。新しいことに挑戦する日々は楽しいものであった。

しかしながら、さすがに世界の料理を一人で研究することは不可能である。私はあくまで裏方のコーディネーターに徹することにし、今回、登壇していただいた第一線の研究者らのご協力を仰ぐことになった。また、一年間という長丁場のフォーラムであったからこそ、実現した企画でもあった。幸いにして、登壇者の皆様のお力と、企画委員長であり、総合司会を務められた南直人氏のご理解と支持も得て、当初にイメージした以上の、充実したフォーラムとなった。本書はまさにその結晶であるが、私にとっては、準備期間も入れると、三年にも及ぶ挑戦の日々の記録でもある。「国民料理」を冠した専著は、本書が日本で最初のようである。こうして本書を出版することができ、コーディネーターとして、登壇者、フォーラムメンバー、そして事務局の皆様に改めて感謝申し上げたい。また本にするまでにご尽力いただいた編集者の夏目恵子氏にも感謝したい。

食の文化フォーラムには、私が武蔵大学に職を得た一九八九年からお世話になっている。勤務先も定年を迎えるが、フォーラムも「卒業」を前に、本書を上梓することができ、何らかの恩返しができたのではないかなと思っている。

二〇一八年度食の文化フォーラム「『国民料理』の形成」開催記録

第三七年度「『国民料理』の形成をめぐって」主催者挨拶（要旨）―二〇一八年六月一六日開催時―

公益財団法人 味の素食の文化センター理事長　伊藤雅俊

お寒うございます。のちほど議論で暖かくなると思いますけれども、二〇一八年度の「食の文化フォーラム」第一回のセッションにご参加をいただきまして、ありがとうございます。

本日から始まるフォーラム、今年もまた、さまざまな角度からの議論を楽しみにしてまいりました。今年度は「『国民料理』の形成をめぐって」というテーマが掲げられております。コーディネーター役をお務めいただく西澤さんや、企画委員の皆様方には、これから一年の企画や準備を進めていただき、ありがとうございました。また、スピーカーの先生方には、快くお引き受けいただき、誠にありがとうございました。

テーマは、「国民料理」ということですが、日本の国民料理で私が好きなのは、たくさんあります。寿司、てんぷら、その他もろもろ。そして、おにぎりです。

これらの多くが、江戸後期、あるいは明治時代からのものばかりです。そしてこれらの出自はほとんどが渡来のものです。日本由来のものは、おにぎりぐらいです。

現在、日本一のおにぎり屋さんは、コンビニエンスストアです。年間四〇億個作って売っています。赤ちゃんも入れて一年間で一人四〇個、大変な量です。先日セブン‐イレブンが日本で二万店舗になったお祝いがありました。挨拶のスピーチが、四四年前に第一号店ができた時、おにぎりが売れるとは全く思っていなかった、というところから始まったわけです。

世界の国民料理にまつわる成り立ちや、関係するさまざまな事柄は、非常に多様で、大変興味深いテーマです。

これからコーディネーターの西澤さんから、今回の企画についてお話しいただけると思いますが、この一年間、どのような議論が展開されるか非常に期待しています。一方で、大変難しいというか、幅広いということになるかと思います。
本日のフォーラムでも、伝統的で、遠慮のない自由な意見のバトルがあることを楽しみにしております。ありがとうございました。よろしくお願いいたします。

事務局

二〇一八年六月一六日（第一回）「『国民料理』のさまざまな形態」

午前10時　開　会
10時5分　オリエンテーション　コーディネーター　西澤　治彦
10時10分　主旨説明
10時30分　「フランスにおける国民的アイデンティティーの形成過程
——料理書・美食批評・歴史叙述」　橋本　周子
11時30分　「インド料理のなりたち——『多様性』を掲げた国家建設と『国民料理』」　井坂　理穂
（昼食）
午後1時30分　「アメリカ料理のなりたち——『移民国家』における『国民料理』の形成」　新田万里江
（コーヒーブレイク）
3時　ミニプログラム
3時30分　全体討論　総合司会　南　直人
コーディネーター　西澤　治彦
6時～8時　懇親会

（出席者）34名

言語・文学・思想	阿良田麻里子	立命館大学
	上野　誠	奈良大学
	佐伯順子	同志社大学大学院
歴史・考古	南　直人	立命館大学
	山辺規子	奈良女子大学
社会・経済	宇田川妙子	国立民族学博物館
	小林　哲	大阪市立大学
文化人類学	赤嶺　淳	一橋大学大学院
	池谷和信	国立民族学博物館
	落合雪野	龍谷大学
	西澤治彦	武蔵大学
	守屋亜記子	女子栄養大学
	山田仁史	東北大学大学院
民俗学	山本志乃	旅の文化研究所
生活学	藤本憲一	武庫川女子大学
	村瀬敬子	佛教大学
農林・畜産・水産	江頭宏昌	山形大学
	松島憲一	信州大学
動物学	上野吉一	名古屋市東山動植物園
食品・加工・調理	中澤弥子	長野県立大学
	早川文代	農研機構食品研究部門
	森光康次郎	お茶の水女子大学大学院
栄養・生理	伏木　亨	龍谷大学
医学	津金昌一郎	国立がん研究センター
教育	表　真美	京都女子大学
ジャーナリズム	長沢美津子	朝日新聞東京本社
	森枝卓士	フォト・ジャーナリスト
ゲストスピーカー	井坂理穂	東京大学
	岩間一弘	慶應義塾大学
	小嶋　茂	早稲田大学移民・エスニック文化研究所
	髙橋拓児	㈱木乃婦
	新田万里江	東京大学
	橋本周子	滋賀県立大学
	東四柳祥子	梅花女子大学

二〇一八年九月二九日（第二回）「『国民料理』は国境を越えるか？」

午前10時　開会

10時5分　オリエンテーション　事務局
10時10分　主旨説明　コーディネーター　西澤　治彦
10時30分　「地中海料理の創成？――『国民料理』という補助線とともに考える」　宇田川妙子
11時30分　「世界史のなかの中国料理――地方料理の越境と多様な『国民食』の形成」　岩間　一弘
（昼食）
午後1時30分　「ブラジルにおける日系人の食――日本食の伝承と変容」　小嶋　茂
（コーヒーブレイク）
3時　ミニプログラム
3時30分　全体討論　総合司会　南　直人
コーディネーター　西澤　治彦
6時～8時　懇親会

（出席者）35名

言語・文化・思想
阿良田麻里子　立命館大学
上野　誠　奈良大学
佐伯　順子　同志社大学大学院
黒木　英充　東京外国語大学
藤原　辰史　京都大学
南　直人　立命館大学
山辺　規子　奈良女子大学
宇田川妙子　国立民族学博物館
小林　哲　大阪市立大学

歴史・考古
中嶋　康博　東京大学大学院
赤嶺　淳　一橋大学大学院
池谷　和信　国立民族学博物館
落合　雪野　龍谷大学
西澤　治彦　武蔵大学
野林　厚志　国立民族学博物館
山田　仁史　東北大学大学院
藤本　憲一　武庫川女子大学
村瀬　敬子　佛教大学

文化人類学

社会・経済

生活学

農林・畜産・水産 石井 智美 酪農学園大学
江頭 宏昌 山形大学
動物学 松島 憲一 信州大学
上野 吉一 名古屋市東山動植物園
食品・加工・調理 川﨑 寛也 味の素㈱イノベーション研究所
早川 文代 農研機構食品研究部門
森光康次郎 お茶の水女子大学大学院
栄養・生理 伏木 亨 龍谷大学
医学 津金昌一郎 国立がん研究センター

ジャーナリズム 長沢美津子 朝日新聞東京本社
森枝 卓士 フォト・ジャーナリスト
ゲストスピーカー 井坂 理穂 東京大学
岩間 一弘 慶應義塾大学
小嶋 茂 早稲田大学移民・エスニック文化研究所
髙橋 拓児 ㈱木乃婦
新田万里江 東京大学
東四柳祥子 梅花女子大学

二〇一九年三月二日（第三回）「『国民料理』の視点からみた『日本料理』とその未来」

午前10時 開会
10時5分 オリエンテーション 事務局
10時10分 主旨説明 コーディネーター 西澤 治彦
10時30分 「日本における『国民料理』の形成をめぐって
――明治～昭和初期の料理書の分析を中心に」 東四柳祥子
11時30分 「日本料理の『文法』と境界線の拡大――料理人『湯木貞一』の視点から」 髙橋 拓児
（昼食）
午後1時30分 総括講演 西澤 治彦
（コーヒーブレイク）

3時　　ミニプログラム
3時30分　全体討論
6時〜8時　懇親会

総合司会　南　直人
コーディネーター　西澤　治彦

（出席者）32名

言語・文化・思想	阿良田麻里子	立命館大学
	南　直人	立命館大学
歴史・考古	山辺　規子	奈良女子大学
	宇田川妙子	国立民族学博物館
社会・経済	小林　哲	大阪市立大学
	中嶋　康博	東京大学大学院
	赤嶺　淳	一橋大学大学院
文化人類学	池谷　和信	国立民族学博物館
	落合　雪野	龍谷大学
	西澤　治彦	武蔵大学
	野林　厚志	国立民族学博物館
	守屋亜記子	女子栄養大学
	山田　仁史	東北大学大学院
生活学	藤本　憲一	武庫川女子大学
	村瀬　敬子	佛教大学
農林・畜産・水産	石井　智美	酪農学園大学
	江頭　宏昌	山形大学
動物学	上野　吉一	名古屋市東山動植物園
食品・加工・調理	香西みどり	お茶の水女子大学大学院
	川﨑　寛也	味の素㈱イノベーション研究所
	中澤　弥子	長野県立大学
	早川　文代	農研機構食品研究部門
	森光康次郎	お茶の水女子大学大学院
栄養・生理	伏木　亨	龍谷大学
教育	表　真美	京都女子大学
ジャーナリズム	森枝　卓士	フォト・ジャーナリスト
ゲストスピーカー	井坂　理穂	東京大学
	岩間　一弘	慶應義塾大学
	髙橋　拓児	㈱木乃婦
	新田万里江	東京大学
	橋本　周子	滋賀県立大学
	東四柳祥子	梅花女子大学

執筆者紹介（五十音順）

井坂理穂（いさか・りほ）
ケンブリッジ大学歴史学部博士課程修了（Ph.D.）。現在、東京大学大学院総合文化研究科准教授。専門分野は南アジア近現代史。主な著書に、『食から描くインド――近現代の社会変容とアイデンティティ』『現代インド5　周縁からの声』（ともに共編著）、『シャドウ・ラインズ　語られなかったインド』（アミタヴ・ゴーシュ著、訳）など。

岩間一弘（いわま・かずひろ）
一九七二年生まれ。東京大学大学院総合文化研究科博士課程修了。博士（学術）。千葉商科大学商経学部教授などを経て、現在、慶應義塾大学文学部教授。専門分野は東アジア近現代史、食の文化交流史、中国都市史。主な論著に、「中国料理のモダニティ――民国期の食都・上海における日本人ツーリストの美食体験」（『近代中国　その表象と現実――女性・戦争・民俗文化』所収）、「『旅行満洲』に見る都市・鉄道・帝国の食文化――「満洲料理」「満洲食」の創成をめぐって」（『『旅行満洲』解説・総目次・索引』所収）、『中国料理と近現代日本』（編著）など。

宇田川妙子（うだがわ・たえこ）
一九六〇年生まれ。東京大学大学院総合文化研究科博士課程単位取得退学。東京大学助手、中部大学国際関係学部講師・助教授、金沢大学文学部助教授を経て、現在、国立民族学博物館超域フィールド科学研究部教授。専門分野は、主にイタリアをフィールドとする文化人類学、ジェンダー研究、家族・親族研究。主な著書に、『城壁内からみるイタリア』（単著）、『グローバル支援の人類学』『仕事の人類学』『ジェンダー人類学を読む』（以上共編著）など。

小嶋　茂（こじま・しげる）
一九五八年生まれ。上智大学を卒業後、ブラジル国パラナ連邦大学歴史科社会史修士課程修了。東京学芸大学、東京農業大学等の講師を経て、二〇〇〇年よりJICA 横浜 海外移住資料館設立にかかわる。早稲田大学人間総合研究センター招聘研究員。専門分野は移民史、移民研究。主要テーマは、マツリ・日本人町・食。主な著作に、「ブラジル、パラナ民族芸能祭にみる文化の伝承――日系コミュニティの将来とマツリ、そしてニッケイ・アイデンティティ」（『南北アメリカの日系文化』所収）、「海外移住と移民・邦人・日系人――戦後における意味の変容から考える」（『東アジアのディアスポラ』所収）など。

髙橋拓児（たかはし・たくじ）
一九六八年生まれ。「東京吉兆」で五年間修業、故湯木貞一氏の秘書を兼務。その後、京都の料亭「木乃婦」の三代目を継ぐ（ミシュラン一つ星）。京都大学大学院農学研究科修士課程修了。現在、龍谷大学大学院農学研究科博士後期課程在籍。NHK「きょうの料理」講師、シニアソムリエ。主な著書に、『10品でわかる日本料理』『和食の道――未踏の美味追求のために「和食を科学する」』（ともに単著）、『和食とワイン』（共著）など。

西澤治彦（にしざわ・はるひこ）

一九五四年生まれ。筑波大学大学院人文社会科学研究科博士課程修了。文学博士。現在、武蔵大学人文学部教授。専門分野は文化人類学、中国研究。著書に『中国食事文化の研究——食をめぐる家族と社会の歴史人類学』『中国映画の文化人類学』、共編著に『フィールドワーク——中国という現場、人類学という実践』『中国文化人類学リーディングス』『大地は生きている——中国風水の思想と実践』『アジア読本・中国』、訳書に費孝通著『郷土中国』、共訳書に費孝通著『中華民族の多元一体構造』、フリードマン著『東南中国の宗族組織』など。

新田万里江（にった・まりえ）

ミシガン大学大学院アメリカ文化研究科博士課程修了（Ph.D. in American Culture）。東京大学教養学部附属グローバルコミュニケーション研究センター助教を経て、現在、武蔵大学人文学部英語英米文化学科（グローバル・スタディーズコース）助教。専門分野はアメリカ研究、食の文化史。主な著作に、「ハワイのオキナワ料理の創造——女性団体出版のクックブックにみる文化変容」（『移動する人びと、変容する文化——グローバリゼーションとアイデンティティ』所収）など。

橋本周子（はしもと・ちかこ）

一九八二年生まれ。京都大学大学院人間・環境学研究科博士後期課程修了。博士（人間・環境学）。専門分野は食の思想史。現在、滋賀県立大学人間文化学部講師。『美食家の誕生——グリモと〈食〉のフランス革命』（2014）により第三一回渋沢・クローデル賞ルイ・ヴィトン・ジャパン特別賞受賞、自身の訳によるその仏語版 *La Naissance du gourmand* （2019）によりフランス国内にて第四回アントニー・ローリー賞受賞。

東四柳祥子（ひがしよつやなぎ・しょうこ）

一九七七年生まれ。国際基督教大学大学院アーツ・サイエンス研究科博士後期課程修了。博士（学術）。東京家政学院大学、北陸大学、日本女子大学等での非常勤講師を経て、現在、梅花女子大学食文化学部食文化学科准教授。専門分野は食文化史、比較文化論。主な著書に、『日本の食文化史年表』（共編）、『近代料理書の世界』『日本食物史』（ともに共著）、『料理すること——その変容と社会性』"*Japanese Foodways Past & Present*"（ともに分担執筆）など。

南　直人（みなみ・なおと）

一九五七年生まれ。京都大学文学部卒業。大阪大学大学院文学研究科博士後期課程中退。博士（文学）。大阪国際大学人間科学部教授、京都橘大学文学部教授を経て、現在、立命館大学食マネジメント学部教授、同大学食総合研究センター長。専門分野は西洋史学、食文化研究。主な著書に、『ヨーロッパの舌はどう変わったか——十九世紀食卓革命』『世界の食文化18　ドイツ』『〈食〉から読み解くドイツ近代史』（以上単著）、『宗教と食（食の文化フォーラム32）』（編著）、『〈世界〉食事の歴史——先史から現代まで』（共監訳）など。

食の文化フォーラム 37

「国民料理」の形成

2019年10月10日　第1刷発行

定価　本体 2500円＋税

編　者　西澤治彦

企　画　公益財団法人 味の素食の文化センター

発行者　佐久間光恵

発行所　株式会社 ドメス出版

東京都文京区白山 3-2-4　〒112-0001

振替　00180-2-48766

電話　03-3811-5615

FAX　03-3811-5635

http://www.domesu.co.jp/

印刷所　株式会社 教文堂

製本所　株式会社 明光社

乱丁・落丁の場合はおとりかえいたします

ISBN 978-4-8107-0847-9　C0036

◉食の文化フォーラム◉

◆第一期フォーラム

1 食のことば　柴田　武・石毛直道編
2 日本の風土と食　田村眞八郎・石毛直道編
3 調理の文化　杉田浩一・石毛直道編
4 醱酵と食の文化　小崎道雄・石毛直道編
5 食とからだ　豊川裕之・石毛直道編
6 外来の食の文化　熊倉功夫・石毛直道編
7 家庭の食事空間　山口昌伴・石毛直道編＊
8 食事作法の思想　井上忠司・石毛直道編＊
9 食の美学　熊倉功夫・石毛直道編
10 食の思想　熊倉功夫・石毛直道編
11 外食の文化　田村眞八郎・石毛直道編
12 国際化時代の食　田村眞八郎・石毛直道編
13 都市化と食　高田公理・石毛直道編
14 日本の食・100年〈のむ〉　熊倉功夫・石毛直道編
15 日本の食・100年〈つくる〉　杉田浩一・石毛直道編
16 日本の食・100年〈たべる〉　田村眞八郎・石毛直道編

◆第二期フォーラム

17 飢　餓　丸井英二編○
18 食とジェンダー　竹井恵美子編○
19 食と教育　江原絢子編○
20 旅と食　神崎宣武編○
21 食と大地　原田信男編○
22 料理屋のコスモロジー　高田公理編○
23 食と科学技術　舛重正一編○
24 味覚と嗜好　伏木　亨編○
25 食を育む水　疋田正博編○
26 米と魚　佐藤洋一郎編○
27 伝統食の未来　岩田三代編○
28 「医食同源」—食とからだ・こころ　津金昌一郎編○

◆第三期フォーラム

29 食の経済　中嶋康博編☆
30 火と食　朝倉敏夫編☆
31 料理すること—その変容と社会性　森枝卓士編☆
32 宗教と食　南　直人編☆
33 野生から家畜へ　松井　章編☆
34 人間と作物—採集から栽培へ　江頭宏昌編☆
35 甘みの文化　山辺規子編☆
36 匂いの時代　伏木　亨編☆

無印 2300 円　＊印 2000 円　☆印 2500 円　○印 2800 円（表示金額は本体価格）

◉国立民族学博物館特別研究シリーズ◉

現代日本文化における伝統と変容　全9巻

無印5300円　※4800円　☆7200円

1 暮らしの美意識　祖父江孝男・杉田繁治編
2 日本人の人生設計　端　信行編
3 日本人の人間関係　栗田靖之編
4 都市のフォークロア　井上忠司編
5 現代日本の〝神話〟　中牧弘允編※
6 日本人と遊び　守屋　毅編
7 日本人にとっての外国　小山修三編
8 情報と日本人　野村雅一編
9 昭和の世相史　石毛直道編☆

二〇世紀における諸民族文化の伝統と変容　全9巻

各6000円

1 二〇世紀の音　櫻井哲男編
2 映像文化　大森康宏編
3 観光の二〇世紀　石森秀三編
4 文化の生産　田村克己編
5 共同体の二〇世紀　中牧弘允編
6 ことばの二〇世紀　庄司博史編
7 宗教と文明化　杉本良男編
8 日用品の二〇世紀　近藤雅樹編
9 民族の二〇世紀　端　信行編

（表示金額は本体価格）

石毛直道自選著作集

全11巻別巻1

全巻揃　◇本体価格85000円

■第Ⅰ期　1〜6巻セット　◇本体価格42000円

第1巻　世界の食文化探検

第2巻　食文化研究の視野

第3巻　麵・乳・豆・茶とコーヒー

第4巻　魚の発酵食品と酒

第5巻　食事と文明

第6巻　日本の食

■第Ⅱ期　7〜11巻セット　◇本体価格35000円

第7巻　探検とフィールドワークⅠ　オセアニア

第8巻　探検とフィールドワークⅡ　アフリカ

第9巻　環境論・住居論

第10巻　日本文化論・民間信仰論

第11巻　生活学

別巻（第12巻）　年譜・人生・総目次・総索引

著作目録ＣＤ付　◇本体価格8000円